TYPO EST DIRIGÉE PAR
PIERRE GRAVELINE

AVEC LA COLLABORATION DE
ROBERT LALIBERTÉ
SIMONE SAUREN
ET JEAN-YVES SOUCY

Je désire remercier M. le professeur Yvan Lamonde et M. François Labonté pour les informations et les conseils qu'ils m'ont donnés ; M. Robert Laliberté, éditeur au groupe Ville-Marie Littérature, pour son soutien et son expertise professionnels ; et Mmes Marguerite Ducharme et Marie-Claude Champagne, du département de science politique de l'UQAM, pour leur aide aussi efficace que gentille à la mise en forme de la présentation et des notes de présentation.

C. C.

TYPO bénéficie du soutien de la Société de développement des entreprises culturelles du Québec (SODEC) pour son programme d'édition.

Gouvernement du Québec – Programme de crédit d'impôt pour l'édition de livres – Gestion SODEC.

Nous reconnaissons l'aide financière du gouvernement du Canada par l'entremise du Programme d'aide au développement de l'industrie de l'édition (PADIÉ) pour nos activités d'édition.

Nous remercions le Conseil des Arts du Canada de l'aide accordée à notre programme de publication.

REGARDS SUR LE BAS-CANADA

ALEXIS DE TOCQUEVILLE

Regards sur le Bas-Canada

Choix de textes et présentation de Claude Corbo

TYPO

Éditions TYPO
Une division du groupe Ville-Marie Littérature
1010, rue de La Gauchetière Est
Montréal, Québec H2L 2N5
Tél. : (514) 523-1182
Téléc. : (514) 282-7530
Courriel : vml@sogides.com

Maquette de la couverture : Nicole Morin
En couverture : portrait de Tocqueville par Théodore Chassériau

Catalogage avant publication de la Bibliothèque nationale du Canada
Tocqueville, Alexis de, 1805-1859
Regards sur le Bas-Canada
(Typo Essai)
Comprend des réf. bibliogr.
ISBN 2-89295-200-x
1. Québec (Province) – Politique et gouvernement – 1791-1841.
2. Canadiens français. 3. Québec (Province) – Descriptions et voyages.
4. Louisiane – Descriptions et voyages. 5. Tocqueville, Alexis de, 1805-1859
– Voyages – Québec – (Province). I. Titre. II. Collection : Typo, Essai.
FC461.T62 2003 971.4'02 C2003-941096-X

DISTRIBUTEURS EXCLUSIFS :

• Pour le Québec, le Canada et les États-Unis :
LES MESSAGERIES ADP*
955, rue Amherst, Montréal, Québec H2L 3K4
Tél. : (514) 523-1182
Téléc. : (514) 939-0406
* Filiale de Sogides ltée

• Pour la France et la Belgique :
Librairie du Québec / DEQ
30, rue Gay-Lussac, 75005 Paris
Tél. : 01 43 54 49 02
Téléc. : 01 43 54 39 15
Courriel : liquebec@noos.fr

• Pour la Suisse :
TRANSAT S.A.
4 Ter, route des Jeunes
C.P. 1210, 1211 Genève 26
Tél. : (41-22) 342-77-40
Téléc. : (41-22) 343-46-46

Dépôt légal : 3e trimestre 2003
Bibliothèque nationale du Québec
Bibliothèque nationale du Canada

ISBN 2-89295-200-x

Présentation

Le pays successivement appelé Nouvelle-France, Canada, Bas-Canada, Canada français, Québec, a reçu, depuis ses origines, nombre de visiteurs, européens ou américains, intéressés par sa géographie, sa flore et sa faune, ses habitants, sa société, ses institutions, ses mœurs et sa culture. Pratiquant le tourisme avant la lettre ou venus sur les rives du Saint-Laurent pour des raisons variées, plusieurs de ces visiteurs ont pris la peine de rédiger leurs souvenirs, leurs observations ou leurs commentaires sur le pays et son peuple. Ces écrits prennent des formes diverses, allant de notations rapides, comme celles que l'on confie à une carte postale, à des analyses sociologiques poussées pouvant atteindre la taille d'un livre entier. Ainsi, du jésuite Pierre-François-Xavier de Charlevoix et du naturaliste suédois Pehr Kalm au XVIIIe siècle, jusqu'au politologue André Siegfried et à des écrivains comme Paul Claudel ou Michel Tournier à divers moments du XXe siècle, en passant par des personnages marquants du XIXe siècle – par exemple, Charles Dickens, Mark Twain, Pierre de Coubertin –, le pays est décrit et examiné sous divers aspects[1].

Parmi ces visiteurs se trouve un penseur considérable du XIXe siècle dont la réputation repose en particulier sur deux ouvrages ayant atteint le statut de classiques de l'analyse sociologique et politique : *De la démocratie en Amérique* et *L'Ancien Régime et la Révolution*. Ce penseur est Alexis de Tocqueville (1805-1859). Pendant une quinzaine de jours, à la fin de l'été 1831, Tocqueville, accompagné d'un ami et collaborateur, Gustave de Beaumont, a visité Québec et Montréal et les campagnes environnantes. Il a rencontré diverses personnalités du milieu et les a questionnées avec méthode pour ensuite consigner ses observations et commentaires dans des résumés ou des notes. Il a aussi évoqué ses découvertes dans sa correspondance et cité le Bas-Canada dans ses livres majeurs. Certes, il n'a consacré aucun ouvrage au Bas-Canada. Cependant, ses observations, souvent fort lucides, jettent un éclairage intéressant et stimulant sur le pays au moment où ce dernier s'apprête à vivre des tensions politiques qui conduiront aux rébellions de 1837-1838. On a rassemblé ici, sous une forme commode et accessible, les écrits de Tocqueville sur le Bas-Canada.

Un personnage exceptionnel

Compte tenu de ses origines sociales, Alexis Charles Henri Clérel de Tocqueville prend figure de personnage exceptionnel dans la France de la première moitié du XIXe siècle, et ce, tant par ses actions que par ses écrits.

Il est issu d'une très ancienne famille aristocratique. Un Clérel a même accompagné Guillaume le

Conquérant dans son invasion de l'Angleterre en 1066, ce qui illustre l'ancienneté de la famille. À titre de descendant d'une si ancienne lignée, Tocqueville aurait pu se laisser aller à une vie de privilège et d'oisiveté. Au contraire, malgré une santé de plus en plus délicate, il s'est signalé et doublement démarqué par une carrière politique d'une douzaine d'années et par une œuvre intellectuelle dont les sommets majestueux se prolongent dans une abondante et influente correspondance, dans des documents gouvernementaux et dans des essais sur les questions pénitentiaires et coloniales et sur divers pays d'Europe qu'il visite avec curiosité et esprit d'analyse. Par ailleurs, il porte un regard lucide sur la laborieuse évolution politique de son pays. Né sous l'Empire de Napoléon Bonaparte, Tocqueville a connu la restauration de 1814, le retour éphémère de Napoléon pendant les Cent-Jours, en 1815, la nouvelle restauration, la monarchie libérale et constitutionnelle issue de la révolution de juillet 1830, la Deuxième République (1848-1851) qui s'achève par le coup d'État du 2 décembre 1851 au terme duquel Louis Napoléon Bonaparte instaure le Second Empire. Face à cette cascade de régimes qui oscillent entre l'autoritarisme et le libéralisme, Tocqueville rejette la nostalgie et l'aveuglement politiques de nombre de membres de sa classe qui rêvent d'un impossible retour à l'Ancien Régime. Il s'emploie plutôt à comprendre le devenir des sociétés de son temps et, par un engagement personnel à titre de député et, brièvement, de ministre de la IIe République, il s'efforce de contribuer à la création d'un nouvel ordre.

Troisième fils du comte Hervé de Tocqueville, Alexis appartient, en fait, à une famille naturellement et profondément attachée à la monarchie française traditionnelle. Plusieurs membres de la famille ont été emprisonnés pendant la Révolution française, certains même exécutés, par exemple, son arrière-grand-père et ses grands-parents maternels. La famille traverse tant bien que mal la période napoléonienne pendant laquelle naît Alexis, le 29 juillet 1805. L'année précédant sa naissance, son père est devenu maire d'une modeste commune. La famille accueille avec beaucoup de satisfaction la chute de Napoléon et la restauration de 1814, dans laquelle certains croient voir le retour irréversible de l'ordre ancien. Le comte Hervé de Tocqueville est nommé préfet du département de Maine-et-Loire. L'existence même de ces départements, institués par l'Empire, montre, par sa persistance, que l'ordre ancien n'a pu être rétabli. Le bref retour de Napoléon en 1815 interrompt ce mandat, et le comte se retire dans ses terres. Après le départ définitif de Napoléon, il reprend ses fonctions et poursuit une carrière administrative, qui ne s'achèvera qu'en 1830, brisée par la révolution de juillet. Ainsi, le jeune Alexis de Tocqueville est non seulement témoin de la succession des régimes, mais, avec sa famille, il en subit les contrecoups.

Comme pour beaucoup de jeunes hommes de sa classe sociale, l'éducation primaire et secondaire d'Alexis de Tocqueville est, pour l'essentiel, confiée à un précepteur, l'abbé Lesueur, auquel il restera durablement attaché. En 1821, il achève son éducation secondaire au lycée de Metz. Puis, il s'adonne à des études de droit et il voyage. En juin 1827, il devient juge auditeur au tribunal de Versailles. Comme son père, il semble promis à une carrière au service de l'État. Mais cela ne durera pas longtemps.

En effet, les 27, 28 et 29 juillet 1830, la France vit un autre changement de régime. Le mouvement insurrectionnel éclate à Paris. La dérive conservatrice et réactionnaire de la monarchie incarnée par Charles X se heurte aux revendications libérales de la bourgeoisie et des milieux ouvriers et étudiants. Petit-fils de Louis XV, frère de Louis XVI guillotiné par la Révolution française, Charles X pousse son régime vers des formes autoritaires où perce la nostalgie de l'Ancien Régime : par exemple, le gouvernement entreprend de limiter le droit de vote et d'assujettir la presse en révoquant sa liberté d'expression. L'insurrection éclate, Charles X abdique, mais la bourgeoisie d'affaires, qui redoute l'instauration d'une république trop radicalement démocratique, porte au pouvoir Louis-Philippe duc d'Orléans. Pendant dix-huit ans, ce dernier présidera une monarchie constitutionnelle libérale faisant large place à un parlement puissant. La France semble évoluer dans une direction qui la rapproche du système politique britannique. Ce nouveau changement de régime a des conséquences directes sur les Tocqueville, le père Hervé et le fils Alexis en particulier.

Très tôt, le nouveau gouvernement exige des fonctionnaires et du personnel judiciaire un serment de loyauté et d'allégeance. Le comte Hervé de Tocqueville s'y refuse ; il demeure attaché à la continuité politique que représente, malgré ses errances autoritaires, Charles X, héritier légitime de la dynastie des Bourbons. De plus, pour cette famille aristocratique, le nouveau roi Louis-Philippe Ier est doublement inacceptable : il est le fils du duc Philippe Égalité, qui a voté en faveur de la mort de son cousin Louis XVI ;

son pouvoir est issu d'un mouvement insurrectionnel dans les rues de Paris. Alexis est à son tour requis de prêter serment d'allégeance au nouveau pouvoir s'il veut poursuivre sa carrière de juge. L'opposition de sa famille au nouveau régime lui rend la décision douloureuse, déchirante même. Il sent pourtant déjà ce dont il deviendra certain par la suite, c'est-à-dire que l'histoire poursuit sa marche et que les formes politiques traditionnelles ne peuvent indéfiniment perdurer. Tocqueville se résout à prononcer, le 16 août 1830, le serment attendu par le gouvernement. Ce geste lui vaut la colère de certains de ses proches. Mais même la prestation du serment de loyauté et d'allégeance ne le libère pas des soupçons tenaces du nouveau pouvoir à son égard. Le 28 octobre 1830, il sera même contraint de prononcer une deuxième fois le serment[2].

Vivant des relations tendues et douloureuses avec sa famille, conscient que ses perspectives professionnelles sous le nouveau régime ne sont guère prometteuses, Tocqueville se cherche une voie d'avenir : s'absenter du pays un certain temps, s'engager dans une grande entreprise susceptible d'établir sa réputation et de relancer sa carrière. L'idée lui vient, à l'automne 1830, avec son ami Gustave de Beaumont, de solliciter du gouvernement une mission aux États-Unis sous le prétexte d'en étudier sur place le système pénitentiaire. Non sans difficulté, les deux jeunes magistrats finissent par obtenir la mission officielle demandée. Celle-ci, qu'ils devront financer de leurs propres deniers, offre aussi à Tocqueville l'occasion d'observer en direct une société nouvelle, la société démocratique, qui prend rapidement forme aux États-Unis.

Tocqueville et Beaumont quittent la France le 2 avril 1831, accostent à Newport le 9 mai et arrivent à New York le 11. Leur séjour aux États-Unis se poursuivra jusqu'au 20 février 1832. Pendant cette dizaine de mois, ils visitent le pays : New York, Boston, Philadelphie, mais aussi l'intérieur du pays vers l'ouest (Détroit, les Grands Lacs, Cincinnati) et vers le sud (Memphis, La Nouvelle-Orléans). Ils séjournent évidemment à Washington à la fin de leur voyage, du 16 janvier au 6 février 1832[3]. Ils visitent plusieurs établissements pénitentiaires. Ils discutent avec de nombreux citoyens des États-Unis, appartenant à des milieux diversifiés, y compris des autochtones.

Le 19 janvier 1832, Tocqueville et Beaumont sont reçus par le président Andrew Jackson. Ce dernier est un Américain représentatif de la première génération formée sous la république. Né en Caroline du Sud en 1767, il a été militaire dès la guerre d'Indépendance, contre les Anglais en 1812-1814, contre les tribus indiennes, puis s'est engagé en politique, allant jusqu'à conquérir la présidence, en 1828, à sa deuxième tentative. C'est un homme du Nouveau Monde ayant connu des débuts très modestes avant d'accéder à la magistrature suprême. Il reçoit courtoisement ses visiteurs, mais sans enthousiasme particulier. Ces derniers sont frappés par la simplicité et la sobriété de l'homme, et par le cadre où vit et travaille le président des États-Unis. Jackson, il est vrai, est un esprit très démocratique qui a voulu que son gouvernement ressemble au peuple de son pays ; et il n'est pas difficile de voir en lui une illustration de l'homme de la société démocratique égalitaire. Cela frappe ses hôtes.

Le voyage en Amérique ne constitue certes pas une perpétuelle partie de plaisir pour Tocqueville et Beaumont. L'océan se traverse encore à la voile, ce qui peut prendre cinq semaines ou plus. Les déplacements terrestres sont laborieux, les chemins fort rudes et le train n'est pas encore en service. Les premiers bateaux à vapeur facilitent toutefois la navigation fluviale. À l'extérieur des grandes villes du pays, les conditions de la vie quotidienne mettent vivement à l'épreuve les deux jeunes aristocrates français. La langue anglaise, parlée à l'américaine, présente des difficultés, mais l'accueil des visiteurs s'accompagne en général de beaucoup d'hospitalité et de gentillesse. Surtout, ils rencontrent, jour après jour, une société profondément différente de la leur, une société sans monarchie ni classe aristocratique, une société marquée par une grande égalité entre les individus, par une grande passion pour cette égalité, par une très grande mobilité sociale des individus et par une activité économique frénétique, en ébullition constante. Le choc culturel est très vif et très instructif.

Aussi le voyage en Amérique constitue-t-il, pour Tocqueville, une expérience de vie profonde, puissante, bouleversante même. Il découvre non seulement l'Amérique, mais le monde nouveau de la société démocratique fondée sur l'égalité qu'il décrit comme suit dans l'introduction à *De la démocratie en Amérique* (premier volume) :

> Parmi les objets nouveaux qui, pendant mon séjour aux États-Unis, ont attiré mon attention, aucun n'a plus vivement frappé mes regards que l'égalité des conditions. Je découvris sans peine l'influence prodigieuse qu'exerce ce premier fait sur la marche de la société [...].

> Bientôt je reconnus que ce même fait étend son influence fort au-delà des mœurs politiques et des lois, et qu'il n'obtient pas moins d'emprise sur la société civile que sur le gouvernement [...].
>
> [...]
>
> Une grande révolution démocratique s'opère parmi nous; tous la voient, mais tous ne la jugent point de la même manière. Les uns la considèrent comme une chose nouvelle, et, la prenant pour un accident, ils espèrent pouvoir encore l'arrêter; tandis que d'autres la jugent irrésistible, parce qu'elle leur semble le fait le plus continu, le plus ancien et le plus permanent que l'on connaisse dans l'histoire [...].
>
> Le livre entier qu'on va lire a été écrit sous l'impression d'une sorte de terreur religieuse produite dans l'âme de l'auteur par la vue de cette révolution irrésistible qui marche depuis tant de siècles à travers tous les obstacles, et qu'on voit encore aujourd'hui s'avancer au milieu des ruines qu'elle a faites[4].

Dans un « Avertissement » à la douzième édition de l'ouvrage, toujours convaincu que le régime de l'égalité des individus est l'avenir des sociétés, il rappelle à ses concitoyens que « s'il ne s'agit plus de savoir si nous aurons en France la royauté ou la République, il nous reste à apprendre si nous aurons une République agitée ou une République tranquille, une République régulière ou une République irrégulière, une République pacifique ou une République guerroyante, une République libérale ou une République oppressive [...] la liberté démocratique ou la tyrannie démocratique[5] ». Tout Tocqueville se retrouve dans ces propos: la découverte de l'irrésistible révolution démocratique égalisant les conditions sur les ruines de l'ancien ordre aristocratique et monarchique, d'une part, et la réflexion angoissée (accompagnée d'une action politique) à la recherche de façons de « civiliser », en quelque sorte, cette révolution rugissante et inlassable et de lui apprendre à respecter et à accepter la liberté.

Le voyage aux États-Unis marque la vie de Tocqueville et relance sa carrière. Avec son ami Beaumont, il publie, en 1833, un ouvrage intitulé *Du système pénitentiaire aux États-Unis et de son application en France*, pour conclure officiellement leur mission. L'Académie française honore l'ouvrage du prix Montyon, réservé aux œuvres « les plus utiles aux mœurs ». À plusieurs reprises, par la suite, dans son rôle d'homme politique, Tocqueville reviendra sur la question pénitentiaire. Mais ce qui l'occupe de plus en plus fiévreusement, c'est la rédaction d'un ouvrage où il analyse ce qu'il a vu aux États-Unis et s'efforce de comprendre, en partant de l'expérience américaine, ce que signifie la révolution démocratique qui assiège déjà ou assiégera bientôt tous les pays. Au cœur de sa réflexion, une question fondamentale s'affirme : comment parvenir à réconcilier la liberté avec la passion dévorante de l'égalité ? En 1835 paraît le premier tome de l'ouvrage intitulé *De la démocratie en Amérique*, qui traite principalement du système gouvernemental et des mœurs, des pratiques et des croyances politiques des États-Unis.

Après un examen des institutions locales et fédérales des États-Unis, l'auteur analyse des phénomènes tels les partis politiques, la presse, les associations volontaires. Il s'interroge aussi longuement sur les effets du mode de gouvernement démocratique où le pouvoir de la majorité devient déterminant. La démarche de Tocqueville s'arrête aussi à l'identification des facteurs qui tempèrent la « tyrannie de la majorité ». Le premier tome de *De la démocratie en Amérique* se termine par une saisissante prédiction. Avec un siècle d'avance, car il écrit au début des années 1830, Tocqueville annonce le grand conflit planétaire qui, pendant toute la deuxième partie du XXe siècle, opposera les États-Unis à la Russie et il met en lumière les ressorts profonds qui animeront les deux peuples :

> Il y a aujourd'hui sur la terre deux grands peuples qui, partis de points différents, semblent s'avancer vers le même but : ce sont les Russes et les Anglo-Américains.
>
> Tous deux ont grandi dans l'obscurité ; et tandis que les regards des hommes étaient occupés ailleurs, ils se sont placés tout à coup au premier rang des nations, et le monde a appris presque en même temps leur naissance et leur grandeur.
>
> [...]
>
> L'Américain lutte contre les obstacles que lui pose la nature ; le Russe est aux prises avec les hommes. L'un combat le désert et la barbarie, l'autre la civilisation revêtue de toutes ses armes : aussi les conquêtes de l'Américain se font-elles avec le soc du laboureur, celles du Russe avec l'épée du soldat.
>
> Pour atteindre son but, le premier s'en repose sur l'intérêt personnel, et laisse agir, sans les diriger, la force et la raison des individus.
>
> Le second concentre en quelque sorte dans un homme toute la puissance de la société.

> L'un a pour principal moyen d'action la liberté; l'autre, la servitude.
>
> Leur point de départ est différent, leurs voies sont diverses; néanmoins, chacun d'eux semble appelé par un dessein secret de la Providence à tenir un jour dans ses mains les destinées de la moitié du monde[6].

Venant, en 1835, d'un homme âgé d'à peine trente ans, une telle prophétie dénote une lucidité et une capacité d'analyse sociologique hors du commun. L'ouvrage suscite un immense intérêt. Tocqueville acquiert une réputation brillante non seulement en France, mais en Grande-Bretagne et aux États-Unis même, son ouvrage faisant l'objet d'une traduction en anglais dans les deux pays. Le gouvernement lui octroie, malgré son refus, la Légion d'honneur, en 1837. L'année suivante, il est élu presque à l'unanimité à l'Académie des sciences morales et politiques. En 1842, à sa deuxième tentative, il est élu à l'Académie française. Il voyage (Angleterre et Irlande en 1835, Suisse et Allemagne en 1836) et noue des relations d'amitié ou de commerce intellectuel avec nombre de penseurs et d'hommes politiques français et étrangers. Sa famille lui attribue le château de Tocqueville en Normandie. Mais les honneurs et les voyages ne le distraient pas de l'œuvre intellectuelle dans laquelle il s'est engagé. Un labeur acharné lui permet de publier, en 1840, une deuxième partie de son ouvrage sur l'Amérique. Cette partie traite de thèmes complexes qui dépassent les seuls États-Unis et s'efforce d'approfondir la compréhension des conséquences de la révolution démocratique. Il y est successivement question de l'influence de la démocratie sur le « mouvement intellectuel aux États-Unis », sur les « sentiments des Américains », sur « les mœurs proprement dites », et aussi de l'« influence qu'exercent les idées et les sentiments démocratiques sur la société politique ». Plus abstrait, plus réflexif, l'ouvrage déroute nombre de lecteurs ; cependant, il approfondit et élargit la compréhension de l'avènement de la démocratie, c'est-à-dire de l'égalité, et esquisse même les traits d'un nouveau despotisme qui pourrait naître de la démocratie : « si le despotisme venait à s'établir chez les nations démocratiques de nos jours, il aurait d'autres caractères : il serait plus étendu et plus doux et il dégraderait les hommes sans les tourmenter[7] ». Sur ce thème aussi, Tocqueville apparaît prophétique :

Quelle espèce de despotisme les nations démocratiques ont à craindre

> Je pense donc que l'espèce d'oppression dont les peuples démocratiques sont menacés ne ressemblera à rien de ce qui l'a précédée dans le monde ; nos contemporains ne sauraient en trouver l'image dans leurs souvenirs. Je cherche en vain moi-même une expression qui reproduise exactement l'idée que je m'en forme et la renferme ; les anciens mots de despotisme et de tyrannie ne conviennent point. La chose est nouvelle, il faut donc tâcher de la définir, puisque je ne peux la nommer.
>
> Je veux imaginer sous quels traits nouveaux le despotisme pourrait se produire dans le monde : je vois une foule innombrable d'hommes semblables et égaux qui tournent sans repos sur eux-mêmes pour se procurer de petits et vulgaires plaisirs, dont ils

emplissent leur âme. Chacun d'eux, retiré à l'écart, est comme étranger à la destinée de tous les autres : ses enfants et ses amis particuliers forment pour lui toute l'espèce humaine ; quant au demeurant de ses concitoyens, il est à côté d'eux, mais il ne les voit pas ; il les touche et ne les sent point ; il n'existe qu'en lui-même et pour lui seul, et, s'il lui reste encore une famille, on peut dire du moins qu'il n'a plus de patrie.

Au-dessus de ceux-là s'élève un pouvoir immense et tutélaire, qui se charge seul d'assurer leur jouissance et de veiller sur leur sort. Il est absolu, détaillé, régulier, prévoyant et doux. Il ressemblerait à la puissance paternelle si, comme elle, il avait pour objet de préparer les hommes à l'âge viril ; mais il ne cherche, au contraire, qu'à les fixer irrévocablement dans l'enfance ; il aime que les citoyens se réjouissent, pourvu qu'ils ne songent qu'à se réjouir. Il travaille volontiers à leur bonheur ; mais il veut en être l'unique agent et le seul arbitre ; il pourvoit à leur sécurité, prévoit et assure leurs besoins, facilite leurs plaisirs, conduit leurs principales affaires, dirige leur industrie, règle leurs successions, divise leurs héritages ; que ne peut-il leur ôter entièrement le trouble de penser et la peine de vivre ?

C'est ainsi que tous les jours il rend moins utile et plus rare l'emploi du libre arbitre ; qu'il renferme l'action de la volonté dans un plus petit espace, et dérobe peu à peu chaque citoyen jusqu'à l'usage de lui-même. L'égalité a préparé les hommes à toutes ces choses : elle les a disposés à les souffrir et souvent même à les regarder comme un bienfait.

Après avoir pris ainsi tour à tour dans ses puissantes mains chaque individu, et l'avoir pétri à sa guise, le souverain étend ses bras sur la société tout entière ; il en couvre la surface d'un réseau de petites règles compliquées, minutieuses et uniformes, à travers lesquelles les esprits les plus originaux et les âmes les plus vigoureuses ne sauraient se faire jour pour dépasser la foule ; il ne brise pas les volontés, mais il les amollit, les plie et les dirige ; il force rarement d'agir, mais il s'oppose sans cesse à ce qu'on agisse ; il ne détruit point, il empêche de naître ; il ne tyrannise point, il gêne, il comprime, il énerve, il éteint, il hébète, et il réduit enfin chaque nation à n'être plus qu'un troupeau d'animaux timides et industrieux, dont le gouvernement est le berger.

J'ai toujours cru que cette sorte de servitude, réglée, douce et paisible, dont je viens de faire le tableau, pourrait se combiner mieux qu'on ne l'imagine avec quelques-unes des formes extérieures de la liberté, et qu'il ne lui serait pas impossible de s'établir à l'ombre même de la souveraineté du peuple.

[...]

La sujétion dans les petites affaires se manifeste tous les jours et se fait sentir indistinctement à tous les citoyens. Elle ne les désespère point ; mais elle les contrarie sans cesse et elle les porte à renoncer à l'usage de leur volonté. Elle éteint peu à peu leur esprit et énerve leur âme, tandis que l'obéissance, qui n'est due que dans un petit nombre de circonstances très graves, mais très rares, ne montre la servitude que de loin en loin et ne la fait peser que sur certains hommes. En vain chargerez-vous ces mêmes citoyens, que vous avez rendus si dépendants du pouvoir central, de choisir de temps à autre les représentants de ce pouvoir ; cet usage si important, mais si court et si rare, de leur libre arbitre, n'empêchera pas

> qu'ils ne perdent peu à peu la faculté de penser, de sentir et d'agir par eux-mêmes, et qu'ils ne tombent ainsi graduellement au-dessous du niveau de l'humanité.
>
> J'ajoute qu'ils deviendront bientôt incapables d'exercer le grand et unique privilège qui leur reste[8].

L'intense effort intellectuel que commande la rédaction du deuxième tome de son ouvrage ne dévore pourtant pas totalement Tocqueville. S'il sera de plus en plus victime d'une santé chancelante, de problèmes respiratoires et digestifs, et plus tard de tuberculose, il s'engage quand même dans la vie politique. Défait en 1837 aux élections législatives, il est élu député en 1839.

L'engagement politique de Tocqueville est double. Il siège pendant la décennie 1840 au Conseil général de la Manche, sur le plan local, et, sur le plan national, il est député sous la monarchie de Juillet jusqu'en 1848, puis membre de l'Assemblée devant rédiger la Constitution de la IIe République, et de nouveau député après l'établissement de cette dernière. Il intervient régulièrement en chambre sur différents thèmes : l'esclavage qu'il combat, les prisons, la politique coloniale en Algérie, la liberté d'enseignement, les affaires internationales, les institutions de l'État, etc. Ce jeune député d'origine aristocratique fait preuve de beaucoup d'indépendance d'esprit par rapport au pouvoir, par rapport aux partis et même par rapport aux membres les plus conservateurs et les plus réactionnaires de sa classe.

Tocqueville mène son action sous l'inspiration non seulement de sentiments profondément éprouvés, mais aussi d'une analyse aussi rigoureuse et lucide que possible de l'évolution du monde et de la France. Son expérience des États-Unis, sa réflexion sur l'irrésistible montée de la démocratie dans les sociétés modernes, sa vie personnelle, tout cela se combine chez lui en volonté de réalisme et en perspicacité face au devenir du monde. À de nombreuses reprises, dans sa correspondance privée, dans ses discours officiels, il s'emploie à bien circonscrire sa pensée, sans étouffer ses sentiments. Ainsi, en 1835, dans une lettre au philosophe britannique John Stuart Mill, il écrit : « J'aime la liberté par goût, l'égalité par instinct et par raison. Ces deux passions que tant de gens feignent d'avoir, je crois les sentir réellement en moi et être prêt à faire pour elles de grands sacrifices[9]. »

Dans une note personnelle intitulée « Mon instinct, mes opinions », écrite vraisemblablement au début des années 1840, il se décrit comme suit :

> J'ai pour les institutions démocratiques un goût de tête, mais je suis aristocratique par l'instinct, c'est-à-dire que je méprise et crains la foule.
>
> J'aime avec passion la liberté, la légalité, le respect des droits, mais non la démocratie. Voilà le fond de l'âme.
>
> Je hais la démagogie, l'action désordonnée des masses, leur intervention violente mal éclairée dans les affaires, les passions envieuses des basses classes, les tendances irréligieuses. Voilà le fond de l'âme. […]
>
> La liberté est la première de mes passions. Voilà ce qui est vrai[10].

En 1848, la France entre de nouveau dans des transes révolutionnaires. La monarchie est balayée et la IIe République s'installe. Tocqueville ne monte pas aux barricades pour défendre la monarchie ; comme il l'écrit à son principal organisateur électoral, le phénomène ne l'a pas surpris, à la fois parce qu'il repose sur une lame de fond de l'évolution historique et parce que les classes gouvernantes sont « devenues par leur égoïsme et leur corruption incapables et indignes du gouvernement » (selon les termes d'un discours prononcé en chambre un mois avant la révolution de février 1848[11]). Candidat à l'Assemblée constituante, Tocqueville s'adresse à ses électeurs en rappelant qu'il a « toujours jugé que les institutions démocratiques et républicaines étaient l'avenir de la France » et il se positionne comme suit à l'égard du nouvel ordre républicain :

> Quant à moi, dès que la République a été proclamée, je l'ai acceptée sans hésitation, je l'ai adoptée sans arrière-pensée. J'ai voulu fermement, non seulement la laisser subsister, mais la soutenir de toutes mes forces. Mais ce n'est pas assez de vous dire que je veux la République si je n'ajoute comment je la comprends.
>
> Il y a des gens qui entendent par la République une dictature exercée au nom de la liberté. Je ne suis pas républicain de cette manière. La République pour moi, c'est la liberté, vraie, sincère, réelle pour tout le monde, dans les limites de la loi ; c'est le gouvernement du pays par la majorité libre du pays[12].

Il est vrai que Tocqueville n'a pas de raisons d'aimer la monarchie établie par la révolution de 1830 qui a renversé la tradition monarchique à laquelle adhérait naturellement sa famille. Et si Tocqueville est élu et réélu député, c'est sans la faveur du pouvoir en place. Cependant, en accueillant avec équanimité la chute de cette monarchie de Juillet et en acceptant la nouvelle République, Tocqueville témoigne avec cohérence, continuité et constance de ses convictions profondes : l'avènement de sociétés et de régimes démocratiques est inévitable et impossible à empêcher et le grand défi est de garantir la liberté dans le nouvel ordre républicain.

C'est à cette tâche que Tocqueville consacre les dernières années de sa carrière politique. Élu à l'Assemblée constituante le 23 avril 1848, il devient, le 17 mai, membre de la commission chargée de rédiger un projet de Constitution. Il y contribue assidûment. Le 5 octobre 1848, il prononce un discours prônant l'élection du président de la République au suffrage universel : ce recours démocratique a la double vertu d'assurer la légitimité du président et d'introduire un sain équilibre entre les institutions[13]. Des élections présidentielles ont lieu le 10 décembre 1848. Tocqueville prend parti en faveur du général Cavaignac, contre le prince Louis Napoléon Bonaparte, car, écrit-il quelques jours avant les élections, « voter pour le prince Louis, c'est voter pour une crise qui dans un délai court nous fera sortir de la République je ne sais comment pour nous mener je ne sais où. Je ne veux pas prendre devant Dieu et mon pays une telle responsabilité[14] ». Louis Napoléon Bonaparte est élu président. Tocqueville prend acte du résultat électoral. Il est lui-même élu de nouveau député le 13 mai 1849.

Mais ce qu'avait prévu Tocqueville se réalise. Selon la Constitution en vigueur, le président n'est pas rééligible. Louis Napoléon Bonaparte n'accepte pas cette disposition et demande un amendement constitutionnel. Comme il ne l'obtient pas, le 2 décembre 1851, il orchestre un coup d'État, dissout l'Assemblée législative, fait ratifier sa prise de pouvoir par un plébiscite, le 20 décembre, et se rend ainsi capable de mettre en place, un an plus tard, le Second Empire. Opposé aux actions de Louis Napoléon Bonaparte, Tocqueville, avec d'autres députés protestataires, est arrêté et emprisonné pendant deux jours en décembre 1851. Il refuse résolument de se rallier au nouveau régime. Comme celle de son père, sa carrière politique est brisée par un changement de régime. Mais c'est le destin de la France et non son destin personnel qui le préoccupe, ainsi qu'il l'écrit à un de ses électeurs le 14 décembre 1851 :

> Ce qui vient de se passer à Paris est abominable, fond et forme et, quand les détails seront connus, ils paraîtront encore plus vilains que le gros de l'événement [...].
>
> Il faut que la nation qui a oublié depuis trente-quatre ans ce qu'est le despotisme bureaucratique et militaire, quand la loi ou la publicité ne le contient pas, le rapprenne. Il faut qu'elle le goûte de nouveau et, cette fois, sans l'assaisonnement de la grandeur et de la gloire ; il est nécessaire qu'elle goûte assez longtemps [...] pour comprendre que le bien-être même, après lequel on court, ne s'achète point par le sacrifice de la liberté et de la dignité humaine [...]. Je me tiens à l'écart et je m'y tiendrai aussi longtemps que les institutions représentatives, je dis les vraies et les saines, ne seront pas rétablies[15].

Ces observations s'inscrivent dans le sillage de l'intuition qu'avait déjà exprimée Tocqueville quant au despotisme d'un genre nouveau dont sont menacées les sociétés démocratiques : on a troqué la liberté contre la sécurité, le confort, le bien-être.

La carrière politique de Tocqueville, si elle n'avait été brusquement brisée par le coup d'État du 2 décembre 1851, aurait sans doute pâti de son état de santé qui se dégrade progressivement. Durant la dernière décennie de sa vie, la maladie du système respiratoire, la tuberculose, progresse malgré des périodes de rémission. Exclu de toute participation à la vie politique, par choix autant que par nécessité, Tocqueville se retire hors de Paris. Mais son dynamisme intellectuel demeure entier. Il s'engage dans une vaste enquête sur les origines de la Révolution française. Sa démarche se fonde principalement sur l'étude de documents originaux dans de multiples fonds d'archives, notamment dans des villes de province, en particulier à Tours. Luttant contre un déclin physique que les médecins ne parviennent qu'à ralentir sans le renverser, Tocqueville explore avec une curiosité et une ardeur intellectuelles constantes l'histoire de la France, cherchant à y discerner les facteurs qui ont entraîné la Révolution française. Il ne veut pas rédiger une nouvelle histoire de cette révolution ; il s'agit plutôt d'une « étude sur cette révolution ». Selon lui, cette révolution sociale et politique a paradoxalement assumé et renforcé la centralisation politique et administrative déjà mise en place par la monarchie française au cours d'un effort pluriséculaire. Cette révolution fut évidemment portée par le grand mouvement vers l'égalité des conditions ; en fait, la monarchie elle-même a contribué à niveler les conditions sociales; la France qui en est issue est une société très centralisée qui doit aussi apprendre à faire place à la liberté.

L'ouvrage de Tocqueville intitulé *L'Ancien Régime et la Révolution* paraît en 1856. Cette première partie d'une œuvre devant en compter deux est accueillie avec un immense intérêt. Des éditions successives de l'ouvrage sont nécessaires; quatre ans après la publication originale, on en est déjà à la quatrième édition. Si le premier tome traite de l'évolution de la France jusqu'à la fin du XVIIIe siècle, le deuxième doit examiner la Révolution elle-même, ses formes, son déroulement, ses séquelles. Mais les problèmes de santé de Tocqueville s'aggravent et réduisent progressivement sa capacité de travail. Du deuxième tome projeté, il n'existe que des ébauches, des fragments, des notes. À la fin de 1858, suivant le conseil de ses médecins, Tocqueville s'installe à Cannes où il meurt de tuberculose le 16 avril 1859.

De la rédaction de *De la démocratie en Amérique* à ses derniers jours, Alexis de Tocqueville demeure un aristocrate profondément épris de liberté, mais sachant que cette liberté doit s'adapter à un monde nouveau et qu'elle est appelée à civiliser et à bonifier des sociétés démocratiques qui ne sont pas, par ailleurs, sans mérites. Dans un message à ses électeurs, en date du 13 février 1839, Tocqueville définit avec précision ses positions politiques les plus fondamentales:

> On vous dira encore, qu'appartenant à une famille ancienne, je veux ramener la société aux anciens préjugés, aux anciens privilèges, aux anciens usages; ce

sont encore là non seulement des calomnies odieuses, mais ridicules. Il n'y a pas en France, et, je ne crains pas de le dire, en Europe, un seul homme qui ait fait voir d'une manière plus publique, que l'ancienne société aristocratique avait disparu pour toujours et qu'il ne restait plus aux hommes de notre temps qu'à organiser progressivement et prudemment sur ses ruines la société démocratique et nouvelle. Nul n'a fait plus d'efforts que moi pour montrer qu'il fallait, sans sortir de la monarchie, en arriver peu à peu au gouvernement du pays par le pays. Je n'ai point renfermé ces opinions dans des paroles obscures qu'on explique, qu'on rétracte ou qu'on nie suivant le besoin du moment, mais dans des écrits qui restent et qui m'engagent aux yeux de mes amis aussi bien qu'à ceux de mes adversaires.

Les mêmes hommes qui essaieront de me peindre à vous comme un représentant du pouvoir absolu ou des idées féodales, s'efforceront peut-être de me montrer comme un homme anarchique et comme un novateur dangereux. C'est encore là une calomnie. Je veux, il est vrai, un progrès constant, mais je le veux graduel. J'aime la liberté et non la démagogie. Je sais que la France a tout à la fois besoin d'indépendance et de repos, et qu'il faut lui éviter toute révolution nouvelle.

Du reste, Messieurs, je n'aime point, quant à moi, l'obscurité. J'aime la lumière et je veux vivre au milieu d'elle. Si quelques-uns d'entre vous conservent des doutes sur mes opinions, qu'ils me fassent l'honneur de venir me voir, j'achèverai de me montrer à eux sans détour. Si l'on préfère m'écrire, qu'on le fasse ; je répondrai. Si, enfin, le corps électoral tout entier veut m'entendre, je suis prêt à paraître au milieu de lui et m'exposer de tous les côtés à ses

> regards. J'ai toujours pensé que pour un homme qui se destine à la vie publique, la véritable dignité ne consistait pas à éluder des interpellations, mais à y répondre[16].

Ces propos tracent un portrait remarquablement juste à la fois des conceptions sociologiques, des idées et des actions politiques et de la stature morale de cet homme exceptionnel que fut Tocqueville.

Le séjour au Bas-Canada

Tocqueville et son compagnon et ami Gustave de Beaumont séjournent dans ce qui s'appelle alors le Bas-Canada entre le 23 août et le 2 septembre 1831. C'est dire qu'ils font ce séjour à peu près au milieu de leur voyage au Nouveau Monde. Dans les semaines précédant immédiatement leur passage au Bas-Canada, ils ont visité les régions occidentales de l'État de New York et une partie des Grands Lacs, pérégrinations décrites par Tocqueville dans un texte intitulé « Quinze jours dans le désert ». Quarante ans plus tôt, un cousin de Tocqueville, François-René vicomte de Chateaubriand (1768-1848), futur auteur des célèbres *Mémoires d'outre-tombe*, était aussi passé dans la région des Grands Lacs, voyage dont il avait tiré plusieurs ouvrages.

Avant de décrire et de caractériser la visite de Tocqueville et Beaumont au Bas-Canada, il convient de présenter à grands traits le pays qu'ils explorent. En 1831, il y a déjà soixante-dix ans que la Nouvelle-France a été séparée de sa métropole fondatrice. Achevée par la capitulation de Montréal, le 8 septembre 1760, la conquête militaire a été sanctionnée par le traité de Paris du 10 février 1763 : la France cède sa colonie à la Grande-Bretagne. C'est dire que Tocqueville et Beaumont ne peuvent rencontrer beaucoup de personnes ayant vécu à l'époque de la Nouvelle-France. L'année de leur visite marque aussi le quarantième anniversaire d'un événement significatif dans l'histoire de l'ancienne colonie française. En effet, en 1791, le Parlement britannique avait adopté l'Acte constitutionnel qui divisait la colonie canadienne en deux parties, le Haut-Canada et le Bas-Canada, dont sont respectivement issus l'Ontario et le Québec ; de plus, la loi avait institué dans chaque territoire une assemblée législative élue, qui inaugurait le parlementarisme.

En 1831, la population du Bas-Canada s'établit à 553 000 habitants, soit neuf fois plus qu'en 1760, dont environ un cinquième de Britanniques d'origine (contre une population de 157 000 habitants au Haut-Canada). La population est majoritairement rurale et les principales villes (Québec, Trois-Rivières et Montréal) sont encore bien petites. L'agriculture et l'exploitation des ressources naturelles constituent les principales activités économiques, avec le commerce intérieur et extérieur. Il s'est formé, au Bas-Canada, une petite bourgeoisie de médecins, d'avocats, de notaires, d'hommes d'affaires avec quelques intellectuels (journalistes, enseignants). La population francophone du Bas-Canada est massivement catholique et l'Église occupe une place prépondérante, ayant déjà commencé à animer des établissements d'enseignement (collèges, petits séminaires) qui rivalisent avec un embryon de système d'éducation publique.

Nonobstant l'importante position de l'Église catholique, des idées libérales circulent déjà dans la petite bourgeoisie du Bas-Canada. Ainsi, on connaît les courants de pensée européens et l'expérience politique des États-Unis compte ici des admirateurs.

La pratique du parlementarisme à partir de 1791 a favorisé la formation d'une classe politique canadienne-française dont le leader reconnu, au tournant des années 1830, est Louis-Joseph Papineau (1786-1871), seigneur de la Petite-Nation dans l'Outaouais. Élu député en 1809, Papineau, libéral et nationaliste, devient chef du Parti canadien (qui prendra plus tard le nom de Parti patriote). En 1822, il combat fortement un projet d'union politique des deux Canadas et il en viendra à défendre l'indépendance du Bas-Canada pendant les années 1830. Étienne Parent (1802-1874) est un autre leader d'opinion ; journaliste, il relance en 1831 *Le Canadien*, un journal d'opinion animé par la devise *Nos institutions, notre langue et nos lois*. Ce journal mariant libéralisme et nationalisme sera lu par nos deux visiteurs. Tocqueville et Beaumont ne rencontreront pas ces deux personnalités pendant leur séjour. Cependant, ils croisent d'autres citoyens de la même mouvance politique.

Au moment de leur passage, le Bas-Canada est engagé, depuis quelques années, dans une crise qui ira en s'amplifiant jusqu'aux insurrections armées de 1837-1838. S'affrontent, d'une part, une Assemblée élue qui est majoritairement canadienne-française et, d'autre part, le gouverneur britannique et le Conseil législatif qu'il nomme et de majorité anglaise. La crise politique se noue autour du budget de la colonie : qui doit en décider ? La question est de déterminer les pouvoirs respectifs de l'Assemblée, du gouverneur et du Conseil législatif. L'Acte constitutionnel de 1791, s'il concède une mesure de gouvernement représentatif, ne va pas jusqu'à accorder le gouvernement responsable devant les élus. Le budget voté par l'Assemblée législative est plusieurs fois bloqué par le Conseil législatif et le gouverneur et ce dernier résiste à l'érosion et à la réduction de ses pouvoirs. Le Parti canadien devient porteur de revendications nationalistes et libérales à la fois; il s'agit de parvenir à l'autonomie interne de la colonie, majoritairement canadienne-française, et de faire en sorte que les élus de l'Assemblée contrôlent effectivement le pouvoir exécutif. La question ne sera résolue qu'en 1849, avec l'établissement, dans le cadre de l'Union des deux Canadas arrêtée en 1840, du principe de la pleine responsabilité ministérielle envers l'Assemblée élue. Avant ce développement, il y aura les rébellions de 1837-1838 pendant lesquelles sera vainement proclamée l'indépendance du Bas-Canada. Il est à noter que les revendications libérales de l'affirmation des pouvoirs de l'Assemblée élue seront aussi formulées par un groupe de réformistes du Haut-Canada réclamant la responsabilité de l'exécutif devant les parlementaires.

Au Bas-Canada, le conflit politique est non seulement nourri par des défiances et des animosités entre groupes nationaux et religieux différents, mais il est enveloppé dans des problèmes économiques: par exemple, l'accès à coût modique à des terres soumises aux lois civiles françaises, les rivalités entre marchands à propos du commerce du bois, de la fourrure et d'autres denrées.

Au moment où Tocqueville et Beaumont visitent le Bas-Canada, la crise n'a pas encore atteint son paroxysme. Mais les sentiments politiques s'affirment et la double revendication nationaliste et libérale s'exprime avec une clarté et une précision croissantes. Ainsi, quelques mois avant le passage de Tocqueville et Beaumont, c'est-à-dire le 7 mai 1831, Étienne Parent, dans le premier numéro du *Canadien*, évoque le mouvement libéral qui se manifeste en Europe (révolution de juillet 1830 en France) ainsi que la montée du nationalisme (par exemple, en Pologne) et il écrit : « Tous les peuples se trouvent simultanément animés d'un même esprit, d'un même défi, celui de participer à leur gouvernement [...] d'exercer les droits essentiels à leur bonheur. C'est ce que les Anglais appellent *self-government*, c'est-à-dire le gouvernement de soi. » Et il ajoute : « Notre politique, notre but, nos sentiments, nos vœux et nos désirs, c'est de maintenir tout ce qui parmi nous constitue notre existence comme peuple, et comme moyen d'obtenir cette fin de maintenir tous les droits civils et politiques qui sont l'apanage d'un pays Anglais[17] », dont, au premier chef, le *self-government*. Il est intéressant d'observer que, malgré la séparation déjà ancienne avec la France et la rareté des échanges directs avec elle, le Bas-Canada se tient informé de ce qui se passe dans l'ancienne métropole et en Europe en général.

C'est dans ce contexte général d'une société canadienne-française consciente de son identité propre, qui connaît des relations difficiles avec le pouvoir colonial britannique, et qui revendique à la fois la préservation de son caractère national et une plus grande participation à la gouvernance du pays, que Tocqueville et Beaumont visitent le Bas-Canada. Il faut maintenant donner la chronologie de leur visite et, dans leurs grandes lignes, leur emploi du temps et leurs activités, établis à la lumière de divers travaux sur Tocqueville et ses écrits[18].

CHRONOLOGIE DU SÉJOUR AU BAS-CANADA

20 août 1831	Départ de Buffalo (New York) à bord du vapeur *Great Britain* ; traversée du lac Ontario et navigation sur le Saint-Laurent.
23 août 1831	Arrivée à Montréal.
24 août 1831	Montréal. Rencontre avec l'abbé Joseph-Vincent Quiblier, supérieur du Grand Séminaire. Rencontre avec les frères Dominique et Charles Mondelet, avocats. Départ en soirée pour Québec à bord du vapeur *John-Molson*.
25 août 1831	Arrivée à Québec en fin de journée.
26 août 1831	Québec. Rencontre avec un marchand anglais (demeuré anonyme). Visite à un tribunal civil.
27 août 1831	Québec. Rencontre avec John Neilson, député à la Chambre d'assemblée du Bas-Canada. Visite à un « cabinet de lecture » ; lecture de journaux (*Gazette de Québec*, *Le Canadien*). Visite à un tribunal civil. (Note : Gustave de Beaumont, pour sa part, date la rencontre avec Neilson du 26 août[19].)

28 août 1831	Québec. Excursion avec John Neilson dans la campagne environnante (dont le village huron de L'Ancienne-Lorette, bien que cette visite ait pu avoir eu lieu la veille).
29 août 1831	Québec. Tocqueville et Beaumont visitent la campagne qui environne Québec, mais sans guide; ils se rendent jusqu'à Beauport. (Note : Beaumont date cette excursion du dimanche 28 août[20].)
31 août 1831	Québec. Avec John Neilson et Denis-Benjamin Viger, Tocqueville et Beaumont se rendent sur la rive droite du Saint-Laurent jusqu'au village de Saint-Thomas-de-Montmagny. Départ pour Montréal à bord du vapeur *Richelieu*.
2 septembre 1831	Après un bref séjour à Montréal, départ pour Albany et Boston.

Au vu de cette chronologie et des activités qu'elle révèle, il y a lieu de formuler certains commentaires sur le séjour de Tocqueville au Bas-Canada, pour faciliter l'interprétation et l'appréciation de ses écrits sur le sujet.

En premier lieu, il convient de rappeler que le séjour au Bas-Canada est un interlude dans un voyage beaucoup plus vaste et avec d'autres préoccupations. L'intérêt central de Tocqueville, ce sont les États-Unis, et il s'est bien préparé à les observer. Ce n'est pas nécessairement le cas du Bas-Canada. Dans une lettre à sa mère, en date du 19 juin 1831, Tocqueville annonce son intention de faire, vers la région du Niagara, ce qu'il décrit comme « le voyage à la mode dans ce pays-ci » (c'est-à-dire les États-

Unis) et il précise: « Le Canada pique vivement notre curiosité. La nation française s'y est conservée intacte: on y a les mœurs et on y parle la langue du siècle de Louis XIV[21]. » Après son passage au Bas-Canada, dans une lettre datée du 7 septembre 1831 à son précepteur, l'abbé Lesueur (déjà décédé à la fin de juin), Tocqueville se félicite de sa visite au Bas-Canada. En effet, explique-t-il, « il n'y a pas six mois, je croyais, comme tout le monde, que le Canada était devenu complètement anglais ». La visite lui a été une agréable découverte, mais une découverte qui le rend un peu perplexe: « Nous nous sentions comme chez nous, et partout on nous recevait comme des compatriotes, enfants de la vieille France, comme ils l'appellent. À mon avis, l'épithète est mal choisie: la vieille France est au Canada; la nouvelle est chez nous[22]. » Ainsi, le voyage au Bas-Canada lui fait visiblement découvrir des réalités auxquelles il ne s'était pas spécialement préparé. Et, une fois passé du côté canadien, Tocqueville, qui transite par le Haut-Canada, ne consigne dans ses écrits aucune observation sur cette autre partie du Canada de l'époque. Son biographe, André Jardin, note que Tocqueville et Beaumont « ont, en quelque sorte, traité le Canada britannique avec un mépris prégaullien[23] ».

En second lieu, le séjour, comparativement à d'autres voyages de Tocqueville en pays étrangers, fut bref. Il voyage en Italie et en Sicile de décembre 1826 à avril 1827; en Angleterre, une première fois du 3 août au 7 septembre 1833, une seconde fois, avec Beaumont, et en passant par l'Irlande, de la fin d'avril à la fin d'août 1835; en Suisse, de la mi-juillet au début de septembre 1836 (avec son épouse); en Algérie, du 7 mai au 10 juin 1841 et en novembre et décembre 1846; sans compter le séjour de dix mois aux États-Unis en 1831-1832. En comparaison, le passage au Bas-Canada dure dix jours. Heureusement, la perspicacité, la clairvoyance, la sagacité remarquables de Tocqueville purent compenser la brièveté de son temps d'observation sur place.

En troisième lieu, il convient d'évoquer les interlocuteurs rencontrés par Tocqueville – et aussi ceux qu'il n'a pas rencontrés. Assurément, il a eu des contacts avec des personnes venant de divers milieux sociaux du Bas-Canada. Il relate des conversations avec des agriculteurs, lors des excursions dans les environs de Québec, et, dans une note, il indique que « comme le Français, le paysan canadien a l'esprit gai et vif. Il y a presque toujours quelque chose de piquant dans ses reparties ». Tocqueville a croisé des ecclésiastiques (dont il dit qu'ils forment « la première classe parmi les Canadiens ») et observé attentivement des avocats lors de sa visite à un tribunal. Il est entré dans des résidences de fermes. Avant et pendant son séjour au Bas-Canada, il a vu ceux que l'on appelle encore des « Indiens ». Il a même constaté que, dans ce qu'il appelle les « classes éclairées », la tentation de l'assimilation aux Anglais est déjà présente : « Beaucoup [...] ne nous ont pas paru animés au degré que nous croyions, du désir de conserver intacte la trace de leur origine, et de devenir un peuple entièrement à part. Plusieurs ne nous ont pas paru éloignés de se fondre avec les Anglais. »

Ils ont aussi eu avec des notables des échanges substantiels et structurés, puisque, en effet, Tocqueville aborde ses interlocuteurs à partir de « questionnaires systématiques dont les carnets offrent de nombreux exemples[24] ». De fait, on trouvera cette méthode illustrée dans plusieurs des textes qui suivent. Lors du passage au Bas-Canada, Tocqueville procède aussi de la sorte, en se souciant de consulter la plus grande variété possible de membres de la société visitée.

Dans le cas du Bas-Canada, il faut toutefois noter que l'échantillon de notables rencontrés et cités par Tocqueville paraît comporter certaines limites quant à la vision que ces personnes peuvent avoir du pays, de sa situation et de son devenir. Ainsi, le sulpicien Joseph-Vincent Quiblier est français d'origine, arrivé au Canada en 1825. À titre de supérieur du Grand Séminaire, c'est un homme prudent, conservateur, porté à la conciliation avec le pouvoir en place. Les frères Mondelet sont des réformistes modérés. John Neilson, Écossais arrivé en 1790, éditeur de la bilingue *Gazette de Québec*, député à la Chambre d'assemblée de 1818 à 1833, qui est allé à Londres en 1823 et en 1828 pour protester contre le projet d'union des deux Canadas et présenter des pétitions à cet effet, a été dans la mouvance de Louis-Joseph Papineau; cependant, au moment du séjour de Tocqueville, les liens entre Neilson et Papineau ont commencé à se distendre. Tocqueville et Beaumont ne semblent pas avoir rencontré des tenants de positions plus radicales. Ainsi, rien, dans l'état actuel des connaissances, ne permet d'affirmer que Tocqueville a rencontré Papineau pendant son séjour. Le nom même de Papineau n'apparaît pas dans les écrits de Tocqueville; ce dernier ne figure pas dans la correspondance de

Papineau. En fait, la première rencontre des deux hommes aura lieu à Paris au début de mai 1839[25]. Une conversation entre eux aurait été bien intéressante.

Une fois faites ces remarques générales sur la visite de Tocqueville au Bas-Canada, on peut se demander ce qui ressort de ses observations, de ses conversations et de ses analyses. À ce propos, il faut bien se souvenir que, contrairement à ce qui suivit des voyages dans divers pays, Tocqueville n'a rédigé, sur le Bas-Canada, que des pages de notes et d'observations, des transcriptions de conversations, des commentaires dans des lettres à la famille ou à quelques amis, mais aucun texte complet faisant la synthèse de sa pensée sur le sujet. Il n'a pas tiré de ses matériaux un ouvrage achevé ; cependant, cela n'invalide pas l'intérêt de ses observations et de ses analyses ni n'altère la qualité de sa réflexion.

En substance, on peut dire que, pour Tocqueville, le Bas-Canada a constitué une découverte ou une révélation à la fois émouvante et douloureuse.

Le pays lui-même est à la fois pittoresque et majestueux. Comme d'autres voyageurs européens, Tocqueville apprécie les splendeurs de la géographie, par exemple l'impressionnant fleuve Saint-Laurent. Il s'inquiète du sort des autochtones, au Bas-Canada comme aux États-Unis en général. L'occupation des terres par les populations blanches n'augure pas bien de l'avenir des peuples autochtones. La découverte de la nation francophone l'enchante et l'éblouit à la fois. Il note la puissante progression démographique des Canadiens français, dont le nombre a presque décuplé depuis la cession de la colonie à la Grande-Bretagne. Surtout, il constate avec bonheur que, malgré trois quarts de siècle sous la férule britannique, il y a encore en Amérique du Nord un rameau de la France, un rameau vigoureux, conscient de son identité et attaché à celle-ci. Les Canadiens français ont conservé des traditions culturelles anciennes. Dans la lettre à son précepteur, en date du 7 septembre 1831, il écrit de ses hôtes: « Ce sont encore des Français trait pour trait; non pas seulement les vieux, mais tous, jusqu'au bambin qui fait tourner sa toupie[26]. » Les Français du Canada sont « restés absolument semblables à leurs anciens compatriotes de France ». Les mœurs de la population sont douces, accueillantes, les gens sont de bonne humeur, ont l'esprit alerte et le goût de la répartie. La découverte des campagnes révèle une paysannerie prospère, bien organisée, bien logée. Les villages sont beaux et le pays fait souvent penser à la « vieille France ». Le régime seigneurial, relent de féodalité qui perdurera encore jusqu'au milieu du XIXe siècle, est devenu une formalité plus qu'autre chose, même s'il est source d'irritation. Cela n'empêche pas que les terres soient bien cultivées et rentables. La religion est très présente dans la population; le clergé occupe une place importante et témoigne d'un solide loyalisme envers la couronne britannique; cependant, la religion apparaît à Tocqueville d'abord comme un phénomène fondé sur une croyance sincère et un attachement à l'identité et beaucoup moins comme une affaire politique. Très certainement, Tocqueville est profondément ému et heureux de retrouver au Bas-Canada une population française de langue, de tradition, de culture, qui apparaît profondément attachée à son identité, portée par une démographie généreuse, et qui semble résolue, malgré une conscience politique qui ne s'affirme pas toujours très explicitement, à demeurer elle-même.

Mais le bonheur de cette découverte, de ces retrouvailles avec un peuple français se révèle bientôt terni et même déchiré d'inquiétudes. Ce peuple, visiblement, est un peuple conquis et dominé. Si les paysans sont prospères, la grande richesse, elle, appartient aux Anglais du pays. Tant les frères Mondelet, rencontrés à Montréal le 24 août, que le marchand anglais anonyme de Québec, le 26 août, indiquent à Tocqueville que « presque toute la richesse et le commerce est dans les mains des Anglais ». Le 1er septembre, Tocqueville confirme dans ses notes que « les Anglais ont dans les mains tout le commerce extérieur et dirigent en chefs tout le commerce intérieur[27] ». Cette partie de la population, fort minoritaire, témoigne d'une grande assurance quant à son propre avenir, comme le confirme le marchand anonyme de Québec. La domination que subissent les Canadiens français se trouve cruellement mise en lumière par la situation respective des deux langues parlées au pays. Tant à Montréal qu'à Québec, la langue anglaise domine dans la vie et sur la place publique : « La plupart des journaux, les affiches et jusqu'aux enseignes des marchands français sont en anglais » à Montréal et, à Québec, « toutes les enseignes sont anglaises, il n'y a que deux théâtres qui sont anglais ». Au tribunal qu'il visite à Québec, Tocqueville constate à la fois la prédominance de l'anglais et la médiocrité de la langue des avocats francophones, truffée d'anglicismes[28]. La majorité des journaux, aussi, sont de langue anglaise. Le 1er septembre 1831, dans des remarques générales à caractère synthétique, Tocqueville s'inquiète de ce que les « classes éclairées » paraissent tentées de se « fondre avec les Anglais ».

Il ressort de ces constatations une conclusion énoncée sans ménagement : « Il est facile de voir que les Français sont le peuple vaincu[29]. » Pour Tocqueville, l'avenir du Bas-Canada est incertain. Quelques facteurs semblent prometteurs : l'attachement de la population à son identité, la santé économique et morale de la paysannerie, les progrès de l'instruction, la force de la démographie. Mais nombre de périls attendent les Canadiens français. Pressentant les événements à venir, Tocqueville formule ses craintes :

le 29 août 1831 :

> Au total cette population nous a paru capable d'être dirigée quoique encore incapable de se diriger elle-même. Nous arrivons au moment de la crise. Si les Canadiens ne sortent pas de leur apathie d'ici à vingt ans, il ne sera plus temps d'en sortir. Tout annonce que le réveil de ce peuple approche. Mais si dans cet effort les classes intermédiaires et supérieures de la population canadienne abandonnent les basses classes et se laissent entraîner dans le mouvement anglais, la race française est perdue en Amérique[30].

le 1er septembre 1831 :

> Plusieurs ne nous ont pas paru animés, au degré que nous croyions, du désir de conserver intacte la trace de leurs origines, et de devenir un peuple entièrement à part. [...]. Il est donc à craindre qu'avec le temps et surtout l'émigration des Irlandais catholiques, la fusion ne s'opère. Et elle ne peut s'opérer qu'au détriment de la race, de la langue et des mœurs françaises[31].

le 26 novembre 1831 :

> Je viens de voir dans le Canada un million de Français braves, intelligents, faits pour former un jour une grande nation française en Amérique, qui vivent en quelque sorte en étrangers dans leur pays. Le peuple conquérant tient le commerce, les emplois, la richesse, le pouvoir. Il forme les hautes classes et domine la société entière. Le peuple conquis, partout où il n'a pas l'immense supériorité numérique, perd peu à peu ses mœurs, sa langue, son caractère national[32].

La pensée de Tocqueville cherche à discerner l'avenir d'un peuple et elle hésite et tâtonne parfois. Mais elle apparaît aussi capable de pressentir des lignes de force du laborieux destin historique tant des francophones d'Amérique du Nord que de ceux, concentrés au Bas-Canada, qui sont appelés à former le Québec. À travers ce destin, Tocqueville revient volontiers, dès son passage au Bas-Canada, mais aussi dans les années ultérieures (notamment en 1833 et en 1837), à la faiblesse de l'effort colonisateur de la France. Dans une lettre du 26 novembre 1831, commentant la politique française du XVIIIe siècle concernant la Nouvelle-France, il écrit de l'« abandon » de ces sujets français qu'il est « une des plus grandes ignominies du honteux règne de Louis XV ».

Après sa visite au tribunal de Québec, Tocqueville formule, en contrepoint de toute la joie qu'a pu lui procurer la découverte du Bas-Canada, un propos qu'il ne désavouera pas par la suite et dont plusieurs nations, dont celle du Québec, ont pu apprécier la portée : « Je n'ai jamais été plus convaincu qu'en sortant de [ce tribunal] que le plus grand et le plus irrémédiable malheur pour un peuple c'est d'être conquis[33]. »

À près de deux siècles de distance, le regard qu'a porté Alexis de Tocqueville sur le Bas-Canada nous interpelle encore.

Claude Corbo
Département de science politique
Université du Québec à Montréal
Avril 2003

Note sur la présente édition

En 1973 paraissait à Montréal, aux Éditions du Jour, un ouvrage intitulé *Tocqueville au Bas-Canada*, consistant en un ensemble de textes d'Alexis de Tocqueville choisis, présentés et annotés par Jacques Vallée. À celui-ci nous rendons volontiers hommage pour son entreprise initiale qui a grandement facilité la nôtre.

La présente édition, si elle reprend en bonne partie le choix de textes proposé par Jacques Vallée, s'en démarque à plusieurs égards. En premier lieu, il nous a semblé que le titre ici retenu – *Regards sur le Bas-Canada* – correspond mieux à l'intention de rassembler les écrits de Tocqueville avant, pendant et après son bref séjour au Bas-Canada. En second lieu, cette édition contient de nouveaux textes de Tocqueville sur le Bas-Canada. Deux raisons expliquent cet état de choses. D'une part, depuis 1973, les éditions Gallimard ont poursuivi la publication des *Œuvres complètes* de Tocqueville (en 18 tomes totalisant 30 volumes dont certains ne sont pas encore parus). Nous avons donc pu travailler à partir d'un corpus tocquevillien plus complet. Nous avons dépouillé à nouveau et méthodiquement les écrits de Tocqueville, en portant une attention particulière aux volumes parus après 1973, fruits d'un travail d'édition très rigoureux. Cela a permis de contrôler l'exactitude des textes. D'autre part, il est apparu intéressant d'ajouter, en quelque sorte en manière de contrepoint, quelques textes de Tocqueville sur la Louisiane où il a séjourné du 1er au 3 janvier 1832. Ces textes traitent aussi d'un résidu de la colonisation française en Amérique qui partage le sort du Bas-Canada d'être englouti dans un pays de langue anglaise. En troisième lieu, nous avons résolu de faire précéder chaque texte inclus dans la présente édition d'une présentation détaillée, pour le bien situer et en faciliter la lecture et l'appréciation. Finalement, cette édition comporte, en appendice, des textes de Gustave de Beaumont sur le Bas-Canada. En effet, le compagnon de voyage de Tocqueville a consigné par écrit ses propres observations, lesquelles complètent et éclairent à la fois celles de Tocqueville.

Les textes sont présentés dans l'ordre chronologique de leur composition. Pour chaque texte, une référence précise est fournie qui renvoie aux *Œuvres complètes* et, s'il y a lieu, à l'édition des *Œuvres* dans la « Bibliothèque de la Pléiade » des éditions Gallimard. Quelques repères bibliographiques permettront d'explorer davantage la vie et l'œuvre de Tocqueville.

I
Projet de voyage

Tocqueville arrive à New York le 11 mai 1831. Après quelques semaines de séjour, un projet de voyage à l'intérieur du continent prend forme. Deux lettres, l'une à sa mère en date du 19 juin, l'autre à son précepteur, l'abbé Christian Lesueur, en date du 30 juin, précisent ce projet: la région des Grands Lacs, les chutes du Niagara et, éventuellement, le Bas-Canada. C'est, dit-il, « le voyage à la mode dans ce pays-ci » *(c'est-à-dire* « the fashionable tour »*). Il est informé que les établissements humains se multiplient à l'intérieur du continent et que le* « grand désert », *cette région où l'homme blanc est peu ou pas présent, se déplace constamment vers l'ouest. Par ailleurs, il se dit intrigué par le Canada qui* « pique [sa] curiosité ». *Anticipant sur sa visite au Bas-Canada, faisant écho à des informations qu'il a pu glaner ici et là, il affirme déjà:* « La nation française s'y est conservée intacte: on y a les mœurs et on y parle la langue du siècle de Louis XIV. » *Son voyage le confirmera dans cette idée.*

New York, le 19 juin 1831

Nous sommes toujours admirablement bien reçus ici et y menons une vie très agréable ; cependant, comme il n'y a pas de bonne chose qui ne doive finir, nous comptons quitter New York à la fin du mois. Notre intention était d'abord d'aller à Boston, mais nous avons entièrement changé de plan. Au lieu de commencer par le Nord, nous allons nous avancer à l'Ouest jusqu'à une petite ville nommée Auburn, qui se trouve sur la carte un peu plus bas que le lac Ontario. Dans ce lieu se trouve la prison la plus remarquable des États-Unis. Nous resterons là une dizaine de jours, comme à Sing-Sing, puis nous irons voir la chute du Niagara, qui est tout près. Nous prendrons le bateau à vapeur du lac Ontario, qui nous conduira en deux jours à Québec. De là nous gagnerons très facilement Boston et reviendrons à New York. Ce voyage, qui paraît immense sur la carte, se fait avec une rapidité dont rien n'approche. *C'est le voyage à la mode* dans ce pays-ci, nous le ferons plus lentement parce que nous comptons nous arrêter à Albany, à Auburn, à Montréal et à Québec. Le Canada pique vivement notre curiosité. La nation française s'y est conservée intacte : on y a les mœurs et on y parle la langue du siècle de Louis XIV. C'est M. Powers, le grand vicaire de New York dont je crois vous avoir parlé, qui nous a surtout conseillé ce voyage. Il a habité longtemps le Canada et nous a offert des lettres de recommandation pour ce pays-là.

New York, le 30 juin 1831

Notre intention en sortant d'ici est de remonter la rivière du Nord jusqu'à *Albany*; de là nous irons à *Auburn*, ville située dans les terres au-dessus du lac Ontario. Nous resterons là probablement dix ou douze jours pour examiner une prison célèbre qui s'y trouve; de là nous irons visiter la chute du Niagara et nous reviendrons à Boston par Montréal et Québec. C'est ce qu'on appelle ici *the fashionable tour*, la promenade à la mode. Une foule de monde l'entreprend dans l'été. C'est une affaire d'un mois ou cinq semaines. Nous serons un peu plus longtemps parce que nous nous arrêterons dans plusieurs lieux.

Pour vous faire concevoir la rapidité de la course je vous dirai qu'on prend au fort Niagara un bateau à vapeur qui en trente-six heures vous conduit à Montréal. Vous verrez sur la carte qu'il y a un bon bout de chemin. Les environs du lac Ontario qui étaient déserts il y a vingt ans sont maintenant couverts de villes et de villages. Il faudrait faire cent lieues dans les terres pour atteindre maintenant le grand désert. La petite course que nous allons faire nous charmerait si nous ne craignions d'être trop longtemps sans recevoir de lettre et surtout de ne plus pouvoir vous écrire exactement comme nous l'avons fait jusqu'à présent. Vous sentez qu'éloignés de New York par des distances assez considérables, il nous sera impossible de calculer notre affaire de manière que nos lettres arrivent toujours ici avant le départ des paquebots, qui a lieu maintenant tous les dix jours. Il y aura donc nécessairement des lettres remises à dix jours et des vaisseaux qui ne vous apporteront rien. Je vous dis cela parce que je sais à quel point votre tendresse pour moi est inquiète et avec quelle facilité votre imagination crée des malheurs quand il s'agit de nous.

De plus voilà l'hiver qui n'est pas bien loin et dans cette saison il faudra vous habituer, comme nous y serons forcés nous-mêmes, à vous passer de nouvelles pendant des espaces énormes. Le consul français à New York nous disait encore il n'y a pas trois jours que, l'hiver dernier, ils avaient été soixante-dix jours sans arrivage de France. Le soixante et onzième le vent leur a amené trois courriers à la fois.

2
« Quinze jours dans le désert »

Le séjour d'Alexis de Tocqueville et de Gustave de Beaumont au Bas-Canada, du 23 août au 2 septembre 1831, constitue en fait la fin d'un long périple entrepris au début de juillet. Ainsi, après avoir assisté à Albany, capitale de l'État de New York, à la fête de l'Indépendance nationale des États-Unis, le 4 juillet, ils se dirigent vers l'ouest, vers la région des Grands Lacs. Ce voyage les mènera jusqu'à Détroit, à l'extrémité sud du lac Michigan, et à Sault-Sainte-Marie, à l'extrémité est du lac Supérieur. Une partie de ce voyage se fait par bateau. Cependant, ils choisissent aussi d'explorer l'intérieur des terres à cheval. Ils se rendent ainsi à un avant-poste isolé, Saginaw, dans l'actuel État du Michigan. Cette excursion inspire à Tocqueville la rédaction d'un récit de voyage intitulé Quinze jours dans le désert. *Il commence la rédaction du récit à bord du vapeur* The Superior, *le 1er août 1832, alors que son compagnon et lui-même entreprennent de visiter les Grands Lacs. Le récit a connu une publication posthume par les soins de Beaumont (qui y a apporté des corrections) d'abord dans la* Revue des deux Mondes, *le 1er décembre 1860, puis, en 1866, dans les* Œuvres complètes *de Tocqueville (tome V) aussi éditées par Beaumont*[1]*.*

Partis de Détroit le 23 juillet, Tocqueville et Beaumont mettent trois jours à atteindre Saginaw. Ils y séjournent deux jours. Puis, du 28 au 30 juillet, ils font le chemin de retour vers Détroit[2]*. Le texte* « Quinze jours dans le désert » *relate cette pérégrination à cheval. Si, de prime abord, rien ne semble distinguer ce document d'autres récits de voyages d'Européens ayant exploré l'Amérique du Nord, une lecture attentive permet de constater que Tocqueville porte un intérêt particulier à ce qu'il expérimente. On voit même affleurer, à la surface du récit, plusieurs thèmes qui se déploieront majestueusement dans son grand ouvrage sur la démocratie en Amérique, et aussi, plus en sourdine, des thèmes mineurs qui se manifestent dans ses écrits sur le Bas-Canada.*

Assurément, la présence d'une nature vaste, sauvage, distante de l'homme, se fait sentir ; par exemple, devant les forêts qui l'entourent, Tocqueville ressent des impressions semblables à celles qu'il a connues dans la solitude d'un navire en plein milieu de l'océan. Il est aussi touché par la condition des autochtones, qu'il appelle les « Indiens »*. Ceux-ci subissent sans relâche la poussée incessante de la civilisation blanche qui déferle de façon irrésistible sur le continent nord-américain qu'elle est appelée à dominer tout entier. Les Indiens lui apparaissent promis à un triste sort dont il observe déjà de multiples manifestations. La situation des* « bois-brûlés »*, les métis issus d'unions entre Blancs et Indiens, lui paraît particulièrement attristante. Participant de deux civilisations contraires, le métis est écartelé :* « Son âme se débat péniblement dans les langes d'un doute universel. Il adopte des usages opposés, il prie à deux autels. » *Ici et là, Tocqueville relève des traces d'une ancienne présence colonisatrice de la France.*

Mais ce qui frappe le plus Tocqueville, c'est l'expérience du choc même entre la civilisation blanche et le monde sauvage d'un continent neuf, ce que l'historien américain Frederick Jackson Turner appellera, dans une célèbre conférence de 1893, la « Frontière ». *Dans cette zone nouvelle, qui surgit de l'implantation des colons américains, armés de tout leur bagage de civilisation occidentale, dans des terres vierges peuplées uniquement d'animaux et de tribus indiennes, une humanité nouvelle se façonne. On y rencontre de multiples types humains : le défricheur qui essaie d'imposer l'agriculture à une nature jusqu'alors livrée à elle-même, les familles pionnières qui conservent le souvenir de la vie dans des établissements humains plus anciens et qui vivent très durement dans des* log-houses *où l'on trouve, malgré l'adversité des conditions, des éléments de raffinement tels des rideaux et une Bible ou une tragédie de Shakespeare ou un livre de prières ; et ceux aussi qui fuient la civilisation et qui trouvent* « dans la liberté du désert un charme inexprimable ». *Par-delà les observations amusantes ou pittoresques – par exemple, l'ours à demi dompté qui fait office de chien de garde autour de la cabane d'un ermite –, Tocqueville décèle des lignes de force de la civilisation démocratique, celles mêmes dont il traitera dans son grand ouvrage. Dans le monde de la Frontière, où chacun est livré à lui-même, un individualisme vigoureux et ombrageux fleurit :* « Les sentiments de famille sont venus se fondre eux-mêmes dans un vaste égoïsme et il est douteux que dans sa femme et ses enfants il [*le colon*] voie autre chose qu'une portion détachée de lui-même. Privé de rapports individuels avec ses semblables, il a appris à se faire un plaisir de la solitude. » *Sur la Frontière, il règne aussi un profond sentiment d'égalité ; ainsi, dans le* bar-room *d'une modeste auberge, ceux qui se rencontrent, quelle que soit leur condition sociale, se trouvent* « ensemble sur le pied de l'égalité extérieure la plus parfaite ». *Ces thèmes de l'individualisme, de l'égalité, et aussi de la mobilité sociale, de l'esprit d'entreprise, de ce qu'on pourrait décrire comme l'activisme économique et commercial, d'un nouveau rapport à la religion, ces divers thèmes donc, étudiés* in situ *pendant ces quinze jours dans le désert, s'amplifieront constamment dans la pensée de Tocqueville et structureront son analyse et sa compréhension de la révolution démocratique appelée à transformer toutes les sociétés.*

Le périple jusqu'à Saginaw est donc instructif à plusieurs égards. Il prépare aussi, en quelque manière, la découverte du Bas-Canada. Tocqueville constate la coexistence tenace de peuples divers : des Français, des Anglais, des Américains d'origine : « Ils sont trente à peine au milieu d'un désert où tout se refuse à leurs efforts, et ils ne jettent les uns sur les autres que des regards de haine et de soupçon. » *En plus, son vocabulaire s'enrichit : il apprend que l'insecte piqueur qui infeste les forêts et empoisonne la vie des voyageurs et des colons par ses incessants assauts s'appelle* maringouin *en français canadien !*

Écrit sur le Steamboat *The Superior*
Commencé le 1er août 1831

Une des choses qui piquaient le plus vivement notre curiosité en venant en Amérique, c'était de parcourir les extrêmes limites de la civilisation européenne et même, si le temps nous le permettait, de visiter quelque-unes de ces tribus indiennes qui ont mieux aimé fuir dans les solitudes les plus sauvages que de se plier à ce que les Blancs appellent les délices de la vie sociale. Mais il est plus difficile qu'on ne croit de rencontrer aujourd'hui le désert. À partir de New York et à mesure que nous avancions vers le nord-ouest, le but de notre voyage semblait fuir devant nous. Nous parcourions des lieux célèbres dans l'histoire des Indiens; nous rencontrions des vallées qu'ils ont nommées; nous traversions des fleuves qui portent encore le nom de leurs tribus mais partout, la hutte du sauvage avait fait place à la maison de l'homme civilisé. Les bois étaient tombés, la solitude prenait une vie.

Cependant nous semblions marcher sur les traces des indigènes. Il y a dix ans, nous disait-on, ils étaient ici; là, cinq ans; là, deux ans. Au lieu où vous voyez la plus belle église du village, nous racontait celui-ci, j'ai abattu le premier arbre de la forêt. Ici, nous racontait un autre, se tenait le grand conseil de la Confédération des Iroquois. – Et que sont devenus les Indiens, disais-je ? – Les Indiens, reprenait notre hôte, ils ont été je ne sais trop où, par-delà les Grands Lacs. C'est une race qui s'éteint; ils ne sont pas faits pour la civilisation: elle les tue.

L'homme s'accoutume à tout. À la mort sur les champs de bataille, à la mort dans les hôpitaux, à tuer et à souffrir. Il se fait à tous les spectacles. Un peuple antique, le premier et le légitime maître du continent américain, fond chaque jour comme la neige aux rayons du soleil et disparaît à vue d'œil de la surface de la terre. Dans les mêmes lieux et à sa place, une autre race grandit avec une rapidité plus étonnante encore. Par elle les forêts tombent, les marais se dessèchent; des lacs semblables à des mers, des fleuves immenses s'opposent en vain à sa marche triomphante. Les déserts deviennent des villages, des villages deviennent des villes. Témoin journalier de ces merveilles, l'Américain ne voit dans tout cela rien qui l'étonne. Cette incroyable destruction, cet accroissement plus surprenant encore lui paraît la marche habituelle des événements de ce monde. Il s'y accoutume comme à l'ordre immuable de la nature.

C'est ainsi que, toujours en quête des sauvages et du désert, nous parcourûmes les 360 milles qui séparent New York de Buffalo.

Le premier objet qui frappa notre vue fut un grand nombre d'Indiens, qui s'étaient réunis ce jour-là à Buffalo pour recevoir le paiement des terres qu'ils ont livrées aux États-Unis.

Je ne crois pas avoir jamais éprouvé un désappointement plus complet qu'à la vue de ces Indiens. J'étais plein des souvenirs de M. de Chateaubriand et de Cooper et je m'attendais à voir dans les indigènes de l'Amérique des sauvages sur la figure desquels la nature avait laissé la trace de quelques-unes de ces vertus hautaines qu'enfante l'esprit de liberté. Je croyais rencontrer en eux des hommes dont le corps avait été développé par la chasse et la guerre et qui ne perdaient rien à être vus dans leur nudité. On peut juger de mon étonnement en rapprochant ce portrait de celui qui va suivre :

Les Indiens que je vis ce soir-là avaient une petite stature ; leurs membres, autant qu'on en pouvait juger sous leurs vêtements, étaient grêles et peu nerveux ; leur peau, au lieu de présenter une teinte de rouge cuivre, comme on le croit communément, était bronze foncé de telle sorte qu'au premier abord, elle semblait se rapprocher beaucoup de celle des mulâtres. Leurs cheveux noirs et luisants tombaient avec une singulière roideur sur leurs cols et sur leurs épaules. Leurs bouches étaient en général démesurément grandes, l'expression de leur figure ignoble et méchante. Leur physionomie annonçait cette profonde dépravation qu'un long abus des bienfaits de la civilisation peut seul donner. On eût dit des hommes appartenant à la dernière populace de nos grandes villes d'Europe. Et cependant c'étaient encore des sauvages. Aux vices qu'ils tenaient de nous, se mêlait quelque chose de barbare et d'incivilisé qui les rendait cent fois plus repoussants encore. Ces Indiens ne portaient pas d'armes, ils étaient couverts de vêtements européens ; mais ils ne s'en servaient pas de la même manière que nous. On voyait qu'ils n'étaient point faits à leur usage et se trouvaient encore emprisonnés dans leurs replis. Aux ornements de l'Europe, ils joignaient les produits d'un luxe barbare, des plumes, d'énormes boucles d'oreilles et des colliers de coquillages. Les mouvements de ces hommes étaient rapides et désordonnés, leur voix aiguë et discordante, leurs regards inquiets et sauvages. Au premier abord, on eût été tenté de ne voir dans chacun d'eux qu'une bête des forêts à laquelle l'éducation avait bien pu donner l'apparence d'un homme, mais qui n'en était pas moins restée un animal. Ces êtres faibles et dépravés appartenaient cependant à l'une des tribus les plus renommées de l'ancien monde américain. Nous avions devant nous, et c'est pitié de le dire, les derniers restes de cette célèbre Confédération des Iroquois dont la mâle sagesse n'était pas moins connue que le courage et qui tinrent longtemps la balance entre les deux plus grandes nations européennes.

On aurait tort toutefois de vouloir juger la race indienne sur cet échantillon informe, ce rejeton égaré d'un arbre sauvage qui a crû dans la boue de nos villes. Ce serait renouveler l'erreur que nous commîmes nous-mêmes et que nous eûmes l'occasion de reconnaître plus tard.

Le soir nous sortîmes de la ville et à peu de distance des dernières maisons nous aperçûmes un Indien couché sur le bord de la route. C'était un jeune homme. Il était sans mouvement et nous le crûmes mort. Quelques gémissements étouffés qui s'échappaient péniblement de sa poitrine nous firent connaître qu'il vivait encore et luttait contre une de ces dangereuses ivresses causées par l'eau-de-vie. Le soleil était déjà couché, la terre devenait de plus en plus humide. Tout annonçait que ce malheureux rendrait là son dernier soupir, à moins qu'il ne fût secouru. C'était l'heure où les Indiens quittaient Buffalo pour regagner leur village; de temps en temps un groupe d'entre eux venait à passer près de nous. Ils s'approchaient, retournaient brutalement le corps de leur compatriote pour le reconnaître et puis reprenaient leur marche sans daigner répondre à nos observations.

La plupart de ces hommes eux-mêmes étaient ivres. Il vint enfin une jeune Indienne qui d'abord sembla s'approcher avec un certain intérêt. Je crus que c'était la femme ou la sœur du mourant. Elle le considéra attentivement, l'appela à haute voix par son nom, tâta son cœur et, s'étant assurée qu'il vivait, chercha à le tirer de sa léthargie. Mais comme ses efforts étaient inutiles, nous la vîmes entrer en fureur contre ce corps inanimé qui gisait devant elle. Elle lui frappait la tête, lui tortillait le visage avec ses mains, le foulait aux pieds. En se livrant à ces actes de férocité, elle poussait des cris inarticulés et sauvages qui, à cette heure, semblent encore vibrer dans mes oreilles. Nous crûmes enfin devoir intervenir et nous lui ordonnâmes péremptoirement de se retirer. Elle obéit, mais nous l'entendîmes en s'éloignant pousser un éclat de rire barbare.

Revenus à la ville nous entretînmes plusieurs personnes du jeune Indien. Nous parlâmes du danger imminent auquel il était exposé ; nous offrîmes même de payer sa dépense dans une auberge. Tout cela fut inutile. Nous ne pûmes déterminer personne à s'en occuper. Les uns nous disaient : Ces hommes sont habitués à boire avec excès et à coucher sur la terre. Ils ne meurent point pour de pareils accidents. D'autres avouaient que probablement l'Indien mourrait ; mais on lisait sur leurs lèvres cette pensée à moitié exprimée : Qu'est-ce que la vie d'un Indien ? C'était là le fond du sentiment général. Au milieu de cette société si policée, si prude, si pédante de moralité et de vertu, on rencontre une insensibilité complète, une sorte d'égoïsme froid et implacable lorsqu'il s'agit des indigènes de l'Amérique. Les habitants des États-Unis ne chassent pas les Indiens à cor et à cri ainsi que faisaient les Espagnols du Mexique. Mais c'est le même sentiment impitoyable qui anime ici comme partout ailleurs la race européenne.

Combien de fois dans le cours de nos voyages n'avons-nous pas rencontré d'honnêtes citadins qui nous disaient le soir, tranquillement assis au coin de leur foyer : Chaque jour le nombre des Indiens va décroissant. Ce n'est pas cependant que nous leur fassions souvent la guerre, mais l'eau-de-vie que nous leur vendons à bas prix en enlève tous les ans plus que ne pourraient faire nos armes. Ce monde-ci nous appartient, ajoutaient-ils ; Dieu, en refusant à ses premiers habitants la faculté de se civiliser, les a destinés par avance à une destruction inévitable. Les véritables propriétaires de ce continent sont ceux qui savent tirer parti de ses richesses.

Satisfait de son raisonnement, l'Américain s'en va au temple où il entend un ministre de l'Évangile lui répéter que les hommes sont frères et que l'être éternel qui les a tous faits sur le même modèle, leur a donné à tous le devoir de se secourir.

Le 19 juillet à dix heures du matin, nous montâmes sur le bateau à vapeur l'*Ohio*, nous dirigeant vers Détroit. Une brise très forte soufflait du nord-ouest et donnait aux eaux du lac Érié toutes les apparences de l'agitation des vagues de l'Océan. À droite s'étendait un horizon sans bornes, à gauche nous serrions les côtes méridionales du lac dont souvent nous nous approchions jusqu'à la portée de la voix. Ces côtes étaient parfaitement plates et différaient de celles de tous les lacs que j'avais eu occasion de visiter en Europe. Elles ne ressemblaient pas non plus aux bords de la mer. D'immenses forêts les ombrageaient et formaient autour du lac comme une ceinture épaisse et rarement interrompue. De temps en temps cependant le pays change tout à coup d'aspect. Au détour d'un bois on aperçoit la flèche élégante d'un clocher, des maisons éclatantes de blancheur et de propreté, des boutiques. Deux pas plus loin, la forêt primitive et en apparence impénétrable reprend son empire et réfléchit de nouveau son feuillage dans les eaux du lac.

Ceux qui ont parcouru les États-Unis trouveront dans ce tableau un emblème frappant de la société américaine. Tout y est heurté, imprévu ; partout l'extrême civilisation et la nature abandonnée à elle-même se trouvent en présence et en quelque sorte face à face. C'est ce qu'on ne s'imagine point en France. Pour moi, dans mes illusions de voyageur – et quelle classe d'hommes n'a pas les siennes – je me figurais tout autre chose. J'avais remarqué qu'en Europe, l'état plus ou moins retiré dans lequel se trouvait une province ou une ville, sa richesse ou sa pauvreté, sa petitesse ou son étendue exerçaient une influence immense sur les idées, les mœurs, la civilisation tout entière de ses habitants et mettaient souvent la différence de plusieurs siècles entre les diverses parties du même territoire.

Je m'imaginais qu'il en était ainsi à plus forte raison dans le Nouveau Monde et qu'un pays, peuplé d'une manière incomplète et partielle comme l'Amérique, devait présenter toutes les conditions d'existence et offrir l'image de la société à tous les âges. L'Amérique, suivant moi, était donc le seul pays où l'on pût suivre pas à pas toutes les transformations que l'*état social* fait subir à l'homme et où il fût possible d'apercevoir comme une vaste chaîne qui descendit d'anneau en anneau depuis l'opulent patricien des villes jusqu'au sauvage du désert. C'est là, en un mot, qu'entre quelques degrés de longitude je comptais trouver encadrée l'histoire de l'humanité tout entière.

Rien n'est vrai dans ce tableau. De tous les pays du monde l'Amérique est le moins propre à fournir le spectacle que j'y venais chercher. En Amérique, plus encore qu'en Europe, il n'y a qu'une seule société. Elle peut être riche ou pauvre, humble ou brillante, commerçante ou agricole, mais elle se compose partout des mêmes éléments. Le niveau d'une civilisation égale a passé sur elle. L'homme que vous avez laissé dans les rues de New York, vous le retrouvez au milieu des solitudes presque impénétrables : même habillement, même esprit, même langue, mêmes habitudes, mêmes plaisirs. Rien de rustique, rien de naïf, rien qui sente le désert, rien même qui ressemble à nos villages. La raison de ce singulier état de choses est facile à comprendre. Les portions de territoires les plus anciennement et les plus complètement peuplées sont parvenues à un haut degré de civilisation, l'instruction y a été prodiguée à profusion, l'esprit d'égalité y a répandu une teinte singulièrement uniforme sur les habitudes intérieures de la vie. Or, remarquez-le bien, ce sont précisément ces mêmes hommes qui vont peupler chaque année le désert. En Europe, chacun vit et meurt sur le sol qui l'a vu naître. En Amérique, on ne rencontre nulle part les représentants d'une race qui se serait multipliée dans la solitude après y avoir longtemps vécu ignorée du monde et livrée à ses propres efforts. Ceux qui habitent les lieux isolés y sont arrivés d'hier. Ils y sont venus avec les mœurs, les idées, les besoins de la civilisation. Ils ne donnent à la vie sauvage que ce que l'impérieuse nature des choses exige d'eux. De là les plus bizarres contrastes. On passe sans transition d'un désert dans la rue d'une cité, des scènes les plus sauvages aux tableaux les plus riants de la vie civilisée. Si la nuit vous surprenant ne vous force pas de prendre gîte au pied d'un arbre, vous avez grande chance d'arriver dans un village où vous trouverez tout, jusqu'aux modes françaises et aux caricatures des boulevards. Le marchand de Buffalo et de Détroit en est aussi bien approvisionné que celui de New York, les fabriques de Lyon travaillent pour l'un comme pour l'autre. Vous quittez les grandes routes, vous vous enfoncez dans des sentiers à peine frayés. Vous apercevez enfin un champ défriché, une cabane composée de troncs à moitié équarris où le jour n'entre que par une fenêtre étroite, vous vous croyez enfin parvenu à la demeure du paysan américain. Erreur. Vous pénétrez dans cette cabane qui semble l'asile de toutes les misères, mais le possesseur de ce lieu est couvert des mêmes habits que vous, il parle le langage des villes. Sur sa table grossière sont des livres et des journaux ; lui-même se hâte de vous prendre à part pour savoir au juste ce qui se passe dans la vieille Europe et vous demande compte de ce qui vous a le plus frappé dans son pays. Il vous tracera sur le papier un plan de campagne pour les Belges, et vous apprendra gravement ce qui reste à faire pour la prospérité de la France. On croirait voir un riche propriétaire qui est venu habiter momentanément et pour quelques nuits un rendez-vous de chasse. Et, dans le fait, la cabane de bois n'est pour l'Américain qu'un asile momentané, une concession temporaire faite à la nécessité des circonstances. Lorsque les champs qui l'environnent seront entièrement en produit et que le nouveau propriétaire aura le loisir de s'occuper des choses agréables à la vie, une maison plus spacieuse et mieux appropriée à ses besoins remplacera la *log-house* et servira d'asile à de nombreux enfants qui un jour iront aussi se créer une demeure dans le désert.

Mais, pour en revenir à notre voyage, nous naviguâmes donc péniblement toute la journée en vue des côtes de la Pennsylvanie et plus tard de celles de l'Ohio. Nous nous arrêtâmes un instant à Presqu'Île, aujourd'hui Érié. C'est là que le canal de Pittsbourg viendra aboutir. Au moyen de cet ouvrage, dont l'entière exécution est, dit-on, facile et désormais assurée, le Mississipi communiquera avec la Rivière du Nord et les richesses de l'Europe circuleront librement à travers les cinq cents lieues de terre qui séparent le golfe du Mexique de l'océan Atlantique.

Le soir, le temps étant devenu favorable, nous nous dirigeâmes rapidement vers Détroit en traversant le milieu du lac. Le matin suivant, nous étions en vue de la petite île appelée *Middle-Sister* près de laquelle le Commodore Perry a gagné en 1814 une célèbre victoire navale sur les Anglais.

Peu après, les côtes unies du Canada semblèrent se rapprocher rapidement et nous vîmes s'ouvrir devant nous la rivière de Détroit et paraître dans le lointain les maisons du fort Maiden. Ce lieu, fondé par les Français, porte encore des traces nombreuses de son origine. Les maisons ont la forme et la position de celles de nos paysans. Au centre du hameau s'élève le clocher catholique surmonté du coq. On dirait un village des environs de Caen ou d'Évreux. Tandis que nous considérions, non sans émotion, cette image de la France, notre attention fut détournée par la vue d'un singulier spectacle : à notre droite, sur le rivage, un soldat écossais montait la garde en grand uniforme. Il portait ce costume que les champs de Waterloo ont rendu si célèbre. Le bonnet à plumes, la jaquette, rien n'y manquait ; le soleil faisait étinceler son habit et ses armes. À notre gauche, et comme pour nous fournir un parallèle, deux Indiens tout nus, le corps bariolé de couleurs, le nez traversé par un anneau, arrivaient au même instant de la rive opposée. Ils montaient un petit canot d'écorce dont une couverture formait la voile. Abandonnant cette frêle embarcation à l'effort du vent et du courant, ils s'élancèrent comme un trait vers notre vaisseau dont en un instant ils eurent fait le tour. Puis ils s'en allèrent tranquillement pêcher près du soldat anglais qui, toujours étincelant et immobile, semblait placé là comme le représentant de la civilisation brillante et armée de l'Europe.

Nous arrivâmes à Détroit à trois heures. Détroit est une petite ville de deux à trois mille âmes que les jésuites ont fondée au milieu des bois en 1710 et qui contient encore un très grand nombre de familles françaises.

Nous avions traversé tout l'État de New York, et fait cent lieues sur le lac Érié ; nous touchions cette fois aux bornes de la civilisation, mais nous ignorions complètement vers quel lieu il fallait nous diriger. S'en informer n'était pas chose si aisée qu'on peut le croire. Traverser des forêts presque impénétrables, passer des rivières profondes, braver les marais pestilentiels, dormir exposé à l'humidité des bois, voilà des efforts que l'Américain conçoit sans peine s'il s'agit de gagner un écu; car c'est là le point. Mais qu'on fasse de pareilles choses par curiosité, c'est ce qui n'arrive pas jusqu'à son intelligence. Ajoutez qu'habitant d'un désert, il ne prise que l'œuvre de l'homme. Il vous enverra volontiers visiter une route, un pont, un beau village. Mais qu'on attache du prix à de grands arbres et à une belle solitude, voilà ce qui le passe absolument.

Rien donc de plus difficile que de trouver quelqu'un en état de vous comprendre. Vous voulez voir des bois, nous disaient en souriant nos hôtes, allez tout droit devant vous, vous trouverez de quoi vous satisfaire. Il y a précisément dans les environs des routes nouvelles et des sentiers bien percés. Quant aux Indiens, vous n'en verrez que trop sur nos places publiques et dans nos rues; il n'y a pas besoin pour cela d'aller bien loin. Ceux-là au moins commencent à se civiliser et sont d'un aspect moins sauvage. Nous ne tardâmes pas à reconnaître qu'il était impossible d'obtenir d'eux la vérité en les attaquant de front et qu'il fallait *manœuvrer*.

Nous nous rendîmes donc chez le fonctionnaire chargé par les États-Unis de la vente des terres encore désertes qui couvrent le district de Michigan; nous nous présentâmes à lui comme des gens qui, sans avoir une volonté bien arrêtée de fonder un établissement dans le pays, pouvaient avoir cependant un intérêt éloigné à connaître le prix des terres et leur situation. M. le major Biddle, c'était le nom du fonctionnaire, comprit cette fois à merveille ce que nous voulions faire et entra immédiatement dans une foule de détails que nous écoutâmes avec avidité. Cette partie-ci, nous dit-il, en nous montrant sur la carte la rivière Saint-Joseph qui, après de longues sinuosités, va se décharger dans le lac de Michigan, me paraît la plus propre à répondre à votre dessein : la terre y est bonne ; on y a déjà établi de beaux villages et la route qui y conduit est si bien entretenue que tous les jours des voitures publiques la parcourent. Bon ! dîmes-nous en nous-mêmes, nous savons déjà par où il ne faut pas aller à moins que nous ne voulions visiter le désert en poste. Nous remerciâmes M. Biddle de ses avis et nous lui demandâmes avec un air d'indifférence et une sorte de mépris, quelle était la portion de district où jusqu'à présent le courant des émigrations s'était fait le moins sentir. « Par ici, nous dit-il, sans attacher plus de prix à ses paroles que nous à notre question, vers le nord-ouest. Jusqu'à Pontiac et dans les environs de ce village il a été fondé depuis peu d'assez beaux établissements. Mais il ne faut pas penser à se fixer plus loin ; le pays est couvert d'une forêt presque impénétrable qui s'étend sans bornes vers le nord-ouest où l'on ne rencontre que des bêtes fauves et des Indiens. Les États-Unis projettent d'y ouvrir incessamment une route ; mais elle n'est encore que commencée et s'arrête à Pontiac. Je vous le répète, c'est un parti auquel il ne faut pas songer. » Nous remerciâmes de nouveau M. Biddle de ses bons conseils et nous sortîmes déterminés à en prendre tout juste le contre-pied. Nous ne nous possédions pas de joie de connaître enfin un lieu que n'avait pas encore atteint le torrent de la civilisation européenne.

Le lendemain 23 juillet, nous nous hâtâmes de louer deux chevaux. Comme nous comptions les garder une dizaine de jours, nous voulûmes déposer dans les mains du propriétaire un certain prix; mais il refusa de le recevoir disant que nous payerions à notre retour. Il était sans inquiétude. Le Michigan est entouré de tous les côtés par des lacs et des déserts; il nous lâchait dans une espèce de manège dont il tenait la porte. Après donc avoir acheté une boussole ainsi que des munitions, nous nous mîmes en chemin, le fusil sur l'épaule, avec autant d'insouciance de l'avenir et le cœur aussi léger que deux écoliers qui quitteraient le collège pour aller passer leurs vacances sous le toit paternel.

Si en effet nous n'avions voulu voir que des bois, nos hôtes de Détroit auraient eu raison de nous dire qu'il n'était pas nécessaire d'aller bien loin, car, à un mille de la ville, la route entre dans la forêt pour n'en plus sortir. Le terrain sur lequel elle se trouve est parfaitement plat et souvent marécageux. De temps en temps on rencontre sur son chemin de nouveaux défrichements. Comme ces établissements ont entre eux une parfaite ressemblance, soit qu'ils se trouvent au fond du Michigan ou à la porte de New York, je vais tâcher de les décrire ici une fois pour toutes.

La clochette que le pionnier a soin de suspendre au col de ses bestiaux pour les retrouver dans l'épaisseur des bois annonce de très loin l'approche du défrichement. Bientôt on entend le retentissement de la hache qui abat les arbres de la forêt et, à mesure qu'on approche, des traces de destruction annoncent plus clairement encore la présence de l'homme. Des branches coupées couvrent le chemin, des troncs à moitié calcinés par le feu ou mutilés par le fer, se tiennent cependant debout sur votre passage. On continue sa marche et l'on parvient dans un bois dont tous les arbres semblent avoir été frappés de mort subite. Au milieu de l'été leurs branches desséchées ne présentent plus que l'image de l'hiver. En les examinant de plus près, on s'aperçoit qu'on a tracé dans leur écorce un cercle profond qui, arrêtant la circulation de la sève, n'a pas tardé à les faire périr. C'est en effet par là que débute ordinairement le planteur. Ne pouvant pas la première année couper tous les arbres qui garnissent sa nouvelle propriété, il sème du maïs sous leurs branches et, en les frappant de mort, il les empêche de porter ombre à sa récolte. Après ce champ, ébauche incomplète, premier pas de la civilisation dans le désert, on aperçoit tout à coup la cabane du propriétaire. Elle est en général placée au centre d'un terrain plus soigneusement cultivé que le reste, mais où cependant l'homme soutient encore une lutte inégale contre la nature. Là, les arbres ont été coupés, mais non arrachés; leurs troncs garnissent encore et embarrassent le terrain qu'ils ombrageaient autrefois. Autour de ces débris desséchés, du blé, des rejetons de chêne, des plantes de toute espèce, des herbes de toute nature croissent pêle-mêle et grandissent ensemble sur un sol indocile et encore à demi sauvage. C'est au centre de cette végétation vigoureuse et variée que s'élève la maison du planteur ou, comme on l'appelle dans le pays, la *log-house*. Ainsi que le champ qui l'environne cette demeure rustique annonce une œuvre nouvelle et précipitée. Sa longueur excède rarement 30 pieds. Elle est large de 20, haute de 15. Ses murs ainsi que le toit sont formés de troncs d'arbres non équarris entre lesquels on a placé de la mousse et de la terre pour empêcher le froid et la pluie de pénétrer dans l'intérieur de la maison. À mesure que le voyageur s'approche, la scène devient plus animée. Avertis par le bruit de ses pas, des enfants qui se roulaient dans les débris environnants, se lèvent précipitamment et fuient vers l'asile paternel, comme effrayés à la vue d'un homme, tandis que deux gros chiens à demi sauvages, les oreilles droites et le museau allongé, sortent de la cabane et viennent en grondant couvrir la retraite de leurs jeunes maîtres.

C'est alors que le pionnier paraît lui-même à la porte de sa demeure ; il jette un regard scrutateur sur le nouvel arrivant ; fait signe à ses chiens de rentrer au logis et lui-même se hâte de leur en donner l'exemple sans témoigner ni curiosité ni inquiétude.

Parvenu sur le seuil de la *log-house*, l'Européen ne peut s'empêcher de promener un œil étonné sur le spectacle qu'elle présente.

Il n'y a en général à cette cabane qu'une seule fenêtre à laquelle pend quelquefois un rideau de mousseline ; car, dans ces lieux où il n'est pas rare de voir manquer le nécessaire, le superflu se trouve fréquemment. Sur le foyer de terre battue pétille un feu résineux qui, mieux que le jour, éclaire le dedans de l'édifice. Au-dessus de ce foyer rustique, on aperçoit des trophées de guerre ou de chasse : une longue carabine rayée, une peau de daim, des plumes d'aigle. À droite de la cheminée est souvent étendue une carte des États-Unis que le vent, en s'introduisant entre les interstices du mur, soulève et agite incessamment. Près d'elle, sur un rayon solitaire de planches mal équarries, sont placés quelques volumes dépareillés : là se rencontrent une bible dont la piété de deux générations a déjà usé la couverture et les bords, un livre de prières et parfois un chant de Milton ou une tragédie de Shakespeare. Le long des murs sont rangés quelques sièges grossiers, fruit de l'industrie du propriétaire ; des malles au lieu d'armoires, des instruments d'agriculture et quelques échantillons de la récolte. Au centre de l'appartement s'élève une table boiteuse dont les pieds encore garnis de feuillage semblent avoir poussé d'eux-mêmes sur le sol qu'elle occupe. C'est là que la famille entière se réunit chaque jour pour prendre ses repas. On y voit encore une théière de porcelaine anglaise, des cuillères le plus souvent de bois, quelques tasses ébréchées et des journaux.

L'aspect du maître de cette demeure n'est pas moins remarquable que le lieu qui lui sert d'asile.

Des muscles anguleux, des membres effilés font reconnaître au premier coup d'œil l'habitant de la nouvelle Angleterre. Cet homme n'est pas né dans la solitude où il habite. Sa constitution seule l'annonce. Ses premières années se sont passées au sein d'une société intellectuelle et raisonnante. C'est sa volonté qui l'a jeté au milieu des travaux du désert pour lesquels il semble peu fait. Mais si ses forces physiques paraissent au-dessous de son entreprise, sur ses traits sillonnés par les soins de la vie règne un air d'intelligence pratique, de froide et persévérante énergie qui frappe au premier abord. Sa démarche est lente et compassée, ses paroles mesurées et son apparence austère. L'habitude et plus encore l'orgueil a donné à son visage cette rigidité stoïque que ses actions démentent : le pionnier méprise, il est vrai, ce qui agite souvent avec le plus de violence le cœur des hommes ; ses biens et sa vie ne suivront jamais les chances d'un coup de dés ou les destinées d'une femme ; mais, pour acquérir l'aisance, il a bravé l'exil, la solitude et les misères sans nombre de la vie sauvage, il a couché sur la terre nue, il s'est exposé à la fièvre des bois et au tomahawk de l'Indien. Il a fait cet effort un jour, il le renouvelle depuis des années, il le fera vingt ans encore peut-être, sans se rebuter et sans se plaindre. Un homme capable de semblables sacrifices est-il donc un être froid et insensible et ne doit-on pas au contraire reconnaître en lui une de ces passions du cerveau si ardentes, si tenaces, si implacables ? Concentré dans ce but unique de faire fortune, l'émigrant a fini par se créer une existence toute individuelle ; les sentiments de famille sont venus se fondre eux-mêmes dans un vaste égoïsme et il est douteux que dans sa femme et ses enfants il voie autre chose qu'une portion détachée de lui-même. Privé de rapports habituels avec ses semblables, il a appris à se faire un plaisir de la solitude. Lorsqu'on se présente au seuil de sa demeure isolée, le pionnier s'avance à votre rencontre ; il vous tend la main selon l'usage, mais sa physionomie n'exprime ni la bienveillance ni la joie. Il ne prend la parole que pour vous interroger, c'est un besoin de tête et non de cœur qu'il satisfait, et à peine a-t-il tiré de vous les nouvelles qu'il désirait apprendre, il retombe dans le silence. On croirait voir un homme qui s'est retiré le soir dans sa demeure fatigué des importuns et du bruit du monde. Interrogez-le à votre tour, il vous donnera avec intelligence les renseignements dont vous manquez, il pourvoira même à vos besoins, il veillera à votre sûreté tant que vous serez sous son toit. Mais il règne dans tous ses procédés tant de contrainte et d'orgueil, on y aperçoit une si profonde indifférence pour le résultat même de ses efforts, qu'on sent se glacer la reconnaissance. Le pionnier cependant est hospitalier à sa manière, mais son hospitalité n'a rien qui vous touche parce que lui-même semble en l'exerçant se soumettre à une nécessité pénible du désert. Il voit en elle un devoir que sa position lui impose, non un plaisir. Cet homme inconnu est le représentant d'une race à laquelle l'avenir du Nouveau Monde appartient, race inquiète, raisonnante et aventureuse qui fait froidement ce que l'ardeur seule des passions explique, qui trafique de tout sans excepter même la morale et la religion.

Nation de conquérants qui se soumettent à mener la vie sauvage sans se jamais laisser entraîner par ses douceurs, qui n'aiment de la civilisation et des lumières que ce qu'elles ont d'utile au bien-être et qui s'enferment dans les solitudes de l'Amérique avec une hache et des journaux; peuple qui, comme tous les grands peuples, n'a qu'une pensée, et qui marche à l'acquisition des richesses, unique but de ses travaux, avec une persévérance et un mépris de la vie, qu'on pourrait appeler héroïques, si ce nom convenait à autre chose qu'aux efforts de la vertu. C'est ce peuple nomade que les fleuves et les lacs n'arrêtent point, devant qui les forêts tombent et les prairies se couvrent d'ombrages; et qui, après avoir touché l'océan Pacifique, reviendra sur ses pas pour troubler et détruire les sociétés qu'il aura formées derrière lui.

En parlant du pionnier, on ne peut oublier la compagne de ses misères et de ses dangers. Regardez à l'autre bout du foyer cette jeune femme qui, tout en veillant aux apprêts du repas, berce sur ses genoux son plus jeune fils. Comme l'émigrant, cette femme est dans la force de l'âge, comme lui elle peut se rappeler l'aisance de ses premières années. Son costume annonce même encore un goût de parure mal éteint. Mais le temps a pesé lourdement sur elle; dans ses traits flétris avant l'âge, à ses membres amoindris, il est facile de voir que l'existence a été pour elle un fardeau pesant. En effet cette frêle créature s'est déjà trouvée exposée à d'incroyables misères. À peine entrée dans la vie, il lui a fallu s'arracher à la tendresse de sa mère et à ces doux liens fraternels que la jeune fille n'abandonne jamais sans verser des larmes, alors même qu'elle les quitte pour aller partager l'opulente demeure d'un nouvel époux. La femme du pionnier, enlevée en un moment et sans espoir de retour à cet innocent berceau de sa jeunesse, a échangé contre la solitude des forêts les charmes de la société et les joies du foyer domestique. C'est sur la terre nue du désert qu'a été placée sa couche nuptiale. Se vouer à des devoirs austères, se soumettre à des privations qui lui étaient inconnues, embrasser une existence pour laquelle elle n'était point faite, tel fut l'emploi des plus belles années de sa vie, telles ont été pour elle les douceurs de l'union conjugale. Le dénuement, les souffrances et l'ennui ont altéré son organisation fragile, mais non abattu son courage. Au milieu de la profonde tristesse peinte sur ses traits délicats, on remarque sans peine une résignation religieuse, une paix profonde, et je ne sais quelle fermeté naturelle et tranquille qui affronte toutes les misères de la vie sans les craindre ni les braver.

Autour de cette femme se pressent des enfants demi-nus, brillants de santé, insouciants du lendemain, véritables fils du désert. Leur mère jette de temps en temps sur eux un regard plein de mélancolie et de joie ; à voir leur force et sa faiblesse, on dirait qu'elle s'est épuisée en leur donnant la vie et qu'elle ne regrette pas ce qu'ils lui ont coûté.

La maison habitée par les émigrants n'a point de séparations intérieures ni de grenier. Dans l'unique appartement qu'elle contient, la famille entière vient le soir chercher un asile. Cette demeure forme à elle seule comme un petit monde. C'est l'arche de la civilisation perdue au milieu d'un océan de feuillage, c'est une sorte d'oasis dans le désert. Cent pas plus loin l'éternelle forêt étend autour d'elle son ombrage, et la solitude recommence.

Ce n'est que le soir et après le coucher du soleil que nous arrivâmes à Pontiac. Vingt maisons très propres et fort jolies, formant autant de boutiques bien garnies, un ruisseau transparent, une éclaircie d'un quart de lieue carrée, et l'éternelle forêt à l'entour : voilà le tableau fidèle du village de Pontiac qui dans vingt ans peut-être sera une ville. La vue de ce lieu me rappelle ce que m'avait dit un mois avant à New York M. Gallatin : qu'il n'y a pas de village en Amérique, du moins dans l'acception qu'on donne chez nous à ce mot. Ici les maisons des cultivateurs sont toutes éparpillées au milieu des champs. On ne se réunit dans un lieu que pour y établir une espèce de marché à l'usage de la population environnante. On ne voit dans ces prétendus villages que des hommes de loi, des imprimeurs ou des marchands.

Nous nous fîmes conduire à la plus belle auberge de Pontiac (car il y en a deux) et l'on nous introduisit comme de coutume dans ce qu'on appelle le *bar-room*. C'est une salle où l'on donne à boire et où le plus simple ouvrier comme le plus riche commerçant du lieu viennent fumer, boire et parler politique ensemble sur le pied de l'égalité extérieure la plus parfaite. Le maître du lieu ou le *landlord* était, je ne dirai pas un gros paysan, il n'y a pas de paysan en Amérique, mais du moins un très gros monsieur qui portait sur sa figure cette expression de candeur et de simplicité qui distingue les maquignons normands. C'était un homme qui, de peur de vous intimider, ne vous regardait jamais en face en vous parlant, mais attendait pour vous considérer à son aise que vous fussiez occupé à converser ailleurs. Du reste, profond politique et, suivant les habitudes américaines, impitoyable questionneur. Cet estimable citoyen, ainsi que le reste de l'assemblée, nous considéra d'abord avec étonnement. Notre costume de voyage et nos fusils n'annonçaient guère des entrepreneurs d'industrie et voyager pour voir était une chose absolument insolite. Afin de couper court aux explications, nous déclarâmes tout d'abord que nous venions acheter des terres. À peine le mot fut-il prononcé, que nous nous aperçûmes qu'en cherchant à éviter un mal nous nous étions jetés dans un autre bien plus redoutable.

On cessa il est vrai de nous traiter comme des êtres extraordinaires, mais chacun voulut entrer en marché avec nous ; pour nous débarrasser d'eux et de leurs fermes, nous dîmes à notre hôte qu'avant de rien conclure nous désirions obtenir de lui d'utiles renseignements sur le prix des terrains et sur la manière de les cultiver. Il nous introduisit aussitôt dans une autre salle, étendit avec une lenteur convenable une carte du Michigan sur la table de chêne qui se trouvait au milieu de la chambre et, plaçant la chandelle entre nous trois, attendit dans un impassible silence ce que nous avions à lui communiquer. Le lecteur, sans avoir comme nous l'intention de s'établir dans l'une des solitudes de l'Amérique, peut cependant être curieux de savoir comment s'y prennent tant de milliers d'Européens et d'Américains qui viennent chaque année y chercher un asile. Je vais donc transcrire ici les renseignements fournis par notre hôte de Pontiac. Souvent, depuis, nous avons été à même de vérifier leur parfaite exactitude.

« Il n'en est pas ici comme en France, nous dit notre hôte après avoir écouté tranquillement toutes nos questions et mouché la chandelle; chez vous la main-d'œuvre est à bon marché et la terre est chère; ici l'achat de la terre n'est rien et le travail de l'homme hors de prix. Ce que je dis, afin de vous faire sentir que, pour s'établir en Amérique comme en Europe, il faut un capital, bien qu'on l'emploie différemment. Pour ma part, je ne conseillerais à qui que ce soit de venir chercher fortune dans nos déserts à moins d'avoir à sa disposition une somme de 150 à 200 dollars (800 à 1000 francs). L'acre dans le Michigan ne se paye jamais plus de 10 shillings (environ 6 fr. 50 c.) lorsque la terre est encore inculte. C'est à peu près le prix d'une journée de travail. Un ouvrier peut donc gagner en un jour de quoi acheter une acre. Mais l'achat fait, la difficulté commence. Voici comme on s'y prend généralement pour la surmonter. Le pionnier se rend sur le lieu qu'il vient d'acquérir avec quelques bestiaux, un cochon salé, deux barils de farine et du thé. Si, près de là, se trouve une cabane, il s'y rend et y reçoit une hospitalité temporaire. Dans le cas contraire il dresse une tente au milieu même du bois qui doit devenir son champ. Son premier soin est d'abattre les arbres les plus proches, avec lesquels il bâtit à la hâte la maison grossière dont vous avez déjà pu examiner la structure. Chez nous, l'entretien des bestiaux ne coûte guère. L'émigrant les lâche dans la forêt après leur avoir attaché une clochette de fer. Il est très rare que ces animaux ainsi abandonnés à eux-mêmes quittent les environs de leur demeure. La plus grande dépense est celle du défrichement. Si le pionnier arrive dans le désert avec une famille en état de l'aider dans ses premiers travaux, sa tâche est assez facile. Mais il en est rarement ainsi. En général l'émigrant est jeune et, s'il a déjà des enfants, ils sont en bas âge. Alors il lui faut pourvoir seul à tous les premiers besoins de sa famille ou louer les services de ses voisins. Il en coûte de 4 à 5 dollars (de 20 à 25 francs) pour faire défricher une acre. Le terrain étant préparé, le nouveau propriétaire met une acre en pommes de terre, le reste en froment et en maïs. Le maïs est la providence de ces déserts, il croît dans l'eau de nos marécages et pousse sous le feuillage de la forêt mieux qu'aux rayons du soleil. C'est le maïs qui sauve la famille de l'émigrant d'une destruction inévitable, lorsque la pauvreté, la maladie, ou l'incurie l'a empêché la première année de faire un défrichement suffisant. Il n'y a rien de plus pénible à passer que les premières années qui s'écoulent après le défrichement. Plus tard vient l'aisance et ensuite la richesse. »

Ainsi parlait notre hôte ; pour nous, nous écoutions ces simples détails avec presque autant d'intérêt que si nous eussions voulu les mettre nous-mêmes à profit ; et, quand il se fut tu, nous lui dîmes :

« Le sol de tous les bois abandonnés à eux-mêmes est en général marécageux et malsain ; l'émigrant qui s'expose aux misères de la solitude n'a-t-il du moins rien à craindre pour sa vie ? – Tout défrichement est une entreprise périlleuse, repartit l'Américain, et il est presque sans exemple que le pionnier ou sa famille ait échappé pendant la première année à la fièvre des bois. Souvent quand on voyage dans l'automne, on trouve tous les habitants d'une cabane atteints de la fièvre depuis l'émigrant jusqu'à son plus jeune fils. – Et que deviennent ces malheureux lorsque la Providence les frappe ainsi ? – Ils se résignent en attendant un meilleur avenir. – Mais ont-ils quelques secours à espérer de leurs semblables ? – Presque aucun. – Peuvent-ils du moins se procurer les secours de la médecine ? – Le médecin le plus proche habite souvent à 60 milles de leur demeure. Ils font comme les Indiens, ils meurent ou guérissent suivant qu'il plaît à Dieu. » Nous reprîmes : « La voix de la religion parvient-elle quelquefois jusqu'à eux ? – Très rarement ; on n'a pu encore rien *prévoir* dans nos bois pour assurer l'observation publique d'un culte. Presque tous les étés, il est vrai, quelques prêtres méthodistes viennent parcourir les nouveaux établissements. Le bruit de leur arrivée se répand avec une incroyable rapidité de cabane en cabane ; c'est la grande nouvelle du jour. À l'époque fixée, l'émigrant, sa femme et ses enfants, se dirigent à travers les sentiers à peine frayés de la forêt vers le rendez-vous indiqué. On y vient de 50 milles à la ronde. Ce n'est point dans une église que se réunissent les fidèles, mais en plein air, sous le feuillage de la forêt. Une chaire composée de troncs mal équarris, de grands arbres renversés pour servir de sièges, tels sont les ornements de ce temple rustique. Les pionniers et leurs familles campent dans les bois qui l'entourent; c'est là que pendant trois jours et trois nuits la foule pratique des exercices religieux rarement interrompus. Il faut voir avec quelle ardeur ces hommes se livrent à la prière, avec quel recueillement on écoute la voix solennelle du prêtre. C'est dans le désert qu'on se montre comme affamé de religion. – Une dernière question. On croit généralement parmi nous que les déserts de l'Amérique se peuplent à l'aide de l'émigration européenne. D'où vient donc que depuis que nous parcourons vos bois, il ne nous est pas arrivé de rencontrer un seul Européen ? » Un sourire de supériorité et d'orgueil satisfait se peignit sur les traits de notre hôte en entendant cette demande: « Il n'y a que des Américains, répondit-il avec emphase, qui puissent avoir le courage de se soumettre à de semblables misères et qui sachent acheter l'aisance à un pareil prix. L'émigrant d'Europe s'arrête dans les grandes villes qui bordent la mer ou dans les districts qui les avoisinent. Là, il devient artisan, garçon de ferme, valet. Il mène une vie plus douce qu'en Europe et se montre satisfait de laisser à ses enfants le même héritage. L'Américain au contraire s'empare de la terre et cherche à se créer avec elle un grand avenir. »

Après avoir prononcé ces derniers mots, notre hôte s'arrêta. Il laissa s'échapper de sa bouche une immense colonne de fumée et parut prêt à écouter ce que nous avions à lui apprendre sur nos projets.

Nous le remerciâmes d'abord de ses précieux avis et de ses sages conseils dont nous l'assurâmes que nous profiterions quelque jour et nous ajoutâmes : « Avant de nous fixer dans votre canton, mon cher hôte, nous avons l'intention de nous rendre à Saginaw et nous désirons vous consulter sur ce point. » À ce mot de Saginaw il se fit une singulière révolution dans la physionomie de l'Américain; il semblait qu'on l'entraînât violemment hors de la vie réelle pour le pousser dans les domaines de l'imagination; ses yeux se dilatèrent, sa bouche s'entrouvrit et l'étonnement le plus profond se peignit sur tous ses traits: « Vous voulez aller à Saginaw, s'écria-t-il, à Saginaw-Bay! Deux hommes raisonnables, deux étrangers bien élevés veulent aller à Saginaw-Bay? La chose est à peine croyable. – Et pourquoi donc pas? répliquâmes-nous. – Mais savez-vous bien, reprit notre hôte, à quoi vous vous engagez? Savez-vous bien que Saginaw est le dernier point habité jusqu'à l'océan Pacifique? Que d'ici à Saginaw on ne trouve guère qu'un désert et des solitudes non frayées? Avez-vous réfléchi que les bois sont pleins d'Indiens et de moustiques? Qu'il vous faudra pourtant coucher au moins une nuit sous l'humidité de leur ombrage? Avez-vous pensé à la fièvre? Saurez-vous vous tirer d'affaire dans le désert et vous retrouver dans le labyrinthe de nos forêts? » Après cette tirade il fit une pause pour mieux juger l'impression qu'il avait produite. Nous reprîmes: « Tout cela peut être vrai. Mais nous partirons demain matin pour Saginaw-Bay. » Notre hôte réfléchit un moment, hocha la tête et dit d'un ton lent et positif: « Il n'y a qu'un grand intérêt qui puisse porter deux étrangers à une semblable entreprise: vous vous êtes sans doute figuré, fort à tort, qu'il était avantageux de se fixer dans les lieux les plus éloignés de toute concurrence? » Nous ne répondîmes point. Il reprit: « Peut-être aussi êtes-vous chargés par la compagnie des pelleteries du Canada d'établir des rapports avec les tribus indiennes des frontières ? » Même silence. Notre hôte était à bout de conjectures et il se tut, mais continua à réfléchir profondément sur la bizarrerie de notre dessein.

« Est-ce que vous n'avez jamais été à Saginaw ? dîmes-nous. – Moi, répondit-il, j'y ai été pour mon malheur cinq ou six fois, mais j'avais un intérêt à le faire et on ne peut vous en découvrir aucun. – Mais ne perdez pas de vue, mon digne hôte, que nous ne vous demandons pas s'il faut aller à Saginaw, mais seulement quels sont les moyens d'y parvenir avec facilité. » Ramené ainsi à la question, notre Américain retrouva tout son sang-froid et toute la netteté de ses idées, il nous expliqua en peu de mots et avec un admirable bon sens pratique la manière dont nous devions nous y prendre pour traverser le désert, entra dans les moindres détails, et prévit les circonstances les plus fortuites. À la fin de ses prescriptions il fit une nouvelle pause pour voir si nous n'arrivions pas enfin au mystère de notre voyage, et s'apercevant que de part et d'autre nous n'avions plus rien à dire, il prit la chandelle, nous conduisit à une chambre et, nous ayant très démocratiquement secoué la main, s'en fut achever la soirée dans la salle commune.

Nous nous levâmes avec le jour et nous nous préparâmes à partir. Notre hôte fut bientôt lui-même sur pied. La nuit ne lui avait pas fait découvrir ce qui nous faisait tenir une conduite à ses yeux si extraordinaire. Cependant, comme nous paraissions absolument décidés à agir contrairement à ses conseils, il n'osait revenir à la charge, mais il tournait sans cesse autour de nous. Il répétait de temps en temps à demi-voix : « Je *puis concevoir avec peine* ce qui peut porter deux étrangers à aller à Saginaw. » Il répéta cette phrase plusieurs fois, jusqu'à ce qu'enfin je lui dise en mettant le pied à l'étrier : « Il y a bien des raisons qui nous y portent, mon cher hôte. » Il s'arrêta tout court en entendant ces mots et, me regardant en face pour la première fois, il sembla se préparer à entendre la révélation d'un grand mystère. Mais moi, enfourchant tranquillement mon cheval, je lui fis pour toute conclusion un signe d'amitié et je m'éloignai au grand trot. Lorsque cinquante pas plus loin je tournai la tête, je le vis encore planté comme une meule de foin devant sa porte. Peu après il rentra chez lui en secouant la tête. J'imagine qu'il disait encore : « Je comprends avec peine ce que deux étrangers vont faire à Saginaw. »

On nous avait recommandé de nous adresser à un M. Williams qui, ayant fait longtemps le commerce avec les Indiens Chippeways et ayant un fils établi à Saginaw, pouvait nous fournir des renseignements utiles. Après avoir fait quelques milles dans les bois et comme nous craignions déjà d'avoir manqué la maison de notre homme, nous rencontrâmes un vieillard occupé à travailler à un petit jardin. Nous l'abordâmes. C'était M. Williams lui-même. Il nous reçut avec une grande bienveillance et nous donna une lettre pour son fils. Nous lui demandâmes si nous n'avions rien à craindre des peuplades indiennes dont nous allions traverser le territoire. M. Williams rejeta cette idée avec une sorte d'indignation : « Non ! non ! dit-il, vous pouvez marcher sans crainte. Pour ma part je dormirais plus tranquille au milieu des Indiens que des Blancs. » Je note ceci comme la première impression favorable que j'aie reçue sur les Indiens depuis mon arrivée en Amérique. Dans les pays très habités on ne parle d'eux qu'avec un mélange de crainte et de mépris et je crois que là en effet ils méritent ces deux sentiments. On a pu voir plus haut ce que j'en pensais moi-même lorsque je rencontrai les premiers d'entre eux à Buffalo. À mesure qu'on avancera dans ce journal et qu'on me suivra au milieu des populations européennes des frontières et des tribus indiennes elles-mêmes, on concevra des premiers habitants de l'Amérique une idée tout à la fois plus honorable et plus juste.

Après avoir quitté M. Williams nous poursuivîmes notre route au milieu des bois. De temps en temps un petit lac (ce district en est plein) apparaissait comme une nappe d'argent sous le feuillage de la forêt. Il est difficile de se figurer le charme qui environne ces jolis lieux où l'homme n'a point fixé sa demeure et où règnent encore une paix profonde et un silence non interrompu. J'ai parcouru dans les Alpes des solitudes affreuses où la nature se refuse au travail de l'homme, mais où elle déploie jusque dans ses horreurs même une grandeur qui transporte l'âme et la passionne. Ici la solitude n'est pas moins profonde, mais elle ne fait pas naître les mêmes impressions. Les seuls sentiments qu'on éprouve en parcourant ces déserts fleuris où tout, comme dans le *Paradis* de Milton, est préparé pour recevoir l'homme, c'est une admiration tranquille, une émotion douce et mélancolique, un dégoût vague de la vie civilisée ; une sorte d'instinct sauvage qui fait penser avec douleur que bientôt cette délicieuse solitude aura changé de face. Déjà en effet la race blanche s'avance à travers les bois qui l'entourent et, dans peu d'années, l'Européen aura coupé les arbres qui se réfléchissent dans les eaux limpides du lac et forcé les animaux qui peuplent ses rives de se retirer vers de nouveaux déserts.

Toujours cheminant, nous parvînmes dans une contrée d'un aspect nouveau. Le sol n'y était plus égal, mais coupé de collines et de vallées. Plusieurs de ces collines présentent l'aspect le plus sauvage. C'est dans un de ces passages pittoresques que, nous étant retournés tout à coup pour contempler le spectacle imposant que nous laissions derrière nous, nous aperçûmes à notre grande surprise près de la croupe de nos chevaux un Indien qui semblait nous suivre pas à pas. C'était un homme de trente ans environ, grand et admirablement proportionné comme ils le sont presque tous. Ses cheveux noirs et luisants tombaient le long de ses épaules à l'exception de deux tresses qui étaient attachées sur le haut de la tête. Sa figure était barbouillée de noir et de rouge. Il était couvert d'une espèce de blouse bleue très courte. Il portait des *mittas* rouges : ce sont des espèces de pantalons qui ne vont que jusqu'au haut des cuisses, et ses pieds étaient garnis de mocassins. À son côté pendait un couteau. De la main droite il tenait une longue carabine et de la gauche deux oiseaux qu'il venait de tuer. La première vue de cet Indien fit sur nous une impression peu agréable. Le lieu était mal choisi pour résister à une attaque : à notre droite une forêt de pins s'élevait à une hauteur immense, à notre gauche s'étendait un ravin profond au fond duquel roulait parmi les rochers un ruisseau que l'obscurité du feuillage dérobait à notre vue et vers lequel nous descendions en aveugles ! Mettre la main sur nos fusils, nous retourner et nous placer dans le chemin en face de l'Indien fut l'affaire d'un moment. Il s'arrêta de même. Nous nous tînmes pendant une demi-minute en silence. Sa figure présentait tous les traits caractéristiques qui distinguent la race indienne de toutes les autres. Dans ses yeux parfaitement noirs brillait ce feu sauvage qui anime encore le regard du métis et ne se perd qu'à la deuxième ou troisième génération de sang blanc. Son nez était arqué par le milieu, légèrement écrasé par le bout, les pommettes de ses joues très élevées et sa bouche fortement fendue laissait voir deux rangées de dents étincelantes de blancheur qui témoignaient assez que le sauvage plus propre que son voisin l'Américain ne passait pas sa journée à mâcher des feuilles de tabac. J'ai dit qu'au moment où nous nous étions retournés en mettant la main sur nos armes, l'Indien s'était arrêté. Il subit l'examen rapide que nous fîmes de sa personne avec une impassibilité absolue, un regard ferme et immobile. Comme il vit que nous n'avions de notre côté aucun sentiment hostile, il se mit à sourire; probablement il s'apercevait qu'il nous avait alarmés. C'est la première fois que je pus observer à quel point l'expression de la gaieté change complètement la physionomie de ces hommes sauvages. J'ai eu cent fois depuis l'occasion de faire la même remarque. Un Indien sérieux et un Indien qui sourit, ce sont deux hommes entièrement différents. Il règne dans l'immobilité du premier une majesté sauvage qui imprime un sentiment involontaire de terreur. Ce même homme vient-il à sourire, sa figure entière prend une expression de naïveté et de bienveillance qui lui donne un charme réel.

Quand nous vîmes notre homme se dérider, nous lui adressâmes la parole en anglais. Il nous laissa parler tout à notre aise, puis fit signe qu'il ne comprenait point. Nous lui offrîmes un peu d'eau-de-vie qu'il accepta sans hésitation comme sans remerciement. Parlant toujours par signes, nous lui demandâmes les oiseaux qu'il portait et il nous les donna moyennant une petite pièce de monnaie. Ayant ainsi fait connaissance nous le saluâmes de la main et partîmes au grand trot. Au bout d'un quart d'heure d'une marche rapide, m'étant retourné de nouveau, je fus confondu d'apercevoir encore l'Indien, derrière la croupe de mon cheval. Il courait avec l'agilité d'un animal sauvage, sans prononcer un seul mot ni paraître allonger son allure. Nous nous arrêtâmes, il s'arrêta. Nous repartîmes, il repartit. Nous nous lançâmes à toute course. Nos chevaux élevés dans le désert franchissaient avec facilité tous les obstacles. L'Indien doubla sa marche; je l'apercevais tantôt à droite, tantôt à gauche de mon cheval, sautant par-dessus les buissons et retombant sur la terre sans bruit. On eût dit l'un de ces loups du nord de l'Europe qui suivent les cavaliers dans l'espérance qu'ils tomberont de leurs chevaux et pourront être plus facilement dévorés. La vue de cette figure immobile qui, tantôt se perdant dans l'obscurité de la forêt, tantôt reparaissant au grand jour, semblait voltiger à nos côtés, finissait par nous devenir importune. Ne pouvant concevoir ce qui portait cet homme à nous suivre d'un pas si précipité – et peut-être le faisait-il depuis très longtemps lorsque nous le découvrîmes la première fois – il nous vint dans la tête qu'il nous menait dans une embuscade. Nous étions occupés de ces pensées lorsque nous aperçûmes dans le bois devant nous le bout d'une autre carabine. Bientôt nous fûmes à côté de celui qui la portait; nous le prîmes d'abord pour un Indien, il était couvert d'une espèce de redingote courte qui, serrée autour de ses reins, dessinait une taille droite et bien prise, son col était nu et ses pieds couverts de mocassins. Lorsque nous arrivâmes près de lui et qu'il leva la tête, nous reconnûmes sur-le-champ un Européen et nous nous arrêtâmes. Il vint à nous, nous secoua la main avec cordialité et nous entrâmes en conversation: « Est-ce que vous vivez dans le désert? – Oui, voilà ma maison; il nous montrait au milieu des feuilles une hutte beaucoup plus misérable que les *log-houses* ordinaires. – Seul? – Seul. – Et que faites-vous donc ici? – Je parcours ces bois et je tue à droite et à gauche le gibier qui se rencontre sur mon chemin, mais il n'y a pas de bons coups à faire maintenant. – Et ce genre de vie vous plaît? – Plus que tout autre. – Mais ne craignez-vous pas les Indiens? – Craindre les Indiens! j'aime mieux vivre au milieu d'eux que dans la société des Blancs. Non! non! je ne crains pas les Indiens, ils valent mieux que nous, à moins que nous ne les ayons abrutis par nos liqueurs, les pauvres créatures! » Nous montrâmes alors à notre nouvelle connaissance l'homme qui nous suivait si obstinément et qui alors s'était arrêté à quelques pas et restait aussi immobile qu'un terme. « C'est un Chippeway, dit-il, ou comme les Français l'appellent, un *Sauteur*. Je gage qu'il revient du Canada où il a reçu les présents annuels des Anglais. Sa famille ne doit pas être loin d'ici. » Ayant ainsi parlé, l'Américain fit signe à l'Indien de s'approcher et commença à lui parler dans sa langue avec une extrême facilité. C'était chose remarquable à voir que le plaisir que ces deux hommes de naissance et de mœurs si différentes trouvaient à échanger entre eux leurs idées. La conversation roulait évidemment sur le mérite respectif de leurs armes. Le Blanc, après avoir examiné très attentivement le fusil du sauvage : « Voilà une belle carabine, dit-il, les Anglais la lui ont donnée sans doute pour s'en servir contre nous et il ne manquera pas de le faire à la première guerre. C'est ainsi que les Indiens attirent sur leur tête tous les malheurs qui les accablent. Mais ils n'en savent pas plus long, les pauvres gens. – Les Indiens se servent-ils avec habileté de ces longs et lourds fusils ? – Il n'y a pas de tireurs comme les Indiens, reprit vivement notre nouvel ami avec l'accent de la plus grande admiration. Examinez les petits oiseaux qu'il vous a vendus, monsieur, ils sont percés d'une seule balle et je suis bien sûr qu'il n'a tiré que deux coups pour les avoir. Oh ! ajouta-t-il, il n'y a rien de plus heureux qu'un Indien dans les pays d'où nous n'avons pas encore fait fuir le gibier. Mais les gros animaux nous sentent à plus de trois cents milles et en se retirant ils font devant nous comme un désert où les pauvres Indiens ne peuvent plus vivre s'ils ne cultivent pas la terre. »

Comme nous reprenions notre chemin : « Quand vous repasserez, nous cria notre nouvel ami, frappez à ma porte. On a du plaisir à rencontrer des visages blancs dans ces lieux-ci. »

J'ai relaté cette conversation qui en elle-même ne contient rien de remarquable pour faire connaître une espèce d'hommes que nous rencontrâmes depuis très fréquemment sur les limites des terres habitées. Ce sont des Européens qui, en dépit des habitudes de leur jeunesse, ont fini par trouver dans la liberté du désert un charme inexprimable. Tenant aux solitudes de l'Amérique par leur goût et leurs passions, à l'Europe par leur religion, leurs principes et leurs idées, ils mêlent l'amour de la vie sauvage à l'orgueil de la civilisation et préfèrent les Indiens à leurs compatriotes sans cependant se reconnaître leurs égaux.

Nous reprîmes donc notre marche et, nous avançant toujours avec la même rapidité, nous atteignîmes au bout d'une demi-heure la maison d'un pionnier. Devant la porte de cette cabane une famille indienne avait établi sa demeure passagère. Une vieille femme, deux jeunes filles, plusieurs enfants se tenaient accroupis autour d'un feu à l'ardeur duquel étaient exposés les restes d'un chevreuil entier. À quelques pas de là sur l'herbe, un Indien tout nu se chauffait aux rayons du soleil tandis qu'un petit enfant se roulait près de lui dans la poussière. Ce fut là que s'arrêta notre silencieux compagnon ; il nous quitta sans prendre congé de nous et fut s'asseoir gravement au milieu de ses compatriotes. Qui avait pu porter cet homme à suivre ainsi pendant deux lieues la course de nos chevaux ? C'est ce que nous ne pûmes jamais deviner. Après avoir déjeuné en cet endroit nous remontâmes à cheval et poursuivîmes notre marche au milieu d'une haute futaie peu épaisse. Le taillis a été brûlé autrefois comme on peut l'apercevoir aux restes calcinés de quelques arbres qui sont couchés sur l'herbe. Le sol est aujourd'hui couvert de fougères qu'on voit s'étendre à perte de vue sous le feuillage de la forêt.

Quelques lieues plus loin mon cheval se déferra, ce qui nous causa une vive inquiétude. Près de là heureusement nous rencontrâmes un planteur qui parvint à le referrer. Sans cette rencontre je doute que nous eussions pu aller plus loin, car nous approchions alors de l'extrême limite des défrichements. Ce même homme qui nous mit ainsi en état de poursuivre notre route, nous invita à presser le pas, le jour commençant à baisser et deux grandes lieues nous séparant encore de *Flint River* où nous voulions aller coucher.

Bientôt, en effet, une obscurité profonde commença à nous environner. Il *fallait marcher*. La nuit était sereine mais glaciale. Il régnait au fond de ces forêts un silence si profond et un calme si complet qu'on eût dit que toutes les forces de la nature y étaient comme paralysées. On n'y entendait que le bourdonnement incommode des moustiques, et le bruit des pas de nos chevaux. De temps en temps on apercevait au loin un feu d'Indien devant lequel un profil austère et immobile se dessinait dans la fumée. Au bout d'une heure nous arrivâmes à un lieu où se divise le chemin. Deux sentiers s'ouvraient en cet endroit. Lequel des deux prendre ? Le choix était délicat ; l'un d'eux aboutissait à un ruisseau dont nous ne connaissions pas la profondeur, l'autre à une éclaircie. La lune qui se levait alors nous montrait devant nous une vallée remplie de débris. Plus loin nous apercevions deux maisons. Il était si important de ne point nous égarer dans un pareil lieu et à cette heure que nous résolûmes de prendre des renseignements avant d'aller plus loin. Mon compagnon resta pour tenir les chevaux et moi, jetant mon fusil sur mon épaule, je descendis dans le vallon. Bientôt je m'aperçus que j'entrais dans un défrichement tout récent ; des arbres immenses non encore débarrassés de leurs branches couvraient la terre. Je parvins en sautant de l'un à l'autre à arriver assez rapidement jusqu'auprès des maisons, mais le même ruisseau que nous avions déjà rencontré m'en séparait. Heureusement son cours se trouvait embarrassé dans cet endroit par de grands chênes que la hache du pionnier y avait sans doute précipités. Je réussis à me glisser le long de ces arbres et j'arrivai enfin à l'autre bord. J'approchai avec précaution des deux maisons, craignant que ce ne fût des wigwams indiens ; elles n'étaient point encore finies, j'en trouvai les portes ouvertes et aucune voix n'y répondit à la mienne. Je revins sur les bords du ruisseau où je ne pus m'empêcher d'admirer pendant quelques minutes la sublime horreur du lieu. Cette vallée semblait former une arène immense qu'environnait de toutes parts comme une noire draperie le feuillage du bois et au centre de laquelle les rayons de la lune, en se brisant, venaient créer mille images fantastiques qui se jouaient en silence au milieu des débris de la forêt. Du reste aucun son quelconque, aucun bruit de vie ne s'élevait de cette solitude. Je songeai enfin à mon compagnon et je l'appelai à grands cris pour lui apprendre le résultat de mes recherches, l'engager à passer le ruisseau et à venir me retrouver. Ma voix retentit pendant longtemps dans les solitudes qui m'environnaient. Mais je n'obtins aucune réponse. Je criai de nouveau et écoutai encore. Le même silence de mort régnait dans la forêt. L'inquiétude me saisit et je courus le long du ruisseau pour trouver le chemin qui en traversait plus bas le cours. Arrivé là j'entendis dans le lointain le pas des chevaux et je vis bientôt après paraître B. lui-même. Étonné de ma longue absence il avait pris le parti de s'avancer vers le ruisseau ; il s'était déjà engagé dans les basfonds lorsque je l'avais appelé. Ma voix n'avait pu alors parvenir jusqu'à lui. Il me raconta que de son côté il avait fait tous ses efforts pour se faire entendre et avait été comme moi effrayé de ne point recevoir de réponse. Sans le gué qui nous servit de point de réunion, nous nous serions peut-être cherchés une grande partie de la nuit. Nous nous remîmes en route en nous promettant bien de ne plus nous séparer et à trois quarts d'heure de là nous aperçûmes enfin un défrichement, deux ou trois cabanes et ce qui nous fit plus de plaisir, une lumière. La rivière qui s'étendait comme un fil violet au bout du vallon acheva de nous prouver que nous étions arrivés à *Flint River*. Bientôt en effet les aboiements des chiens firent retentir le bois et nous nous trouvâmes devant une *log-house* dont une barrière seule nous séparait. Comme nous nous préparions à la franchir, la lune nous fit apercevoir de l'autre côté un grand ours noir qui debout sur ses pattes et tirant à lui sa chaîne indiquait aussi clairement qu'il le pouvait son intention de nous donner une accolade toute fraternelle. « Quel diable de pays est ceci, dis-je, où l'on a des ours pour chiens de garde. – Il faut appeler, me répliqua mon compagnon. Si nous tentions de passer la barrière, nous aurions de la peine à faire entendre raison au portier. » Nous appelâmes donc à tue-tête et si bien qu'un homme se montra enfin à la fenêtre. Après nous avoir examinés au clair de la lune : « Entrez, messieurs, nous dit-il, Trinc, allez vous coucher. Au chenil, vous dis-je. Ce ne sont pas des voleurs. » L'ours recula en se dandinant et nous entrâmes. Nous étions à moitié morts de fatigue. Nous demandâmes à notre hôte si on pouvait avoir de l'avoine. Sans doute, répondit-il ; il se mit aussitôt à faucher le champ le plus voisin avec toute la tranquillité américaine et comme il aurait pu le faire en plein midi. Pendant ce temps nous dessellions nos montures et nous les attachions faute d'écurie aux barrières à travers lesquelles nous venions de passer. Ayant ainsi songé à nos compagnons de voyage, nous commençâmes à penser à notre gîte. Il n'y avait qu'un lit dans la maison. Le sort l'ayant adjugé à Beaumont, je m'entourai dans mon manteau et, me couchant sur le plancher, m'endormis aussi profondément qu'il convient à un homme qui vient de faire quinze lieues à cheval.

Le lendemain 25 juillet notre premier soin fut de nous enquérir d'un guide. Un désert de quinze lieues sépare *Flint River* de Saginaw et le chemin qui y conduit est un sentier étroit, à peine reconnaissable à l'œil. Notre hôte approuva notre dessein et bientôt après il nous amena deux Indiens dans lesquels il nous assura que nous pouvions mettre toute confiance. L'un était un enfant de treize à quatorze ans. L'autre un jeune homme de dix-huit ans. Le corps de ce dernier, sans avoir encore acquis les formes vigoureuses de l'âge mûr, donnait cependant déjà l'idée de l'agilité unie à la force. Il était de moyenne grandeur, sa taille était droite et élancée, ses membres flexibles et bien proportionnés. De longues tresses tombaient de sa tête nue. De plus il avait eu soin de peindre sur sa figure des lignes noires et rouges de la manière la plus symétrique. Un anneau passé dans la cloison du nez, un collier et des boucles d'oreilles complétaient sa parure. Son attirail de guerre n'était pas moins remarquable. D'un côté la hache de bataille, le célèbre tomahawk; de l'autre un couteau long et acéré à l'aide duquel les sauvages enlèvent la chevelure du vaincu. À son cou était suspendue une corne de taureau qui lui servait de poire à poudre et il tenait une carabine rayée dans sa main droite. Comme chez la plupart des Indiens son regard était farouche et son sourire bienveillant. À côté de lui, comme pour compléter le tableau, marchait un chien à oreilles droites, à museau allongé, beaucoup plus semblable à un renard qu'à aucune autre espèce d'animal, et dont l'air farouche était en parfaite harmonie avec la contenance de son conducteur. Après avoir examiné notre nouveau compagnon avec une attention dont il ne parut pas un seul moment s'apercevoir, nous lui demandâmes ce qu'il désirait de nous pour prix du service qu'il allait nous rendre. L'Indien répondit quelques mots dans sa langue et l'Américain, se hâtant de prendre la parole, nous apprit que ce que demandait le sauvage pouvait être évalué à deux dollars. « Comme ces pauvres Indiens, ajouta charitablement notre hôte, ne savent pas le prix de l'argent, vous me donnerez les dollars et je me chargerai volontiers de lui fournir l'équivalent. » Je fus curieux de voir ce que le digne homme appelait l'équivalent de deux dollars et je le suivis tout doucement dans le lieu où se faisait le marché. Je le vis délivrer à notre guide une paire de mocassins et un mouchoir de poche, objets dont la valeur totale ne montait certainement pas à la moitié de la somme. L'Indien se retira fort satisfait et moi je m'en fus sans bruit, disant comme La Fontaine : Ah ! si les lions savaient peindre !

Au reste ce ne sont pas seulement les Indiens que les pionniers américains prennent pour dupes. Nous étions tous les jours nous-mêmes victimes de leur extrême avidité pour le gain. Il est très vrai qu'ils ne volent point. Ils ont trop de lumières pour commettre une pareille imprudence, mais du reste je n'ai jamais vu aubergiste de grande ville surfaire avec plus d'impudeur que ces habitants du désert chez lesquels je me figurais trouver l'honnêteté primitive et la simplicité des mœurs patriarcales.

Tout était prêt : nous montâmes à cheval et passant à gué le ruisseau qui forme l'extrême limite entre la civilisation et le désert, nous entrâmes pour tout de bon dans la solitude.

Nos deux guides marchaient ou plutôt sautaient comme des chats sauvages à travers les obstacles du chemin. Qu'un arbre renversé, un ruisseau, un marais vînt à se rencontrer, ils indiquaient du doigt le meilleur chemin, passaient et ne se retournaient même point pour nous voir sortir du mauvais pas ; habitué à ne compter que sur lui-même, l'Indien conçoit difficilement qu'un autre ait besoin d'aide. Il sait vous rendre un service au besoin, mais personne ne lui a encore appris l'art de le faire valoir par des prévenances et des soins. Cette manière d'agir aurait toutefois amené des observations de notre part, mais il nous était impossible de faire comprendre un seul mot à nos compagnons. Et puis ! nous nous sentions complètement en leur pouvoir. Là en effet l'échelle était renversée ; plongé dans une obscurité profonde, réduit à ses propres forces, l'homme civilisé marchait en aveugle, incapable, non seulement de se guider dans le labyrinthe qu'il parcourait, mais même d'y trouver les moyens de soutenir sa vie. C'est au milieu des mêmes difficultés que triomphait le sauvage ; pour lui la forêt n'avait point de voile, il s'y trouvait comme dans sa patrie ; il y marchait la tête haute guidé par un instinct plus sûr que la boussole du navigateur. Au sommet des plus grands arbres, sous les feuillages les plus épais, son œil découvrait la proie près de laquelle l'Européen eût passé et repassé cent fois en vain.

De temps en temps nos Indiens s'arrêtaient ; ils mettaient le doigt sur leurs lèvres pour nous indiquer d'agir en silence et nous faisaient signe de descendre de cheval. Guidés par eux nous parvenions jusqu'en un endroit où l'on pouvait apercevoir le gibier. C'était un spectacle singulier à voir que le sourire méprisant avec lequel ils nous guidaient par la main comme des enfants et nous amenaient enfin près de l'objet qu'eux-mêmes apercevaient depuis longtemps.

À mesure cependant que nous avancions, les dernières traces de l'homme s'effaçaient. Bientôt tout cessa même d'annoncer la présence du sauvage et nous eûmes devant nous le spectacle après lequel nous courions depuis si longtemps, l'intérieur d'une forêt vierge.

Au milieu d'un taillis peu épais et à travers lequel on peut apercevoir les objets à une assez grande distance, s'élevait d'un seul jet une haute futaie composée presque en totalité de pins et de chênes. Obligé de croître sur un terrain très circonscrit et presque entièrement privé des rayons du soleil, chacun de ces arbres monte rapidement pour chercher l'air et la lumière. Aussi droit que le mât d'un vaisseau il ne tarde pas à s'élever au-dessus de tout ce qui l'environne. Parvenu à une région supérieure, c'est alors qu'il étend tranquillement ses branches et s'enveloppe de leur ombre. D'autres le suivent bientôt dans cette sphère élevée et tous, entrelaçant leurs rameaux, forment comme un dais immense au-dessus de la terre qui les porte. Au-dessous de cette voûte humide et immobile, l'aspect change et la scène prend un caractère nouveau. Un ordre majestueux règne au-dessus de votre tête. Près de la terre tout offre au contraire l'image de la confusion et du chaos. Des troncs incapables de supporter plus longtemps leurs branches se sont fendus dans la moitié de leur hauteur et ne présentent plus à l'œil qu'un sommet aigu et déchiré. D'autres, longtemps ébranlés par le vent, ont été précipités d'une seule pièce sur la terre ; arrachées du sol, leurs racines forment comme autant de remparts naturels derrière lesquels plusieurs hommes pourraient facilement se mettre à couvert. Des arbres immenses retenus par les branches qui les environnent restent suspendus dans les airs et tombent en poussière sans toucher le sol. Il n'y a pas parmi nous de pays si peu peuplé où une forêt soit assez abandonnée à elle-même pour que les arbres, après y avoir suivi tranquillement leur carrière, y tombent enfin de décrépitude. C'est l'homme qui les frappe dans la force de leur âge et qui débarrasse la forêt de leurs débris. Dans les solitudes de l'Amérique, la nature dans sa toute-puissance est le seul agent de ruine comme le seul pouvoir de reproduction. Ainsi que dans les forêts soumises au domaine de l'homme, la mort frappe ici sans cesse : mais personne ne se charge d'enlever les débris qu'elle a faits. Tous les jours ajoutent à leur nombre : ils tombent, ils s'accumulent les uns sur les autres ; le temps ne peut suffire à les réduire assez vite en poussière et à préparer de nouvelles places. Là se trouvent couchées côte à côte plusieurs générations de morts. Les uns arrivés au dernier terme de dissolution ne présentent plus à l'œil qu'un long trait de poussière rouge tracé dans l'herbe. D'autres déjà à moitié consumés par le temps conservent encore cependant leurs formes. Il en est enfin qui, tombés d'hier, étendent encore leurs longs rameaux sur la terre et arrêtent les pas du voyageur par un obstacle qu'il n'avait pas prévu. Au milieu de ces débris divers, le travail de la reproduction se poursuit sans cesse. Des rejetons, des plantes grimpantes, des herbes de toute espèce se font jour à travers tous les obstacles. Elles rampent le long des troncs abattus, elles s'insinuent dans leurs poussières, elles soulèvent et brisent l'écorce qui les couvre encore. La vie et la mort sont ici comme en présence, elles semblent avoir voulu mêler et confondre leurs œuvres.

Il nous est souvent arrivé d'admirer sur l'océan une de ces soirées calmes et sereines, alors que les voiles flottant paisiblement le long des mâts laissent ignorer au matelot de quel côté s'élèvera la brise. Ce repos de la nature entière n'est pas moins imposant dans les solitudes du Nouveau Monde que sur l'immensité de la mer. Lorsque au milieu du jour le soleil darde ses rayons sur la forêt, on entend souvent retentir dans ses profondeurs comme un long gémissement, un cri plaintif qui se prolonge au loin. C'est le dernier effort du vent qui expire. Tout rentre alors autour de vous dans un silence si profond, une immobilité si complète que l'âme se sent pénétrée d'une sorte de terreur religieuse. Le voyageur s'arrête; il regarde: pressés les uns contre les autres, entrelacés dans leurs rameaux, les arbres de la forêt semblent ne former qu'un seul tout, un édifice immense et indestructible, sous les voûtes duquel règne une obscurité éternelle. De quelque côté qu'il porte ses regards, il n'aperçoit qu'un champ de violence et de destruction. Des arbres rompus, des troncs déchirés, tout annonce que les éléments se font ici perpétuellement la guerre. Mais la lutte est interrompue. On dirait qu'à l'ordre d'un pouvoir surnaturel, le mouvement s'est subitement arrêté. Des branches à moitié brisées semblent tenir encore par quelques liens secrets au tronc qui ne leur offre plus d'appui; des arbres déjà déracinés n'ont pas eu le temps d'arriver jusqu'à terre et sont restés suspendus dans les airs. Il écoute, il retient sa respiration avec crainte pour mieux saisir le moindre retentissement de l'existence; aucun son, aucun murmure ne parvient jusqu'à lui.

Il nous est arrivé plus d'une fois en Europe de nous trouver égarés au fond des bois; mais toujours quelques bruits de vie venaient y frapper notre oreille. C'était le tintement éloigné de la cloche du village le plus voisin, les pas d'un voyageur, la hache du bûcheron, l'explosion d'une arme à feu, les aboiements d'un chien, ou seulement cette rumeur confuse qui s'élève d'un pays civilisé. Ici, non seulement l'homme manque, mais la voix même des animaux ne se fait point entendre. Les plus petits d'entre eux ont quitté ces lieux pour se rapprocher des habitations humaines, les plus grands pour s'en éloigner encore davantage. Ceux qui restent se tiennent cachés à l'abri des rayons du soleil. Ainsi tout est immobile dans les bois, tout est silencieux sous leur feuillage. On dirait que le créateur a pour un moment détourné sa face et que les forces de la nature sont paralysées.

Ce n'est pas au reste dans ce seul cas que nous avons remarqué la singulière analogie qui existe entre la vue de l'océan et l'aspect d'une forêt sauvage. Dans l'un comme dans l'autre spectacle l'idée de l'immensité vous assiège. La continuité des mêmes scènes, leur monotonie étonne et accable l'imagination. Nous avons retrouvé plus fort et plus poignant peut-être dans les solitudes du Nouveau Monde le sentiment d'isolement et d'abandon qui nous avait semblé si pesant au milieu de l'Atlantique. Sur la mer, du moins, le voyageur contemple un vaste horizon vers lequel il dirige toujours sa vue avec espérance. Mais dans cet océan de feuillages, qui peut indiquer le chemin ? Vers quels objets tourner ses regards ? En vain s'élève-t-on sur le sommet des plus grands arbres, d'autres plus élevés encore vous environnent. Inutilement gravit-on les collines, partout la forêt semble marcher avec vous, et cette même forêt s'étend devant vos pas jusqu'au pôle Arctique et à l'océan Pacifique. Vous pouvez parcourir des milliers de lieues sous son ombrage et vous marchez toujours sans paraître changer de place.

Mais il est temps de revenir à la route de Saginaw. Nous marchions déjà depuis cinq heures dans la plus parfaite ignorance des lieux où nous nous trouvions, lorsque nos Indiens s'arrêtèrent et l'aîné qui s'appelait Sagan-Cuisco fit une ligne sur le sable. Il montra l'un des bouts en s'écriant : Miché-Couté-Ouinque (c'est le nom indien de *Flint River*) et l'extrémité opposée en prononçant le nom de Saginaw et, faisant un point au milieu de la ligne, il nous indiqua que nous étions parvenus à la moitié du chemin et qu'il fallait se reposer quelques instants. Le soleil était déjà haut sur l'horizon et nous eussions accepté avec plaisir l'invitation qui nous était faite, si nous avions aperçu de l'eau à notre portée. Mais n'en voyant pas aux environs, nous fîmes signe à l'Indien que nous voulions manger et boire en même temps. Il nous comprit aussitôt et se remit en marche avec la même rapidité qu'auparavant. À une heure de là, il s'arrêta de nouveau et nous montra à trente pas dans le bois un endroit où il fit signe qu'il y avait de l'eau. Sans attendre notre réponse et sans nous aider à desseller nos chevaux, il s'y rendit lui-même; nous nous hâtâmes de le suivre. Le vent avait renversé depuis peu un grand arbre en cet endroit. Dans le trou qu'avaient occupé ses racines se trouvait un peu d'eau de pluie. C'était la fontaine à laquelle nous conduisit notre guide sans avoir l'air de penser qu'on pût hésiter à user d'un pareil breuvage. Nous ouvrîmes notre sac; autre infortune! La chaleur avait absolument gâté nos provisions et nous nous vîmes réduits pour tout dîner à un très petit morceau de pain, le seul que nous eussions pu trouver à *Flint River*. Qu'on ajoute à cela une nuée de moustiques qu'attirait le voisinage de l'eau et qu'il fallait combattre d'une main en portant de l'autre le morceau à la bouche et on aura l'idée d'un dîner champêtre dans une forêt vierge. Tant que nous mangeâmes, nos Indiens se tinrent assis les bras croisés sur le tronc abattu dont j'ai parlé. Quand ils virent que nous avions fini, ils nous firent signe qu'eux aussi avaient faim. Nous leur montrâmes notre sac vide. Ils secouèrent la tête sans mot dire. L'Indien ne sait point ce que c'est que des heures réglées pour ses repas. Il se gorge de nourriture quand il le peut et jeûne ensuite jusqu'à ce qu'il trouve de nouveau de quoi satisfaire son appétit. Les loups agissent de même en pareille circonstance. Bientôt nous pensâmes à remonter à cheval, mais nous nous aperçûmes avec une grande frayeur que nos montures avaient disparu. Piquées par les moustiques et aiguillonnées par la faim elles s'étaient éloignées du sentier où nous les avions laissées et ce n'est qu'avec peine que nous pûmes nous remettre sur leurs traces. Si nous étions restés inattentifs un quart d'heure de plus nous nous serions réveillés comme Sancho avec la selle entre les jambes. Nous bénîmes de grand cœur les moustiques qui nous avaient fait si vite songer au départ et nous nous remîmes en chemin. Le sentier que nous suivions ne tarda pas à devenir de plus en plus difficile à reconnaître. À chaque instant, nos chevaux avaient à forcer le passage à travers des buissons épais ou à sauter par-dessus des troncs d'arbres immenses qui nous barraient le chemin. Au bout de deux heures d'une route extrêmement pénible, nous arrivâmes enfin sur le bord d'une rivière peu profonde mais fort encaissée. Nous la traversâmes à gué et parvenus sur le haut de la berge opposée, nous vîmes un champ de maïs et deux cabanes assez semblables à des *log-houses*. Nous reconnûmes en approchant que nous étions dans un petit établissement indien. Les *log-houses* étaient des wigwams. Du reste la plus profonde solitude régnait là comme dans la forêt environnante. Parvenu devant la première de ces demeures abandonnées, Sagan-Cuisco s'arrêta ; il examina attentivement tous les objets à l'entour, puis déposant sa carabine et s'approchant de nous, il traça d'abord une ligne sur le sable, nous indiquant de la même manière qu'auparavant que nous n'avions encore fait que les deux tiers du chemin ; puis, se relevant, il nous montra le soleil et nous fit signe qu'il descendait rapidement vers son couchant. Il regarda ensuite le wigwam et ferma les yeux. Ce langage était fort intelligible : il voulait nous faire coucher en cet endroit. J'avoue que la proposition nous surprit fort et ne nous plut guère. Nous n'avions pas mangé depuis le matin et nous ne nous souciions que médiocrement de nous coucher sans souper. La majesté sombre et sauvage des scènes dont nous étions témoins depuis le matin, l'isolement complet où nous nous trouvions, la contenance farouche de nos conducteurs avec lesquels il était impossible d'entrer en rapport, rien de tout cela d'ailleurs n'était de nature à faire naître en nous la confiance. De plus il y avait dans la conduite des Indiens quelque chose de singulier qui ne nous rassurait point. La route que nous venions de suivre depuis deux heures semblait encore moins fréquentée que celle que nous avions parcourue auparavant. Personne ne nous avait jamais dit que nous dussions traverser un village indien et chacun nous avait assuré au contraire qu'on pouvait aller en un seul jour de Flint River à Saginaw. Nous ne pouvions donc concevoir pourquoi nos guides voulaient nous retenir la nuit dans ce désert. Nous insistâmes pour marcher. L'Indien fit signe que nous serions surpris par l'obscurité dans les bois. Forcer nos guides à continuer leur route eût été une tentative dangereuse. Nous nous décidâmes à tenter leur cupidité. Mais l'Indien est le plus philosophe de tous les hommes. Il a peu de besoins et partant peu de désirs. La civilisation n'a point de prise sur lui, il ignore ou il méprise ses douceurs. Je m'étais cependant aperçu que Sagan-Cuisco avait fait une attention particulière à une petite bouteille d'osier qui pendait à mon côté.

Une bouteille qui ne se casse pas. Voilà une chose dont l'utilité lui était tombée sous les sens et qui avait excité chez lui une admiration réelle. Mon fusil et ma bouteille étaient les seules parties de mon attirail européen qui eussent paru exciter son envie. Je lui fis signe que je lui donnerais ma bouteille s'il nous conduisait sur-le-champ à Saginaw. L'Indien parut alors violemment combattu. Il regarda encore le soleil puis la terre. Enfin prenant son parti, il saisit sa carabine, poussa deux fois en mettant la main sur sa bouche le cri de : Ouh ! ouh ! et s'élança devant nous dans les broussailles. Nous le suivîmes au grand trot et nous ouvrant de force un chemin, nous eûmes bientôt perdu de vue les demeures indiennes. Nos guides coururent ainsi pendant deux heures avec plus de rapidité qu'ils n'avaient encore fait ; cependant la nuit nous gagnait et les derniers rayons du soleil venaient de disparaître dans les arbres de la forêt lorsque Sagan-Cuisco fut surpris par un violent saignement de nez. Quelque habitué que ce jeune homme parût être ainsi que son frère aux exercices du corps, il était évident que la fatigue et le manque de nourriture commençaient à épuiser ses forces. Nous commencions nous-mêmes à craindre qu'ils ne renonçassent à l'entreprise et ne voulussent coucher au pied d'un arbre. Nous prîmes donc le parti de les faire monter alternativement sur nos chevaux. Les Indiens acceptèrent notre offre sans étonnement ni humilité. C'était une chose bizarre à voir que ces hommes à moitié nus établis gravement sur une selle anglaise et portant nos carnassières et nos fusils en bandoulière tandis que nous cheminions péniblement à pied devant eux. La nuit vint enfin, une humidité glaciale commença à se répandre sous le feuillage. L'obscurité donnait alors à la forêt un aspect nouveau et terrible. L'œil n'apercevait plus autour de lui que des masses confusément amoncelées, sans ordre ni symétrie, des formes bizarres et disproportionnées, des scènes incohérentes, des images fantastiques qui semblaient empruntées à l'imagination malade d'un fiévreux. (Le gigantesque et le ridicule se tenaient là d'aussi près que dans la littérature de notre âge.) Jamais nos pas n'avaient réveillé plus d'échos ; jamais le silence de la forêt ne nous avait paru si formidable. On eût dit que le bourdonnement des moustiques était la seule respiration de ce monde endormi. À mesure que nous avancions, les ténèbres devenaient plus profondes, seulement de temps en temps une mouche à feu traversant le bois traçait comme un fil lumineux dans ses profondeurs. Nous reconnaissions trop tard la justesse des conseils de l'Indien, mais il ne s'agissait plus de reculer. Nous continuâmes donc à marcher aussi rapidement que nos forces et la nuit purent nous le permettre. Au bout d'une heure nous sortîmes du bois et nous nous trouvâmes dans une vaste prairie. Nos guides poussèrent trois fois un cri sauvage qui retentit comme les notes discordantes du tam-tam. On y répondit dans le lointain. Cinq minutes après nous étions sur le bord d'une rivière dont l'obscurité nous empêchait d'apercevoir la rive opposée. Les Indiens firent halte en cet endroit ; ils s'entourèrent de leurs couvertures pour éviter la piqûre des moustiques et, se couchant dans l'herbe, ils ne formèrent bientôt plus qu'une boule de laine à peine perceptible et dans laquelle il eût été impossible de reconnaître la forme d'un homme. Nous mîmes nous-mêmes pied à terre et attendîmes patiemment ce qui allait suivre. Au bout de quelques minutes un léger bruit se fit entendre et quelque chose s'approcha du rivage. C'était un canot indien long de dix pieds environ et formé d'un seul arbre. L'homme qui était accroupi au fond de cette fragile embarcation portait le costume et avait toute l'apparence d'un Indien. Il adressa la parole à nos guides qui à son commandement se hâtèrent d'enlever les selles de nos chevaux et de les disposer dans la pirogue. Comme je me préparais moi-même à y monter, le prétendu Indien s'avança vers moi, me plaça deux doigts sur l'épaule et me dit avec un accent normand qui me fit tressaillir : « N'allez pas trop vitement, y en a des fois ici qui s'y noyent. » Mon cheval m'aurait adressé la parole que je n'aurais pas, je crois, été plus surpris. J'envisageai celui qui m'avait parlé et dont la figure frappée des premiers rayons de la lune reluisait alors comme une boule de cuivre : « Qui êtes-vous donc, lui dis-je, le français semble être votre langue et vous avez l'air d'un Indien ? » Il me répondit qu'il était un *bois-brûlé*, c'est-à-dire le fils d'un Canadien et d'une Indienne. J'aurai souvent occasion de parler de cette singulière race de métis qui couvre toutes les frontières du Canada et une partie de celles des États-Unis. Pour le moment je ne songeai qu'au plaisir de parler ma langue maternelle. Suivant les conseils de notre compatriote le sauvage, je m'assis au fond du canot et me tins aussi en équilibre qu'il m'était possible. Le cheval entra dans la rivière et se mit à la nage tandis que le Canadien poussait la nacelle de l'aviron, tout en chantant à demi-voix sur un vieil air français le couplet suivant dont je ne saisis que les deux premiers vers :

Entre Paris et Saint-Denis
Il était une fille.

Nous arrivâmes ainsi sans accident sur l'autre bord. Le canot retourna aussitôt chercher mon compagnon. Je me rappellerai toute ma vie le moment où pour la seconde fois il s'approcha du rivage. La lune qui était dans son plein, se levait précisément alors au-dessus de la prairie que nous venions de traverser. La moitié de son disque apparaissait seule sur l'horizon; on eût dit une porte mystérieuse à travers laquelle s'échappait vers nous la lumière d'une autre sphère. Le rayon qui en sortait venait se refléter dans les eaux du fleuve et arrivait en scintillant jusqu'à moi. Sur la ligne même où vacillait cette pâle lumière s'avançait la pirogue indienne, on n'apercevait pas de rames, on n'entendait pas le bruit des avirons, elle glissait rapidement et sans effort, longue, étroite et noire, semblable à un alligator du Missisipi qui s'allonge vers la rive pour y saisir sa proie. Accroupi sur la pointe du canot, Sagan-Cuisco, la tête appuyée contre ses genoux, ne laissait voir que les tresses luisantes de sa chevelure. À l'autre extrémité le Canadien ramait en silence, tandis que derrière lui, le cheval faisait rejaillir l'eau de la Saginaw sous l'effort de sa puissante poitrine. Il y avait dans l'ensemble de ce spectacle une grandeur sauvage qui fit alors et qui a laissé depuis une impression profonde dans notre âme. Débarqués sur le rivage nous nous hâtâmes de nous rendre à une maison que la lune venait de nous découvrir à cent pas du fleuve et où le Canadien nous assura que nous pouvions trouver un gîte. Nous parvînmes en effet à nous y établir convenablement et nous y aurions probablement réparé nos forces par un profond sommeil si nous avions pu nous débarrasser des myriades de moustiques dont la maison était remplie ; mais c'est à quoi nous ne pûmes jamais parvenir. L'animal qu'on appelle *mosquito* en anglais, et *maringouin* en français canadien est un petit insecte semblable en tout au *cousin* de France dont il diffère seulement par la grosseur. Il est généralement plus grand et sa trompe est si forte et si acérée que les étoffes de laine peuvent seules garantir de ses piqûres. Ces petits moucherons sont le fléau des solitudes de l'Amérique. Leur présence suffirait pour y rendre un long séjour insupportable. Quant à moi je déclare n'avoir jamais éprouvé un tourment semblable à celui qu'ils m'ont fait souffrir pendant tout le cours de ce voyage et particulièrement durant notre séjour à Saginaw. Le jour ils nous empêchaient de dessiner, d'écrire, de rester un seul moment en place, la nuit ils circulaient par milliers autour de nous ; chaque endroit du corps que vous laissiez découvert leur servait à l'instant de rendez-vous. Réveillés par la douleur que causait la piqûre nous nous couvrions la tête de nos draps, leur aiguillon passait à travers ; chassés, poursuivis ainsi par eux nous nous levions et nous allions respirer l'air du dehors jusqu'à ce que la fatigue nous procurât enfin un sommeil pénible et interrompu.

Nous sortîmes de très bonne heure et le premier spectacle qui nous frappa en quittant la maison, ce fut la vue de nos Indiens qui, roulés dans leurs couvertures près de la porte, dormaient à côté de leurs chiens.

Nous apercevions alors pour la première fois au grand jour le village de Saginaw que nous étions venus chercher de si loin.

Une petite plaine cultivée bordée au sud par une belle et tranquille rivière, à l'est, à l'ouest et au nord par la forêt, compose quant à présent, tout le territoire de la cité naissante.

Près de nous s'élevait une maison dont la structure annonçait l'aisance du propriétaire. C'était celle où nous venions de passer la nuit. Une demeure de même espèce s'apercevait à l'autre extrémité du défrichement. Dans l'intervalle et le long de la lisière du bois deux ou trois *log-houses* se perdaient à moitié dans le feuillage. Sur la rive opposée du fleuve, s'étendait la prairie comme un océan sans bornes dans un jour de calme. Une colonne de fumée s'en échappait alors et montait paisiblement vers le ciel. En suivant sa direction jusqu'à terre, on découvrait enfin deux ou trois wigwams dont la forme conique et le sommet aigu se confondaient avec les herbes de la prairie.

Une charrue renversée, des bœufs regagnant d'eux-mêmes le labour, quelques chevaux à moitié sauvages complétaient le tableau.

De quelque côté que s'étendît la vue, l'œil cherchait en vain la flèche d'un clocher gothique, la croix de bois qui marque le chemin ou le seuil couvert de mousse du presbytère. Ces vénérables restes de l'antique civilisation chrétienne n'ont point été transportés dans le désert ; rien n'y réveille encore l'idée du passé ni de l'avenir. On ne rencontre même pas d'asiles consacrés à ceux qui ne sont plus. La mort n'a pas eu le temps de réclamer son domaine ni de faire borner ses champs.

Ici l'homme semble encore s'introduire furtivement dans la vie. Plusieurs générations ne se réunissent point autour de son berceau pour exprimer des espérances souvent trompeuses, et se livrer à des joies prématurées que dément l'avenir. Son nom n'est point inscrit sur les registres de la cité. La religion ne vient point mêler ses touchantes solennités aux sollicitudes de la famille. Les prières d'une femme, quelques gouttes d'eau versées sur la tête de l'enfant par la main de son père, lui ouvrent sans bruit les portes du ciel.

Le village de Saginaw est le dernier point habité par les Européens au nord-ouest de la vaste presqu'île du Michigan. On peut le considérer comme un poste avancé, une sorte de guérite que les Blancs sont venus placer au milieu des nations indiennes.

Les révolutions de l'Europe, les clameurs tumultueuses qui s'élèvent sans cesse de l'univers policé, n'arrivent ici que de loin en loin, et comme le retentissement d'un son dont l'oreille ne peut plus percevoir la nature ni l'origine.

Tantôt ce sera un Indien qui en passant racontera avec la poésie du désert quelques-unes des tristes réalités de la vie sociale ; un journal oublié dans le havresac d'un chasseur ; ou seulement cette rumeur vague qui se propage par des voix inconnues et ne manque presque jamais d'avertir les hommes qu'il se passe quelque chose d'extraordinaire sous le soleil.

Une fois par an, un vaisseau remontant le cours de la Saginaw vient renouer cet anneau détaché à la grande chaîne européenne qui déjà enveloppe le monde de ses replis. Il apporte au nouvel établissement les produits divers de l'industrie et enlève en retour les fruits du sol.

Trente personnes, hommes, femmes, vieillards et enfants composaient seuls, lors de notre passage, cette petite société, embryon à peine formé, germe naissant confié au désert et que le désert doit féconder.

Le hasard, l'intérêt ou les passions avaient réuni dans cet espace étroit ces trente personnes. Du reste il n'existait point entre elles de lien commun et elles différaient profondément les unes des autres. On y remarquait des Canadiens, des Américains, des Indiens et des métis.

Des philosophes ont cru que la nature humaine partout la même ne variait que suivant les institutions et les lois des différentes sociétés. C'est là une de ces opinions que semble démentir à chaque page l'histoire du monde. Les nations comme les individus s'y montrent toutes avec une physionomie qui leur est propre. Les traits caractéristiques de leur visage se reproduisent à travers toutes les transformations qu'elles subissent. Les lois, les mœurs, les religions changent, l'empire et la richesse se déplacent; l'aspect extérieur varie, l'habillement diffère, les préjugés s'effacent ou se substituent les uns aux autres. Parmi ces changements divers vous reconnaissez toujours le même peuple. Quelque chose d'inflexible apparaît au milieu de la flexibilité humaine.

Les hommes qui habitent cette petite plaine cultivée appartiennent à deux races qui depuis près d'un siècle existent sur le sol américain et y obéissent aux mêmes lois. Ils n'ont pourtant rien de commun entre eux. Ce sont des Anglais et des Français, tels qu'ils se montrent aux bords de la Seine et de la Tamise.

Pénétrez sous cette cabane de feuillage, vous y rencontrerez un homme dont l'accueil cordial et la figure ouverte vous annonceront dès l'abord le goût des plaisirs sociaux, et l'insouciance de la vie. Dans le premier moment vous le prendrez peut-être pour un Indien; soumis à la vie sauvage, il en a adopté volontairement les habits, les usages et presque les mœurs. Il porte les mocassins, le bonnet de loutre et le manteau de laine. Il est infatigable chasseur, couche à l'affût, vit de miel sauvage et de chair de bison. Cet homme n'en est pas moins pourtant encore resté un Français gai, entreprenant, glorieux, fier de son origine, amant passionné de la gloire militaire, plus vaniteux qu'intéressé, homme d'instinct, obéissant à son premier mouvement mieux qu'à sa raison, préférant le bruit à l'argent. Pour venir au désert il semble avoir brisé tous les liens qui l'attachaient à la vie; on ne lui voit ni femme ni enfants. Cet état est contraire à ses mœurs, mais il s'y soumet facilement comme à toute chose. Livré à lui-même, il se sentirait naturellement l'humeur casanière: nul plus que lui n'a le goût du foyer domestique; nul n'aime mieux à réjouir sa vue par l'aspect du clocher paternel; mais on l'a arraché malgré lui à ses habitudes tranquilles, on a frappé son imagination par des tableaux nouveaux, on l'a transplanté sous un autre ciel; ce même homme s'est senti tout à coup possédé d'un besoin insatiable d'émotions violentes, de vicissitudes et de dangers. L'Européen le plus civilisé est devenu l'adorateur de la vie sauvage. Il préférera les savanes aux rues des villes, la chasse à l'agriculture. Il se jouera de l'existence et vivra sans nul souci de l'avenir.

Les Blancs de France, disaient les Indiens du Canada, sont aussi bons chasseurs que nous. Comme nous, ils méprisent les commodités de la vie et bravent les terreurs de la mort. Dieu les avait créés pour habiter la cabane du sauvage et vivre dans le désert.

À quelques pas de cet homme habite un autre Européen qui, soumis aux mêmes difficultés, s'est roidi contre elles.

Celui-ci est froid, tenace, impitoyable argumentateur ; il s'attache à la terre, et arrache à la vie sauvage tout ce qu'il peut lui ôter. Il lutte sans cesse contre elle, il la dépouille chaque jour de quelques-uns de ses attributs. Il transporte, pièce à pièce, dans le désert ses lois, ses habitudes, ses usages et, s'il se peut, jusqu'aux moindres recherches de sa civilisation avancée. L'émigrant des États-Unis n'estime de la victoire que ses résultats ; il tient que la gloire est un vain bruit et que l'homme ne vient au monde que pour y acquérir l'aisance et les commodités de la vie. Brave pourtant, mais brave par calcul, brave parce qu'il a découvert qu'il y avait plusieurs choses plus difficiles à supporter que la mort. Aventurier entouré de sa famille et qui cependant prise peu les plaisirs intellectuels et les charmes de la vie sociale.

Placé de l'autre côté du fleuve, au milieu des roseaux de la Saginaw, l'Indien jette de temps en temps un regard stoïque sur les habitations de ses frères d'Europe. N'allez pas croire qu'il admire leurs travaux, ou envie leur sort. Depuis bientôt trois cents ans que le sauvage de l'Amérique se débat contre la civilisation qui le pousse et l'environne, il n'a point encore appris à connaître et à estimer son ennemie. Les générations se succèdent en vain chez les deux races. Comme deux fleuves parallèles, elles coulent depuis trois cents ans vers un abîme commun ; un espace étroit les sépare, mais elles ne mêlent point leurs flots. Ce n'est pas toutefois que l'aptitude naturelle manque à l'indigène du Nouveau Monde mais sa nature semble repousser obstinément nos idées et nos arts. Couché sur son manteau au milieu de la fumée de sa hutte, l'Indien regarde avec mépris la demeure commode de l'Européen; pour lui, il se complaît avec orgueil dans sa misère, et son cœur se gonfle et s'élève, aux images de son indépendance barbare. Il sourit amèrement en nous voyant tourmenter notre vie pour acquérir des richesses inutiles. Ce que nous appelons industrie, il l'appelle sujétion honteuse. Il compare le laboureur au bœuf qui trace péniblement son sillon. Ce que nous nommons les commodités de la vie, il les nomme des jouets d'enfants ou des recherches de femmes. Il ne nous envie que nos armes. Quand l'homme peut abriter la nuit sa tête sous une tente de feuillage, quand il trouve à allumer du feu pour chasser les moustiques en été et se garantir du froid en hiver, lorsque ses chiens sont bons et la contrée giboyeuse, que saurait-il demander de plus à l'être éternel ?

À l'autre bord de la Saginaw, près des défrichements européens et pour ainsi dire sur les confins de l'ancien et du Nouveau Monde s'élève une cabane rustique plus commode que le wigwam du sauvage, plus grossière que la maison de l'homme policé. C'est la demeure du métis. Lorsque nous nous présentâmes pour la première fois à la porte de cette hutte à demi civilisée, nous fûmes tout surpris d'entendre dans l'intérieur une voix douce qui psalmodiait sur un air indien les cantiques de la pénitence. Nous nous arrêtâmes un moment pour écouter. Les modulations des sons étaient lentes et profondément mélancoliques; on reconnaissait aisément cette harmonie plaintive qui caractérise tous les chants de l'homme au désert.

Nous entrâmes. Le maître était absent. Assise au milieu de l'appartement, les jambes croisées sur une natte, une jeune femme travaillait à faire des mocassins ; du pied elle berçait un enfant dont le teint cuivré et les traits annonçaient la double origine. Cette femme était habillée comme une de nos paysannes, sinon que ses pieds étaient nus et que ses cheveux tombaient librement sur ses épaules. En nous apercevant elle se tut avec une sorte de crainte respectueuse. Nous lui demandâmes si elle était Française. « Non, répondit-elle en souriant. – Anglaise ? – Non plus, dit-elle ; elle baissa les yeux et ajouta : Je ne suis qu'une sauvage. » Enfant de deux races, élevé dans l'usage de deux langues, nourri dans des croyances diverses et bercé dans des préjugés contraires, le métis forme un composé aussi inexplicable aux autres qu'à lui-même. Les images du monde lorsqu'elles viennent se réfléchir sur son cerveau grossier, ne lui apparaissent que comme un chaos inextricable dont son esprit ne saurait sortir. Fier de son origine européenne, il méprise le désert ; et pourtant il aime la liberté sauvage qui y règne. Il admire la civilisation et ne peut complètement se soumettre à son empire. Ses goûts sont en contradiction avec ses idées, ses opinions avec ses mœurs. Ne sachant comment se guider au jour incertain qui l'éclaire, son âme se débat péniblement dans les langes d'un doute universel. Il adopte des usages opposés ; il prie à deux autels ; il croit au Rédempteur du monde et aux amulettes du jongleur ; et il arrive au bout de sa carrière sans avoir pu débrouiller le problème obscur de son existence.

Ainsi donc dans ce coin de terre ignoré du monde la main de Dieu avait déjà jeté les semences de nations diverses ; déjà plusieurs races différentes, plusieurs peuples distincts se trouvent ici en présence.

Quelques membres exilés de la grande famille humaine se sont rencontrés dans l'immensité des bois, leurs besoins sont communs ; ils ont à lutter ensemble contre les bêtes de la forêt, la faim, l'inclémence des saisons. Ils sont trente à peine au milieu d'un désert où tout se refuse à leurs efforts, et ils ne jettent les uns sur les autres que des regards de haine et de soupçon. La couleur de la peau, la pauvreté ou l'aisance, l'ignorance ou les lumières ont déjà établi parmi eux des classifications indestructibles ; des préjugés nationaux, des préjugés d'éducation et de naissance les divisent et les isolent.

Où trouver dans un cadre plus étroit un plus complet tableau des misères de notre nature ? Il y manque cependant encore un trait.

Les lignes profondes que la naissance et l'opinion ont tracées entre la destinée de ces hommes, ne cessent point avec la vie, mais s'étendent au-delà du tombeau. Six religions ou sectes diverses se partagent la foi de cette société naissante.

Le catholicisme avec son immobilité formidable, ses dogmes absolus, ses terribles anathèmes et ses immenses récompenses, l'anarchie religieuse de la Réforme, l'antique paganisme trouvent ici leurs représentants. On y adore déjà en six manières différentes l'être unique et éternel qui a créé tous les hommes à son image. On s'y dispute avec ardeur le ciel que chacun prétend exclusivement son héritage, bien plus, au milieu des misères de la solitude et des maux du présent, l'imagination humaine s'y épuise encore à enfanter pour l'avenir d'inexprimables douleurs. Le luthérien condamne au feu éternel le calviniste, le calviniste l'unitaire et le catholique les enveloppe tous dans une réprobation commune.

Plus tolérant dans sa foi grossière, l'Indien se borne à exiler son frère d'Europe des campagnes heureuses qu'il se réserve. Pour lui, fidèle aux traditions confuses que lui ont léguées ses pères, il se console aisément des maux de la vie et meurt tranquille en rêvant aux forêts toujours vertes que n'ébranlera jamais la hache du pionnier, et où le daim et le castor viendront s'offrir à ses coups durant les jours sans nombre de l'éternité.

Après déjeuner nous allâmes voir le plus riche propriétaire du village, M. Williams. Nous le trouvâmes dans sa boutique occupé à vendre à des Indiens une multitude d'objets de peu de valeur tels que couteaux, colliers de verre, pendants d'oreilles. C'était pitié de voir comme ces malheureux étaient traités par leurs frères civilisés d'Europe. Du reste tous ceux que nous vîmes là rendaient une justice éclatante aux sauvages. Ils étaient bons, inoffensifs, mille fois moins enclins au vol que le Blanc. C'était dommage seulement qu'ils commençassent à s'éclairer sur le prix des choses. Et pourquoi cela, s'il vous plaît ? Parce que les bénéfices dans le commerce qu'on faisait avec eux devenaient tous les jours moins considérables. Apercevez-vous ici la supériorité de l'homme civilisé ? L'Indien aurait dit dans sa simplicité grossière, qu'il trouvait tous les jours plus de difficultés à tromper son voisin. Mais le Blanc découvre dans le perfectionnement du langage une nuance heureuse qui exprime la chose et sauve la honte.

En revenant de chez M. Williams nous eûmes l'idée de remonter la Saginaw à quelque distance pour aller tirer les canards sauvages qui peuplent ses rives. Comme nous étions occupés à cette chasse, une pirogue se détacha d'entre les roseaux du fleuve et des Indiens vinrent à notre rencontre pour considérer mon fusil qu'ils avaient aperçu de loin. J'ai toujours remarqué que cette arme, qui n'a cependant rien d'extraordinaire, m'attirait parmi les sauvages une considération toute spéciale. Un fusil qui peut tuer deux hommes en une seconde et part dans le brouillard, c'était suivant eux une merveille au-dessus de toute évaluation ; un chef-d'œuvre sans prix. Ceux qui nous abordèrent témoignèrent suivant l'habitude une grande admiration. Ils demandèrent d'où venait mon fusil. Notre jeune guide répondit qu'il avait été fait de l'autre côté de la Grande Eau, chez les pères des Canadiens ; ce qui ne le rendit pas, comme on peut le croire, moins précieux à leurs yeux. Ils firent observer cependant que comme le point visuel n'était pas placé au milieu de chaque canon, on ne devait pas être aussi sûr de son coup, remarque à laquelle j'avoue que je ne sus trop que répondre.

Le soir étant venu nous remontâmes dans le canot et, nous fiant à l'expérience que nous avions acquise le matin, nous partîmes seuls pour remonter un bras de la Saginaw que nous n'avions fait qu'entrevoir.

Le ciel était sans nuages, l'atmosphère pure et immobile. Le fleuve roulait ses eaux à travers une immense forêt, mais si lentement qu'il eût été presque impossible de dire de quel côté allait le courant. Nous avons toujours éprouvé que, pour se faire une idée juste des forêts du Nouveau Monde, il fallait suivre quelques-unes des rivières qui circulent sous leurs ombrages. Les fleuves sont comme de grandes voies par lesquelles la Providence a pris soin, dès le commencement du monde, de percer le désert pour le rendre accessible à l'homme. Lorsqu'on se fraye un passage à travers le bois, la vue est le plus souvent fort bornée. D'ailleurs le sentier même où vous marchez est une œuvre humaine. Les fleuves au contraire sont des chemins qui ne gardent point de traces, et leurs rives laissent voir librement tout ce qu'une végétation vigoureuse et abandonnée à elle-même peut offrir de grands et de curieux spectacles.

Le désert était là tel qu'il s'offrit sans doute il y a six mille ans aux regards de nos premiers pères ; une solitude fleurie, délicieuse, embaumée ; magnifique demeure, palais vivant, bâti pour l'homme, mais où le maître n'avait pas encore pénétré. Le canot glissait sans efforts et sans bruit ; il régnait autour de nous une sérénité, une quiétude universelles. Nous-mêmes, nous ne tardâmes pas à nous sentir comme amollis à la vue d'un pareil spectacle. Nos paroles commencèrent à devenir de plus en plus rares ; bientôt nous n'exprimâmes nos pensées qu'à voix basse. Nous nous tûmes enfin, et relevant simultanément les avirons, nous tombâmes l'un et l'autre dans une tranquille rêverie pleine d'inexprimables charmes.

D'où vient que les langues humaines qui trouvent des mots pour toutes les douleurs, rencontrent un invincible obstacle à faire comprendre les plus douces et les plus naturelles émotions du cœur ? Qui peindra jamais avec fidélité ces moments si rares dans la vie où le bien-être physique vous prépare à la tranquillité morale et où il s'établit devant vos yeux comme un équilibre parfait dans l'univers: alors que l'âme, à moitié endormie, se balance entre le présent et l'avenir, entre le réel et le possible, quand, entouré d'une belle nature, respirant un air tranquille et tiède, en paix avec lui-même au milieu d'une paix universelle, l'homme prête l'oreille aux battements égaux de ses artères dont chaque pulsation marque le passage du temps qui pour lui semble ainsi s'écouler goutte à goutte dans l'éternité. Beaucoup d'hommes peut-être ont vu s'accumuler les années d'une longue existence sans éprouver une seule fois rien de semblable à ce que nous venons de décrire. Ceux-là ne sauraient nous comprendre Mais il en est plusieurs, nous en sommes assurés, qui trouveront dans leur mémoire et au fond de leur cœur de quoi colorer nos images et sentiront se réveiller en nous lisant le souvenir de quelques heures fugitives que le temps ni les soins positifs de la vie n'ont pu effacer.

Nous fûmes tirés de notre rêverie par un coup de fusil qui retentit tout à coup dans les bois. Le bruit sembla d'abord rouler avec fracas sur les deux rives du fleuve; puis il s'éloigna en grondant jusqu'à ce qu'il fût entièrement perdu dans la profondeur des forêts environnantes. On eût dit un long et formidable cri de guerre que poussait la civilisation dans sa marche.

Un soir en Sicile, il nous arriva de nous perdre dans un vaste marais qui occupe maintenant la place où jadis était bâtie la ville d'Hymère; l'impression que fit naître en nous la vue de cette fameuse cité devenue un désert sauvage fut grande et profonde. Jamais nous n'avions rencontré sur nos pas un plus magnifique témoignage de l'instabilité des choses humaines et des misères de notre nature. Ici c'était bien encore une solitude, mais l'imagination, au lieu d'aller en arrière et de chercher à remonter vers le passé, s'élançait au contraire en avant et se perdait dans un immense avenir. Nous nous demandions par quelle singulière permission de la destinée, nous qui avions pu contempler les ruines d'empires qui n'existent plus et marcher dans des déserts de fabrique humaine, nous, enfants d'un vieux peuple, nous étions conduits à assister à l'une des scènes du monde primitif et à voir le berceau encore vide d'une grande nation. Ce ne sont point là les prévisions plus ou moins hasardées de la sagesse. Ce sont des faits aussi certains que s'ils étaient accomplis. Dans peu d'années ces forêts impénétrables seront tombées. Le bruit de la civilisation et de l'industrie rompra le silence de la Saginaw. Son écho se taira... Des quais emprisonneront ses rives, ses eaux qui coulent aujourd'hui ignorées et tranquilles au milieu d'un désert sans nom seront refoulées dans leur cours par la proue des vaisseaux. Cinquante lieues séparent encore cette solitude des grands établissements européens et nous sommes peut-être les derniers voyageurs auxquels il ait été donné de la contempler dans sa primitive splendeur, tant est grande l'impulsion qui entraîne la race blanche vers la conquête entière du Nouveau Monde.

C'est cette idée de destruction, cette arrière-pensée d'un changement prochain et inévitable qui donne suivant nous aux solitudes de l'Amérique un caractère si original et une si touchante beauté. On les voit avec un plaisir mélancolique; on se hâte en quelque sorte de les admirer. L'idée de cette grandeur naturelle et sauvage qui va finir se mêle aux superbes images que la marche triomphante de la civilisation fait naître. On se sent fier d'être homme et l'on éprouve en même temps je ne sais quel amer regret du pouvoir que Dieu nous a accordé sur la nature. L'âme est agitée par des idées, des sentiments contraires, mais toutes les impressions qu'elle reçoit sont grandes et laissent une trace profonde.

Nous voulions quitter Saginaw le lendemain 27 juillet; mais un de nos chevaux ayant été blessé par sa selle, nous nous décidâmes à rester un jour de plus. Faute d'autre manière de passer le temps nous fûmes chasser dans les prairies qui bordent la Saginaw au-dessous des défrichements. Ces prairies ne sont point marécageuses comme on pourrait le croire. Ce sont des plaines plus ou moins larges où le bois ne vient point quoique la terre soit excellente. L'herbe y est dure et haute de trois à quatre pieds. Nous ne trouvâmes que peu de gibier et revînmes de bonne heure. La chaleur était étouffante comme à l'approche d'un orage et les moustiques plus gênants encore que de coutume. Nous ne marchions qu'environnés par une nuée de ces insectes auxquels il fallait faire une guerre perpétuelle. Malheur à celui qui était obligé de s'arrêter. Il se livrait alors sans défense à un ennemi impitoyable. Je me rappelle avoir été contraint de charger mon fusil en courant, tant il était difficile de tenir un instant en place.

Comme nous traversions à notre retour la prairie, nous remarquâmes que le Canadien qui nous servait de guide suivait un petit sentier tracé et regardait avec le plus grand soin la terre avant d'y poser le pied. « Pourquoi donc prenez-vous donc tant de précautions, lui dis-je; avez-vous peur de vous mouiller? – Non, répondit-il. Mais j'ai pris l'habitude quand je traverse les prairies de regarder toujours où je mets le pied afin de ne pas marcher sur un serpent à sonnettes. – Comment diable, repris-je, en sautant dans le sentier, est-ce qu'il y a ici des serpents à sonnettes? – Oh vraiment oui, répliqua mon Normand d'Amérique avec un imperturbable sang-froid, *y en a tout plein.* » Je lui reprochai alors de ne pas nous avoir avertis plus tôt. Il prétendit que comme nous portions de bonnes chaussures et que le serpent à sonnettes ne mordait jamais au-dessus de la cheville du pied, il n'avait pas cru que nous courussions grand danger.

Je lui demandai si la blessure du serpent à sonnettes était mortelle. Il répondit qu'on en mourait toujours en moins de vingt-quatre heures, si on n'avait pas recours aux Indiens. Ceux-ci connaissaient un remède qui, donné à temps, sauvait, dit-il, le malade.

Quoi qu'il en soit, pendant tout le reste du chemin nous imitâmes notre guide et nous regardâmes comme lui à nos pieds.

La nuit qui succéda à ce jour brûlant fut une des plus pénibles que j'aie passées dans ma vie. Les moustiques étaient devenus si gênants que, bien qu'accablé de fatigue, il me fut impossible de fermer l'œil. Vers minuit l'orage qui menaçait depuis longtemps éclata enfin. Ne pouvant plus espérer m'endormir je me levai et fus ouvrir la porte de notre cabane pour respirer au moins la fraîcheur de la nuit. Il ne pleuvait point encore, l'air paraissait calme; mais la forêt s'ébranlait déjà et il en sortait de profonds gémissements et de longues clameurs. De temps en temps un éclair venait à illuminer le ciel. Le cours tranquille de la Saginaw, le petit défrichement qui borde ses rives, les toits de cinq ou six cabanes et la ceinture de feuillage qui nous enveloppait, apparaissaient alors un instant comme une évocation de l'avenir. Tout se perdait ensuite dans l'obscurité la plus profonde, et la voix formidable du désert recommençait à se faire entendre.

J'assistais avec émotion à ce grand spectacle, lorsque j'entendis soupirer à mes côtés, et à la lueur d'un éclair, j'aperçus un Indien appuyé comme moi sur le mur de notre demeure. L'orage venait sans doute d'interrompre son sommeil, car il promenait un œil fixe et troublé sur les objets qui l'environnaient.

Cet homme craignait-il la foudre ? Ou voyait-il dans le choc des éléments autre chose qu'une convulsion passagère de la nature ? Ces fugitives images de civilisation qui surgissaient comme d'elles-mêmes au milieu du tumulte du désert, avaient-elles pour lui un sens prophétique ? Ces gémissements de la forêt qui semblait se débattre dans une lutte inégale, arrivaient-ils à son oreille comme un secret avertissement de Dieu, une solennelle révélation du sort final réservé aux races sauvages ? Je ne saurais le dire. Mais ses lèvres agitées paraissaient murmurer quelques prières, et tous ses traits étaient empreints d'une terreur superstitieuse.

À cinq heures du matin, nous songeâmes au départ. Tous les Indiens des environs de Saginaw avaient disparu ; ils étaient partis pour aller recevoir les présents que leur font annuellement les Anglais, et les Européens se livraient aux travaux de la moisson. Il fallut donc nous résoudre à repasser la forêt sans guide. L'entreprise n'était pas aussi difficile qu'on pourrait le croire. Il n'y a en général qu'un sentier dans ces vastes solitudes et il ne s'agit que de n'en pas perdre la trace pour arriver au but du voyage.

À cinq heures du matin donc, nous repassâmes la Saginaw ; nous reçûmes les adieux et les derniers conseils de nos hôtes et, ayant tourné la tête de nos chevaux, nous nous trouvâmes seuls au milieu de la forêt. Ce n'est pas, je l'avoue, sans une impression grave que nous commençâmes à pénétrer sous ses humides profondeurs. Cette même forêt qui nous environnait alors s'étendait derrière nous jusqu'au Pôle et à la mer Pacifique. Un seul point habité nous séparait du désert sans bornes et nous venions de le quitter. Ces pensées au reste ne nous portèrent qu'à presser le pas de nos chevaux et au bout de trois heures nous arrivâmes auprès d'un wigwam abandonné et sur les bords solitaires de la rivière Cass. Une pointe de gazon qui s'avance sur le fleuve à l'ombre de grands arbres nous servit de table et nous nous mîmes à déjeuner, ayant en perspective la rivière dont les eaux limpides comme du cristal serpentaient à travers le bois.

Au sortir du wigwam de Cass-River nous rencontrâmes plusieurs sentiers. On nous avait indiqué celui qu'il fallait prendre ; mais il est facile d'oublier quelques points ou d'être mal compris dans de pareilles explications. C'est ce que nous ne manquâmes pas d'éprouver ce jour-là. On nous avait parlé de deux chemins, il s'en trouvait trois ; il est vrai que parmi ces trois chemins, il en était deux qui se réunissaient plus haut en un seul, comme nous le sûmes depuis, mais nous l'ignorions alors et notre embarras était grand.

Après avoir bien examiné, bien discuté, nous fîmes comme presque tous les grands hommes et agîmes à peu près au hasard. Nous passâmes le mieux que nous pûmes le fleuve à gué et nous nous enfonçâmes rapidement vers le sud-ouest. Plus d'une fois le sentier nous parut près de disparaître au milieu du taillis; dans d'autres endroits le chemin nous paraissait si peu fréquenté que nous avions peine à croire qu'il conduisît autre part qu'à quelque wigwam abandonné. Notre boussole, il est vrai, nous montrait que nous marchions toujours dans notre direction. Toutefois nous ne fûmes complètement rassurés qu'en découvrant le lieu où nous avions dîné trois jours auparavant. Un pin gigantesque dont nous avions admiré le tronc déchiré par le vent, nous le fit reconnaître. Nous n'en continuâmes pas cependant notre course avec moins de rapidité, car le soleil commençait à baisser. Bientôt nous parvînmes à la clairière qui précède d'ordinaire les défrichements et comme la nuit commençait à nous surprendre nous aperçûmes la rivière Flint. Une demi-heure après, nous nous trouvâmes à la porte de notre hôte. Cette fois l'ours nous accueillit comme de vieux amis et ne se dressa sur ses pieds que pour célébrer sa joie de notre heureux retour.

Durant cette journée tout entière nous ne rencontrâmes aucune figure humaine. De leur côté les animaux avaient disparu; ils s'étaient retirés sans doute sous le feuillage pour fuir la chaleur du jour. Seulement de loin en loin nous découvrions à la sommité dépouillée de quelque arbre mort, un épervier qui, immobile sur une seule patte et dormant tranquillement aux rayons du soleil, semblait sculpté dans le bois même dont il avait fait son appui.

C'est au milieu de cette profonde solitude que nous songeâmes tout à coup à la Révolution de 1830 dont nous venions d'atteindre le premier anniversaire. Je ne puis dire avec quelle impétuosité les souvenirs du 29 juillet s'emparèrent de notre esprit. Les cris et la fumée du combat, le bruit du canon, les roulements de la mousqueterie, les tintements plus horribles encore du tocsin, ce jour entier avec son atmosphère enflammée semblait sortir tout à coup du passé et se replacer comme un tableau vivant devant moi. Ce ne fut là qu'une illumination subite, un rêve passager. Quand, relevant la tête, je portai autour de moi mes regards, l'apparition s'était déjà évanouie; mais jamais le silence de la forêt ne m'avait paru plus glacé, ses ombrages plus sombres, ni sa solitude si complète.

3
Sur les Grands Lacs et aux chutes du Niagara

Après avoir poussé une pointe jusqu'à cet avant-poste perdu de la civilisation qu'est Saginaw, Tocqueville et Beaumont voyagent sur les Grands Lacs. Cela donne lieu, sous la plume de Tocqueville, à des annotations brèves, souvent de style télégraphique, touchant à des thèmes multiples. La nature grandiose et sauvage l'éblouit. La condition des autochtones l'attriste. La variété et la misère des métis le troublent. Mais déjà s'affirme une observation qui reviendra souvent sous la plume de Tocqueville au Bas-Canada : les Canadiens, dont certains « bois-brûlés » *ou métis, qui, constatent les voyageurs, les* « entourent avec la franchise et la bonhomie des Français » *et qui* « paraissent charmés de voir des Français ». *On trouvera de semblables propos, comme aussi la présence de cette tristesse, parfois silencieuse, parfois explicite, que provoque la constatation répétée de l'échec de l'effort colonisateur de la France en Amérique du Nord.*

31 juillet. – Arrivée à Détroit. Promenade le soir sur le quai. Rencontre d'un de nos passagers de l'*Ohio*.

Il nous apprend que le *Supérieur* va arriver, allant à Green Bay. Nous changeons immédiatement de résolution nous [nous] déterminons à aller à Green Bay.

1er août. – Nous nous embarquons à 2 heures. Rivière de Détroit. Terres basses et cultivées. Maisons nombreuses. Lac Saint-Clair. Le soir, on danse sur le pont. Gaîté américaine.

2 août. – Le lendemain, nous sommes en vue de [...] situé à la sortie du lac Huron. Nous entrons dans cet immense lac. Le vent devient contraire. Nous avançons au fort et de là à Black River, deux milles plus loin pour chercher du bois. Visite au fort. Tenue des officiers et des soldats. Exercice. Insubordination.

3 août. – À 1 heure je vais pour chasser, dans des marais qui se trouvent de l'autre côté de la Rivière Saint-Clair. Nous allons d'abord au fort. Dans la forêt sur la route, le son d'un tambour sauvage. Des cris. Nous voyons venir huit sauvages tout nus à l'exception d'un petit pagne (6 enfants, 2 hommes). Barbouillés de la tête aux pieds de couleurs. Les cheveux hérissés, pleins de bouts pendant en queue par-derrière. Une massue de bois à la main, sautant comme des diables. Beaux hommes. Dansent pour s'amuser et gagner de l'argent. Nous leur donnons un shilling. C'est la *War-dance*. Horrible à voir. Quelle dégradation. Autre danse à genoux la tête dans la terre. Nous ne savons comment poursuivre. Des huttes dans les marais de l'autre côté. Un canot se détache et vient. Navigation effrayante. Bonne chasse au marais.

4 août. – Nous partons à 6 heures du matin. Journée absolument insignifiante. Vers le soir, nous perdons toute terre de vue.

5 août. – À 4 heures nous arrivons au bout du lac Huron. Nous apercevons dans le lointain quelques montagnes. Le fond du lac est parsemé d'une multitude innombrable de petites îles qui sortent comme des bosquets de dessus la surface. Parfaite solitude. Des forêts de tous les côtés. Pas la moindre trace de l'homme. Pas un vaisseau en vue. En côtoyant l'île Saint-Joseph, ruines du fort de ce nom. Cheminées encore existantes. Nous entrons dans la Rivière Sainte-Marie. Tantôt large comme un lac, tantôt resserrée entre des îles et des pointes de terre couvertes de bois. Parfaite solitude. De temps en temps une famille d'Indiens sur la rive, assis immobiles auprès de leur feu. Leur canot tiré sur la grève. Un grand canot monté de huit hommes vient vers nous. Les Indiens tirent des coups de fusil, poussent des cris de joie. Ils nous donnent des pigeons. Nous leur donnons de l'eau-de-vie. Au coucher du soleil nous entrons dans un canal fort étroit. Vue admirable. Instant délicieux. Les eaux de la rivière immobiles et transparentes. Une forêt superbe qui s'y réfléchit. Dans le lointain des montagnes bleues et illuminées par les derniers rayons du soleil. Feu des Indiens qui brille à travers les arbres. Notre vaisseau s'avance majestueusement au milieu de cette solitude, au bruit des fanfares que l'écho des bois renvoie de tous les côtés. À la nuit on met à l'ancre. Danse sur le pont. Étonnement et admiration des Indiens à la vue du premier vaisseau à vapeur *working in the water.*

6 août. – Aujourd'hui il y a un an, nous avons fait un Roi. Brouillard épais qui nous empêche de partir. Il se lève et découvre des collines et d'éternelles forêts. À 9 heures, arrivée à Sault-Sainte-Marie. Site délicieux. Temps admirable. Sainte-Marie, un carré palissadé avec un mât et un immense pavillon américain au milieu. Plus loin, deux pointes de terre couvertes de beaux arbres qui resserrent la rivière. Sous les arbres, des wigwams. Entre les pointes, les rapides. Plus loin des montagnes et d'interminables forêts. À notre arrivée toute la population sur le rivage et sur les toits des maisons. On ne voit qu'une fois par an un vaisseau comme le nôtre. Caractère singulier de cette population, mélange de tous les sangs. Les plus nombreux, les Canadiens, bois-brûlés ou métis. Nuances depuis l'Européen jusqu'au sauvage. Figures bariolées et peintes. Cheveux retroussés avec plumes. Nous prenons un canot indien pour aller au lac Supérieur. Visite au camp des *Indian traders*. (Voir plus bas.) Ce qu'était ce canot d'écorce peint. Assis au fond, huit (en nous comptant) sérieux et immobiles. Aux deux bouts, un Canadien demi-sauvage, mais ayant retenu toute la gaîté de ses pères et faisant voler le canot en chantant et en disant de bons mots. Empressement des Indiens vers M. Mullon. Baptême dans la chambre du vaisseau. Singulier effet que cause sur nous cette langue française entendue à la fin du monde et avec ses vieilles tournures et son accent provincial : laridondaine, laridondon. De temps en temps : hou ! ou : *marche*. Nous arrivons à la pointe aux chênes. Un petit village indien. Leur hutte : douze pieds de diamètre, six pieds de hauteur. Leurs chiens sauvages. Le chef demande à voir mon fusil (à piston). Costume du chef : pantalon rouge, une couverture, les cheveux retroussés sur le haut de la tête. Deux plumes dedans. Je tire mon fusil devant lui. Il admire et dit qu'il avait toujours entendu dire que les Français étaient une nation de grands guerriers. Je demande ce que c'est que ces plumes. Il me répond avec un sourire de joie que c'est le signe qu'il a tué deux *Sioux* (il est un *Sauteur*, nation toujours en guerre avec l'autre). Je lui fais demander une de ces plumes en lui disant que je la porterai dans le pays des grands guerriers et qu'on l'admirera. Il l'ôte aussitôt de ses cheveux et me la donne, puis étend sa main et me serre la mienne.

Nous revenons. Descente des rapides. Habileté incroyable des Canadiens. Passage à travers les rochers comme une flèche. La famille Johson (conversation oubliée) au camp des *Indian traders*. Un Anglais sec, froid, taciturne au milieu d'une foule de Canadiens et de sauvages qu'il mène trafiquer avec les Indiens du lac Supérieur. Les Canadiens nous entourent avec la franchise et la bonhomie des Français. Ils paraissent charmés de voir des Français. Nous leur demandons des renseignements sur les Indiens. Tous ceux qu'ils connaissent, et ils vont tous les ans jusqu'au fond du lac, portent le même habillement que ceux que nous avons vus. Pas voleurs. Serviables et hospitaliers. Amis des Européens qui leur fournissent des objets qui leur sont devenus indispensables. Bêtes féroces à la guerre. Tuent tout indistinctement. Scalpent, brûlent les prisonniers. Les Sauteurs et les Sioux, les deux nations rivales. Les chefs n'ont qu'une autorité nominale. Point de justice. Compensation ou vengeance particulière. Point de religion. La croyance de Dieu et d'un autre monde où ceux qui auront mal vécu auront à chasser dans des forêts sans gibier. Les autres dans des forêts pleines de gibier. Antipathie des Indiens pour la langue anglaise, leur goût pour les

Français: dans les déserts les plus éloignés, les Indiens saluent les Européens en disant: Bonjour.

7 août. – Nous partons à 5 heures du matin. Nous traversons la pointe du lac Huron sud-ouest. Flotte de 22 canots indiens passant en sens opposé et retournant chez eux après avoir reçu les présents des Anglais.

À 3 heures nous longeons Bois-Blanc et l'île Ronde et nous arrivons à Mackinac. Île de trois lieues de tour, assez élevée. Au sommet, les fortifications blanches d'un fort américain. Sur la côte une cinquantaine de maisons, plusieurs assez belles, appartenant à la compagnie américaine. Sur le rivage, grand nombre de huttes d'Indiens. Ils passent, venant des contrées éloignées, pour les présents. Deux églises. Nous prenons un guide canadien. Nous allons visiter la roche percée. Pittoresque. De là la pyramide paraît singulière par sa grandeur et sa forme. Nous revenons à 5 heures. B. va dessiner la grotte percée. Moi, je vais rôder, suivant mon usage. Je vais pour voir le curé, il n'y est pas. Mme Framboise. Sang indien. Détails intéressants sur sa vie. Femme très respectable. Lettre d'une jeune Indienne. Livre de prières indien. Un camp de Canadiens sur le rivage. Un bivouac autour du feu. Un Canadien à l'air et aux manières françaises. Gai, ouvert, énergique. Des bois-brûlés. Je m'assois à leur feu et cause avec eux. Leur chef, bois-brûlé, homme très intelligent. Détails qu'il me donne sur les sauvages. Meilleurs à mesure qu'ils s'éloignent des Européens, à moins qu'ils ne soient chrétiens. Dans le fond des déserts du Nord-Ouest, encore armés de flèches. Heureux là. Abondance extraordinaire de bêtes. Elles se retirent toujours à cent lieues en avant de la civilisation. Incapacité des Indiens pour sentir que la marche des Européens les atteindra tôt ou tard. Ils ne le sentent que lorsqu'il n'est plus temps d'y remédier. Chefs héréditaires. Différents du chef de guerre. Espèce de justice. On livre le meurtrier à la famille qui le tue ou reçoit son rachat. Point voleurs. Terribles à la guerre. Iroquois et Hurons à peu près disparus. Hurons presque détruits. Iroquois : les restes disséminés parmi les nations de ce côté-ci des lacs. Beaucoup à Green Bay.

Zèle catholique. Ardeur pour combattre les Presbytériens. M. Mullon venant remplir une espèce de défi. Efforts des Canadiens pauvres pour soutenir leur église et créer une école. Visite à M. [...] Retour au vaisseau à 11 heures. Au retour, une hutte de sauvages. Famille qui chante un cantique de l'église en indien.

4
Conversation avec un Canadien

Au cours de ses déplacements dans la région des Grands Lacs, Tocqueville prend constamment des notes sur ses observations et ses rencontres. Ainsi, le 7 août 1831, il croise des Canadiens et discute avec eux. Deux thèmes ressortent de ces échanges. Il est d'abord question des peuples autochtones. Ceux-ci sont très éprouvés par l'avance des colonisateurs blancs venus de l'est du continent : au mieux leur mode de vie est mis en péril, au pire ils disparaissent tout simplement. Par ailleurs, leurs relations apparaissent plus faciles avec les « Français » *encore présents ici et là dans l'intérieur du continent. Tocqueville s'intéresse aussi aux* « Français du Canada ». *Un nouveau thème prend forme dans les observations de Tocqueville. Les* « Français du Canada », *s'ils subissent pesamment la domination anglaise, conservent leur identité et demeurent un* « peuple distinct ». *Cette pensée continuera de hanter Tocqueville jusqu'à ses dernières réflexions sur le Bas-Canada.*

Le 7 août au soir, me promenant sur le rivage de Mackinac, j'arrivai à un bivouac de Canadiens. Je m'assis à leur feu et j'eus avec leur chef la conversation suivante. (Je n'ai pris dans cette conversation que ce qui s'accordait avec toutes les notions que j'avais déjà reçues) :

D. – Que sont devenus les Hurons et les Iroquois qui ont joué un si grand rôle dans l'histoire des colonies ?

R. – Les Hurons ont presque disparu. Les Iroquois à moitié détruits aussi, se sont fondus presque tous avec les Chippeways. Beaucoup sont établis à Green Bay et dans les environs. Les Iroquois formaient une nation astucieuse, toujours prête à se mettre de notre côté ou de celui des Anglais suivant que la fortune semblait pencher.

D. – Avez-vous quelque chose à craindre des Indiens en commerçant avec eux ?

R. – Presque rien. Les Indiens ne sont pas voleurs et d'ailleurs nous leur sommes utiles.

D. – Pensez-vous que les Indiens soient meilleurs ou plus mauvais en proportion qu'ils sont plus près ou plus éloignés des Européens ?

R. – Je pense qu'ils sont beaucoup meilleurs quand ils n'ont point de contact avec nous, et certainement plus heureux. Il y a plus d'ordre, plus de gouvernement chez eux, à mesure qu'on avance davantage dans le désert. Je fais cependant une exception pour les Indiens chrétiens et surtout catholiques. Ceux-là sont les meilleurs de tous.

D. – Les Indiens éloignés dont vous parlez ont-ils des chefs ?

R. – Oui, monsieur, ils ont des chefs dont le pouvoir est très respecté pendant la paix. (Ils sont héréditaires et leur origine se perd dans la nuit des temps.)

Ils nomment un chef particulier (le plus brave) pour les mener à la guerre. Ils n'ont pas précisément de justice. Lorsque cependant un meurtre est commis, on livre le meurtrier à la famille du mort. Souvent il parvient à se racheter. Plus souvent encore on le tue et on l'enterre avec sa victime.

D. – Comment vivent ces Indiens dont vous parlez ?

R. – Avec une aisance absolument inconnue près des établissements européens. Ils ne cultivent point la terre. Ils sont moins bien couverts et ne se servent que d'arcs. Mais le gibier est d'une abondance extrême dans leurs déserts. Je me figure qu'il en était ainsi jusqu'à l'Atlantique avant l'arrivée des Européens. Mais le gibier fuit vers l'ouest avec une rapidité incroyable. Il précède les Blancs de plus de cent lieues. Les peuplades indiennes qui nous environnent meurent de faim si elles ne cultivent pas un peu la terre.

D. – Est-ce que les Indiens n'ont pas l'idée que tôt ou tard leur race sera anéantie par la nôtre ?

R. – Ils ont une incroyable insouciance de l'avenir. Ceux qui sont à moitié détruits déjà, ou sur les pas desquels nous marchons, voient avec désespoir les Européens s'avancer vers l'ouest, mais il n'est plus temps de résister. Toutes les nations éloignées de l'Ouest – j'ai entendu dire qu'il y en avait bien trois millions ? – ne semblent pas se douter du danger qui les menace.

D. – Est-il vrai que les Indiens aiment les Français ?

R. – Oui, monsieur. Extrêmement. Ils ne consentent à parler que le français. Dans les déserts les plus éloignés la qualité de Français est la meilleure recommandation près d'eux. Ils se rappellent toujours nos bons traitements lorsque nous étions maîtres du Canada. D'ailleurs beaucoup d'entre nous leur sont alliés et vivent presque comme eux.

D. – Comment les Français du Canada souffrent-ils la domination anglaise ?

R. – Comme un mal inévitable. Mais nous ne nous fondons point. Nous restons deux peuples distincts. La population française du Canada est devenue très nombreuse.

5
Images d'Amérique

Dans une lettre au comte Hervé de Tocqueville, son père, Tocqueville essaie de rassembler un ensemble d'images qu'il retient des régions qu'il visite. Cette lettre est datée du 14 août 1831, donc d'une dizaine de jours avant son arrivée à Montréal. L'immensité, la majesté, le caractère encore désert, sauvage, neuf du paysage, tels sont les aspects de cette région de l'Amérique qui le frappent particulièrement. Ce sentiment n'est pas très original : d'autres voyageurs européens l'ont éprouvé déjà, comme un célèbre cousin de Tocqueville, François René de Chateaubriand venu en Amérique une trentaine d'années plus tôt. Pendant cette partie de son périple, Tocqueville rencontre des « Français » *établis dans la région des Grands Lacs. Comme en d'autres rencontres de ce genre, Tocqueville note que ces habitants ont conservé les traits du* « Français d'il y a un siècle » *et qu'ils chantent* « de vieux airs qui sont presque oubliés maintenant chez nous ». *Ce thème de la* « vieille France » *en Amérique est récurrent dans les observations de Tocqueville.*

Sur le lac Huron, 14 août 1831

Dans la dernière lettre que j'écrivais à la maison, mon cher père, je vous disais que j'allais partir pour Buffalo, et de là me diriger vers Boston par le Canada. C'était, en effet, notre intention. Mais il était écrit, à ce qu'il paraît, que nous n'accomplirions pas nos projets. En allant porter nos lettres à la poste, nous avons appris qu'il venait d'arriver un grand vaisseau à vapeur, dont la destination était d'explorer rapidement tous les grands lacs, et de revenir ensuite à Buffalo : le tout bien commodément et en douze jours. Nous nous laissâmes tenter. Au lieu donc de partir le lendemain matin de Buffalo, comme nous le voulions, nous nous sommes embarqués pour le lac Supérieur : c'est-à-dire que nous avons ajouté à peu près quinze cents milles ou cinq cents lieues de France à notre plan originaire. [...]

Nous avons remonté rapidement le lac Saint-Clair et la rivière du même nom, et après avoir été arrêtés un jour à l'entrée du lac Huron par les vents contraires et le manque de bois, nous sommes entrés enfin dans cet immense lac, qui ressemble en tout à la mer, sinon que ses eaux sont d'une limpidité merveilleuse et laissent voir les objets à trente pieds de leur surface. Nous marchâmes deux jours et une nuit sur le lac Huron, faisant nos trois lieues à l'heure et ne pouvant en trouver la fin. Le matin du troisième jour nous découvrîmes pour la première fois un lieu habité par les Blancs. C'est le Saut-Sainte-Marie [*sic*], situé sur la rivière du même nom, qui joint le lac Supérieur au lac Huron. Là nous jetâmes l'ancre et descendîmes à terre. L'immense étendue de côtes que nous venions de parcourir ne présente pas de points de vue remarquables. Ce sont des plaines couvertes de forêts. L'ensemble, cependant, produit une impression profonde et durable. Ce lac sans voiles, cette côte qui ne porte encore aucun vestige du passage de l'homme, cette éternelle forêt qui la borde : tout cela, je vous assure, n'est pas seulement grand en poésie. C'est le plus extraordinaire spectacle que j'aie vu dans ma vie. Ces lieux, qui ne forment encore qu'un immense désert, deviendront un des pays les plus riches et les plus puissants du monde. On peut l'affirmer sans être prophète. La nature a tout fait ici ; une terre fertile, des débouchés comme il n'y en a pas d'autres dans le monde. Rien ne manque que l'homme civilisé : et il est à la porte.

Je reviens au Saut-Sainte-Marie. En cet endroit, la rivière n'est plus navigable. Notre vaisseau s'arrêta : mais non pas nous. Les Indiens ont appris aux Européens à faire des canots d'écorce, que deux hommes portent sur leurs épaules. Je rapporte un peu de l'écorce avec laquelle ces embarcations sont faites. Vous penserez comme moi que celui qui le premier s'est embarqué là-dedans était un hardi compère. Les sauvages font un canot de cette espèce en cinq jours de temps. C'est une chose effrayante à voir qu'une pareille coquille de noix lancée au milieu des récifs de la rivière Sainte-Marie et descendant les *Rapides* avec la vitesse d'une flèche. Le fait est cependant qu'il n'y a aucun danger, et je m'y suis trouvé plus d'une fois déjà avec des dames, sans que personne témoignât la moindre crainte. Dans la circonstance actuelle on mit les canots sur le dos des bateliers, et ayant gagné le dessus des Rapides, nous lançâmes nos embarcations et nous nous couchâmes au fond. Toute la population de Sainte-Marie est française. Ce sont de vieux Français gais et en train comme leurs pères et comme nous ne le sommes pas. Tout en conduisant nos canots, ils nous chantaient de vieux airs qui sont presque oubliés maintenant chez nous. Nous avons retrouvé ici le Français d'il y a un siècle, conservé comme une momie pour l'instruction de la génération actuelle.

Ayant remonté pendant près de trois lieues la rivière Sainte-Marie, nous nous fîmes descendre sur un promontoire qu'on nomme le cap aux Chênes. De là nous eûmes enfin le spectacle du lac Supérieur, se développant à perte de vue. Il n'existe encore aucun établissement sur ses rives, et les *Rapides* empêchent qu'aucun vaisseau ne l'ait encore traversé ; ensuite… Mais si je raconte les choses en détail, je n'en finirai jamais ; il faudrait vous écrire un volume, et le temps me presse. Après avoir conversé longtemps avec les Indiens qui habitent ce lieu, nous revînmes à notre bateau. De Sainte-Marie nous descendîmes à Michillimackinac, île située à l'entrée du lac Michigan. De là nous sommes allés à GreenBay, qui est à soixante lieues plus bas dans le lac Michigan. Après avoir fait quelques excursions dans FoxRiver (ou rivière du Renard) et tué quelque gibier, nous nous sommes remis en route et nous voici. Je ne crois pas qu'il existe en France une seule personne qui ait fait le même voyage. Les Canadiens nous ont assuré n'avoir jamais vu de Français. Si je pouvais jamais faire comprendre ce que j'ai vu et éprouvé dans le cours de cette rapide excursion, ce tableau pourrait avoir de l'intérêt. J'ai essayé de le faire et suis découragé. Les impressions se succèdent trop vite. Je n'aimerais à raconter ce que j'ai vu qu'au coin du feu...

17 août

J'arrive à Buffalo. On m'assure qu'il y a encore des chances pour que ma lettre parte pour New York et y arrive à temps pour le paquebot. Je me hâte donc de la fermer, mais non sans vous embrasser bien fort.

Nous sommes bien près de votre fête, mon cher père. Soyez sûr qu'au moment où on vous la souhaitera, je serai de cœur avec vous.

6
Niagara ou le tonnerre des eaux

En direction du Bas-Canada, Tocqueville a l'occasion de voir les chutes du Niagara, spectacle qu'il s'empresse de décrire à sa mère dans une lettre datée du 21 août 1831. Ce que les autochtones appellent le « Tonnerre des eaux », *note-t-il, offre en effet un panorama saisissant. Les chutes du Niagara dépassent* « toutes les idées que l'imagination s'en forme d'avance ». *Tocqueville est typique, ici, des voyageurs européens découvrant les splendeurs et l'immensité de la nature nord-américaine.*

21 août 1831, sur le lac Ontario

J'ai écrit sur le lac Érié une lettre à mon père, ma chère maman, qui a dû vous faire connaître le voyage non prémédité que nous avons entrepris et achevé dans la première quinzaine de ce mois. Nous avons trouvé à Buffalo vos lettres du 27 mai dernier, qui, malgré leur date bien vieille, nous ont fait un plaisir inexprimable. J'étais privé depuis si longtemps du bonheur de voir de votre écriture à tous ! Je ne puis vous dire combien je suis touché, ma chère maman, de recevoir ainsi chaque courrier une lettre de vous. Je sais qu'écrire vous fatigue, et vos lettres me sont doublement chères quand je pense à ce qu'elles vous ont coûté. Remerciez aussi toute la maison de ma part…

Nous ne sommes restés qu'une heure à Buffalo, et nous nous sommes aussitôt dirigés vers Niagara. À deux lieues, le bruit de la chute ressemblait déjà à un orage. Niagara en indien veut dire *Tonnerre des eaux*. On ne pouvait trouver une expression plus magnifique ni plus juste. Les langues indiennes sont pleines de ces sortes d'images, et bien autrement poétiques que les nôtres. Mais pour en revenir au Niagara, nous avancions donc au bruit, sans pouvoir concevoir que nous fussions si près de la chute.

Rien, en effet, ne l'annonce aux yeux. Un grand fleuve (qui n'est autre chose que l'écoulement du lac Érié) coule lentement au milieu d'une plaine. On n'aperçoit à l'horizon ni rocher, ni montagne. Il en est ainsi jusqu'à l'endroit même de la cataracte. Il faisait nuit close lorsque nous y sommes arrivés; et nous avons remis au lendemain notre première visite.

Le lendemain matin, 18 août, nous nous y sommes rendus par le plus admirable temps du monde…

Je ferais nécessairement du pathos, ma chère maman, si j'entreprenais la description du spectacle que nous eûmes alors sous les yeux. La chute du Niagara est, à mon avis, supérieure à tout ce qu'on en a dit et écrit en Europe, ainsi qu'à toutes les idées que l'imagination s'en forme d'avance. Le fleuve se divise en deux lorsqu'il arrive près du gouffre qui est ouvert devant lui et forme deux chutes qui se trouvent séparées par une petite île. La plus large forme un fer à cheval qui a un quart de lieue de développement, c'est-à-dire plus de deux fois la largeur de la Seine. Le fleuve, arrivé là, se précipite d'un seul jet à 149 pieds de profondeur. La vapeur qui s'en élève ressemble à un nuage, sur lequel repose un immense arc-en-ciel. On parvient très facilement jusqu'à une pointe de rocher presque entièrement environnée d'eau, et qui s'avance sur le gouffre. Rien n'égale la sublimité du coup d'œil dont on jouit en cet endroit, surtout la nuit (comme nous l'avons vu), lorsqu'on n'aperçoit plus le fond de l'abîme, et que la lune jette un arc-en-ciel sur le nuage. Je n'avais jamais vu d'arc-en-ciel nocturne. Il a la même forme que celui du jour, mais est parfaitement blanc. Je l'ai vu passant d'un bord à l'autre, par-dessus le gouffre. Une entreprise qu'on croirait difficile au premier abord et dont cependant l'exécution est aisée, c'est de pénétrer environ cent pas sous la nappe d'eau. Parvenu là, une saillie du rocher empêche d'aller plus loin. Il règne en cet endroit une obscurité profonde et terrible, qui, par moments, vient à s'éclaircir ; et alors on aperçoit le fleuve tout entier qui semble descendre sur votre tête. Il est difficile de rendre l'impression produite par ce rayon de lumière, lorsque, après vous avoir laissé entrevoir, pour un instant, le vaste chaos qui vous environne, il vous abandonne de nouveau au milieu des ténèbres et du fracas de la cataracte. Nous sommes restés un jour franc à Niagara. Hier nous nous sommes embarqués sur le lac Ontario…

D'après cette description et l'admiration que nous avons ressentie à Niagara, vous croyez peut-être, ma chère maman, que nous nous trouvons dans un état d'esprit fort tranquille et fort heureux. Il n'en est rien, je vous jure. Jamais, au contraire, je ne me suis senti en proie à une mélancolie plus profonde. J'ai trouvé à Buffalo beaucoup de journaux qui parlent de l'état de l'Europe et de la France. En rapprochant toutes les petites circonstances qu'ils relatent, je suis demeuré convaincu qu'une crise chez nous était imminente et que la guerre civile était prochaine, traînant à sa suite tant de périls pour ceux même qui me sont les plus chers… Ces images viennent se placer entre moi et tous les objets, et je ne puis me voir, sans une profonde tristesse et une sorte de honte, occupé à admirer des cascades en Amérique, tandis que la destinée de tant de personnes que j'aime est peut-être, en cet instant même, compromise.

7
Conversations montréalaises

La visite du Bas-Canada commence par un arrêt à Montréal, où Tocqueville et Beaumont débarquent le 23 août, en milieu ou fin de journée, avant de repartir, en soirée le 24, pour Québec. Pendant ce bref passage, Tocqueville, grâce à des lettres d'introduction, rencontre certaines personnes avec lesquelles il converse et dont il note la substance des propos. Un premier interlocuteur est l'abbé Joseph-Vincent Quiblier, sulpicien, supérieur du Grand Séminaire de Montréal. C'est un compatriote pour Tocqueville, car Quiblier (1796-1852) est né en France. Il est venu s'installer à Montréal en 1825 ; plus tard, après environ un quart de siècle au Bas-Canada et un séjour à Londres, il retournera en France. Tocqueville rencontre aussi deux avocats, les frères Mondelet, Dominique (1799-1863) et Charles-Joseph-Elzéar (1801-1876). L'aîné a été membre de la Chambre d'assemblée du Bas-Canada et les deux frères seront nommés juges sous le régime de l'Union en 1842. Quiblier met en lumière la place importante et stable de la religion catholique au Bas-Canada. Par ailleurs, il signale aussi les belles qualités de la population qui semble heureuse « sous le régime actuel » *qui lui confère une* « liberté politique presque aussi grande que celle dont on jouit aux États-Unis ». *Pour Quiblier, la domination britannique offre de bonnes protections pour l'identité des Canadiens français, contre l'assimilation qui résulterait d'une annexion aux États-Unis ou contre les coûts économiques de l'indépendance, malgré quelques frictions entre les Canadiens et la population anglaise. Les frères Mondelet soulignent la domination économique des Anglais et aussi les liens étroits entre le catholicisme et la population canadienne-française. Ces échanges suggèrent à Tocqueville que les choses, au Bas-Canada, vont assez bien pour la population francophone.*

Conversation avec M. Quiblier, supérieur du Séminaire de Montréal

M. Quiblier nous a paru un ecclésiastique aimable et éclairé (24 août 1831). C'est un Français venu de France il y a quelques années.

Lui. – Je ne crois pas qu'il y ait un peuple plus heureux au monde que le peuple canadien. Il a des mœurs très douces, point de dissensions civiles ni religieuses et ne paie aucun impôt.

D. – Mais n'existe-t-il pas ici quelque reste du système féodal ?

R. – Oui, mais c'est plutôt un nom qu'autre chose. La plus grande partie du Canada est encore divisée en seigneuries. Ceux qui habitent ou achètent une terre sur ces seigneuries sont tenus de payer une rente au seigneur et des droits de mutation. Mais la rente n'est qu'une bagatelle. Le seigneur n'a aucun droit honorifique, aucune supériorité quelconque sur son censitaire. Je pense qu'il est vis-à-vis de lui dans une position relative moins élevée que le propriétaire d'Europe et son fermier.

D. – Comment se couvrent les frais du culte ?

R. – Par la dîme. Le clergé en général n'a point de propriété foncière. Ce qu'on appelle la dîme est la vingt-sixième partie de la moisson. Elle est payée sans répugnance comme sans peine.

D. – Avez-vous des couvents d'hommes ?

R. – Non. Il n'y a au Canada que des couvents de filles. Encore les religieuses mènent-elles toutes une vie active, élevant les enfants ou soignant les malades.

D. – Avez-vous la liberté de la presse ?

R. – Liberté complète illimitée.

D. – A-t-on quelquefois essayé de la tourner contre la religion ?

R. – Jamais. La religion est trop respectée pour qu'un journaliste se permît de l'attaquer le moins du monde.

D. – Les classes élevées de la société sont-elles religieuses ?

R. – Oui, beaucoup.

D. – Y a-t-il de l'animosité entre les deux races ?

R. – Oui. Mais pas vive. Elle ne s'étend pas jusqu'aux rapports habituels de la vie. Les Canadiens prétendent que le gouvernement anglais ne donne les places qu'à des Anglais, les Anglais se plaignent au contraire qu'il favorise les Canadiens. Je crois qu'il y a de part et d'autre exagération dans les plaintes. En général il y a peu d'animosité religieuse entre les deux peuples, la tolérance légale étant complète.

D. – Pensez-vous que cette colonie échappe bientôt à l'Angleterre ?

R. – Je ne le pense point. Les Canadiens sont heureux sous le régime actuel. Ils ont une liberté politique presque aussi grande que celle dont on jouit aux États-Unis. S'ils devenaient indépendants, il y a une multitude de dépenses publiques qui tomberaient à leur charge ; s'ils se réunissaient aux États-Unis, ils craindraient que leur population ne fût bientôt absorbée dans un déluge d'émigration et que leurs ports, fermés pendant quatre mois de l'année, ne tombassent à rien s'ils étaient privés du marché de l'Angleterre.

D. – Est-il vrai que l'instruction se répand ?

R. – Depuis plusieurs années il s'est fait un changement complet sous ce rapport. L'impulsion est maintenant donnée et la race canadienne qui s'élève ne ressemblera pas à celle qui existe.

D. – Ne craignez-vous point que ces lumières ne nuisent au principe religieux ?

R. – On ne peut encore savoir l'effet qui sera produit. Je crois cependant que la religion n'a rien à en craindre.

D. – La race canadienne s'étend-elle ?

R. – Oui. Mais lentement et de proche en proche. Elle n'a point cet esprit aventureux et ce mépris des liens de naissance et de famille qui caractérisent les Américains. Le Canadien ne s'éloigne qu'à la dernière extrémité de son clocher et de ses parents et il va s'établir le plus près possible. Cependant le mouvement est grand, comme je le disais, et il centuplera je pense avec l'accroissement des lumières.

Conversation avec MM. Mondelet

24 août 1831

MM. Mondelet sont avocats à Montréal. Ce sont des jeunes gens intelligents et de bon sens.

D. – Dans quelle proportion la population française est-elle à la population anglaise dans le Canada ?

R. – Neuf à dix. Mais presque toute la richesse et le commerce est dans les mains des Anglais. Ils ont leur famille et leurs relations en Angleterre et trouvent des facilités que nous n'avons pas.

D. – Avez-vous beaucoup de journaux en langue française ?

R. – Deux.

D. – Dans quelle proportion leurs abonnés sont-ils avec les abonnés des journaux anglais ?

R. – 800 sur 1300.

D. – Ces journaux ont-ils de l'influence ?

R. – Oui. Une influence très marquée quoique moins grande que celle qu'on dit qu'ils obtiennent en France.

D. – Quelle est la position du clergé ? Avez-vous remarqué en lui la tendance politique qu'on l'accuse d'avoir en Europe ?

R. – Peut-être peut-on reconnaître en lui une tendance secrète à gouverner ou diriger, mais c'est très peu de chose. En général, notre clergé est éminemment national. Ceci est en partie un résultat des circonstances dans lesquelles il s'est trouvé placé. Dans les premiers temps de la conquête et jusqu'à nos jours, le gouvernement anglais a sourdement travaillé à changer les opinions religieuses des Canadiens afin d'en faire un corps plus homogène avec les Anglais. Les intérêts de la religion se sont donc trouvés opposés à ceux du gouvernement et d'accord avec ceux du peuple. Toutes les fois qu'il s'est agi de lutter contre les Anglais, le clergé a donc été à notre tête ou dans nos rangs. Il est resté aimé et respecté de tous. Loin de s'opposer aux idées de liberté, il les a prêchées lui-même. Toutes les mesures en faveur de l'instruction publique que nous avons prises presque de force et malgré l'Angleterre, ont trouvé un appui dans le clergé. Au Canada ce sont les protestants qui soutiennent les idées aristocratiques. On accuse les catholiques d'être démagogues. Ce qui me fait croire que le caractère politique de nos prêtres est spécial au Canada, c'est que les prêtres qui nous arrivent de temps en temps de France montrent au contraire pour le pouvoir une condescendance et un esprit de docilité que nous ne pouvons concevoir.

D. – Les mœurs sont-elles pures au Canada ?

R. – Oui, très pures.

8
Premières notes sur le Canada

Tocqueville profite de son voyage sur le Saint-Laurent, en direction de Québec, pour consigner les observations que lui inspire déjà son passage au Bas-Canada. Ses premières impressions se résument à deux thèmes. D'une part, Tocqueville est frappé par la ressemblance entre les établissements humains du Bas-Canada et ceux d'Europe ; ainsi, Montréal ressemble à « nos villes de province ». *D'autre part, en regard de la situation politique du Bas-Canada, Tocqueville ne tarde pas à identifier les lignes de force maîtresses du panorama politique. D'abord, le clivage dans la population : l'immense majorité est française, une petite minorité – 10 % a-t-il appris des frères Mondelet –, anglaise. Ensuite, les rapports de force entre ces deux groupes :* « il est facile de voir que les Français sont le peuple vaincu ». *La domination de la minorité anglaise est patente : elle contrôle la richesse et le commerce, la langue anglaise domine dans l'affichage commercial et elle est* « véritablement la classe dirigeante du Canada ». *Mais, pense Tocqueville, la situation de domination par la population anglaise n'est pas nécessairement insurmontable. Une prise de conscience se fait jour chez les Canadiens français, les préoccupations du peuple rejoignent celles de la classe dirigeante et le progrès de l'instruction renforce la majorité. Il est clair que les deux groupes du Bas-Canada demeurent bien distincts. Tocqueville se laisse ainsi aller à espérer que les Français* « arriveront un jour à former à eux seuls un bel empire dans le Nouveau Monde ». *Ce moment d'optimisme sera toutefois suivi de moments où le destin de ce peuple le remplira d'inquiétude.*

25 août 1831

Apparence extérieure: Le Canada est sans comparaison la portion de l'Amérique jusqu'ici visitée par nous, qui a le plus d'analogie avec l'Europe et surtout la France. Les bords du fleuve Saint-Laurent sont parfaitement cultivés et couverts de maisons et de villages, en tout semblables aux nôtres. Toutes les traces de la *wilderness* ont disparu; des champs cultivés, des clochers, une population aussi nombreuse que dans nos provinces l'a remplacée.

Les villes, et en particulier Montréal (nous n'avons pas encore vu Québec) ont une ressemblance frappante avec nos villes de province. Le fond de la population et l'immense majorité est partout française. Mais il est facile de voir que les Français sont le peuple vaincu. Les classes riches appartiennent pour la plupart à la race anglaise. Bien que le français soit la langue presque universellement parlée, la plupart des journaux, les affiches, et jusqu'aux enseignes des marchands français sont en anglais. Les entreprises commerciales sont presque toutes en leurs mains. C'est véritablement la classe dirigeante au Canada. Je doute qu'il en soit longtemps ainsi. Le clergé et une grande partie des classes non pas riches, mais éclairées, sont français, ils commencent à sentir vivement leur position secondaire. Les journaux français que j'ai lus font contre les Anglais une opposition constante et animée. Jusqu'à présent le peuple ayant peu de besoins et de passions intellectuelles et menant une vie matérielle fort douce, n'a que très imparfaitement entrevu sa position de nation conquise et n'a fourni qu'un faible point d'appui aux classes éclairées. Mais depuis quelques années, la Chambre des Communes, presque toute canadienne, a pris des mesures pour répandre à profusion l'instruction. Tout annonce que la nouvelle génération sera différente de la génération actuelle, et si d'ici à quelques années, la race anglaise n'augmente pas prodigieusement par les émigrations et ne parvient pas à *parquer* les Français dans l'espace qu'ils occupent aujourd'hui, les deux peuples se trouveront en présence. Je ne puis croire qu'ils se fondent jamais, ni qu'il puisse exister une union indissoluble entre eux. J'espère encore que les Français, en dépit de la conquête, arriveront un jour à former à eux seuls un bel empire dans le Nouveau Monde, plus éclairés peut-être, plus moraux et plus heureux que leurs pères. Pour le moment actuel, cette division entre les races est singulièrement favorable à la domination de l'Angleterre.

9
Propos d'un négociant anglais de Québec

Le lendemain de son arrivée à Québec, le 26 août 1831, Tocqueville a de brefs échanges avec un négociant anglais demeuré anonyme. Les notes de cet entretien sont fort concises. Le négociant ne mâche pas ses mots. Les Anglais n'ont rien à craindre des Canadiens, car ils contrôlent la richesse, leur nombre croît et la population canadienne apparaît calme et placide. Mais, en soulignant que « les avocats et les riches qui appartiennent à la race française détestent les Anglais », *le négociant identifie la classe sociale qui sera au cœur des rébellions de 1837-1838. Ces propos du négociant ont sans doute préoccupé Tocqueville, qui est frappé par* « la haine et le mépris » *qui animent son interlocuteur.*

D. – Pensez-vous avoir quelque chose à craindre des *Canadiens* ?

R. – Non. Les avocats et les riches qui appartiennent à la race française détestent les Anglais. Ils font une opposition violente contre nous dans leurs journaux et dans leur Chambre des Communes. Mais c'est du bavardage et voilà tout. Le fond de la population canadienne n'a point de passions politiques et d'ailleurs presque toute la richesse est dans nos mains.

D. – Mais ne craignez-vous pas que cette population nombreuse et compacte aujourd'hui sans passion n'en ait demain ?

R. – Notre nombre augmente tous les jours, nous n'aurons bientôt rien à craindre de ce côté. Les Canadiens ont plus de haine encore contre les Américains que contre nous.

Note. – En parlant des Canadiens il se peignait sur la physionomie flegmatique de M... un sentiment de haine et de mépris très visible. Il est rare qu'on parle avec tant de passion de ceux dont on ne redoute rien.

26 août 1831

10
Observations sur la société du Bas-Canada

Après deux jours à Québec, Tocqueville s'emploie à formuler un certain nombre d'observations de nature sociologique. Les thèmes de sa pensée sur le Bas-Canada se raffermissent. Le pays est beau, sauf l'intérieur des villes, et il y règne beaucoup d'animation et de vitalité. La religion occupe une place importante, mais la diversité religieuse de la population s'accompagne de tolérance. Cependant, la situation des Canadiens français est problématique. Ainsi, la langue anglaise domine dans l'affichage commercial. Les tribunaux fonctionnent surtout en anglais, et les avocats canadiens-français parlent une langue farcie d'anglicismes, comme dans d'autres milieux. Dans un « cabinet de lecture », *Tocqueville lit des journaux, dont* Le Canadien *qui a pour devise* Nos institutions, notre langue et nos lois. *Il y trouve un discours nationaliste et revendicateur. Dans ces notes écrites le 27 août, une certaine tristesse gagne Tocqueville, notamment au sortir du tribunal qu'il a visité à Québec. À une époque où s'affirme le leadership politique de Louis-Joseph Papineau, Tocqueville, qui ne le rencon-*

trera qu'en 1839 à Paris, s'étonne de l'absence de chefs nationaux chez les Canadiens français : « Celui qui doit remuer la population française, et la lever contre les Anglais n'est pas encore né. » *Mais, surtout, Tocqueville s'émeut profondément de la situation des Canadiens français :* « Je n'ai jamais été plus convaincu qu'en sortant de là [*du tribunal civil*] que le plus grand et le plus irrémédiable malheur pour un peuple c'est d'être conquis. »

27 août 1831

Le pays entre Montréal et Québec a l'apparence d'être aussi peuplé que nos belles provinces d'Europe. De plus, le fleuve est magnifique. Québec est dans une position très pittoresque, entouré de campagnes riches et fertiles. Je n'ai jamais vu en Europe de tableau plus animé que celui que présentent les environs de Québec.

Toute la population ouvrière de Québec est française. On n'entend parler que du français dans les rues. Cependant, toutes les enseignes sont anglaises ; il n'y a que deux théâtres qui sont anglais. L'intérieur de la ville est laid, mais n'a aucune analogie avec les villes américaines. Il ressemble d'une manière frappante à l'intérieur de la plupart de nos villes de province.

Les villages que nous avons vus aux environs ressemblent extraordinairement à nos beaux villages. On n'y parle que le français. La population y paraît heureuse et aisée. Le sang y est remarquablement plus beau qu'aux États-Unis. La race y est forte, les femmes n'ont pas cet air délicat et maladif qui caractérise la plupart des Américaines.

La religion catholique n'est accompagnée ici d'aucun des accessoires qu'elle a dans les pays du midi de l'Europe où elle règne avec le plus d'empire. Il n'y a point de couvents d'hommes et les couvents de femmes ont des buts d'utilité et donnent des exemples de charité vivement admirés par les Anglais eux-mêmes. On ne voit point de madone sur les chemins. Point d'ornements bizarres et ridicules, point d'ex-votos dans les églises. La religion [est] éclairée et le catholicisme ici n'excite ni la haine ni les sarcasmes des protestants. J'avoue que pour ma part, elle satisfait plus à mon esprit que le protestantisme des États-Unis. Le curé est bien véritablement ici le pasteur du troupeau ; ce n'est point un entrepreneur d'industrie religieuse comme la plupart des ministres américains. Ou il faut nier l'utilité d'un clergé, ou l'avoir comme au Canada.

J'ai été aujourd'hui au cabinet de lecture. Presque tous les journaux imprimés au Canada sont en anglais. Ils ont la dimension à peu près de ceux de Londres. Je ne les ai point encore lus. Il paraît à Québec un journal appelé la *Gazette*, semi-anglais, semi-français ; et un journal absolument français appelé *Le Canadien*. Ces journaux ont à peu près la dimension de nos journaux français. J'en ai lu avec soin plusieurs numéros : ils font une opposition violente au gouvernement et même à tout ce qui est anglais. *Le Canadien* a pour épigraphe : *notre Religion, notre langue, nos lois*. Il est difficile d'être plus franc. Le contenu répond au titre. Tout ce qui peut enflammer les grandes et les petites passions populaires contre les Anglais est relevé avec soin dans ce journal. J'ai vu un article dans lequel on disait que le Canada ne serait jamais heureux jusqu'à ce qu'il eût une administration canadienne de naissance, de principe, d'idées, de préjugés même, et que si le Canada échappait à l'Angleterre, ce ne serait pas pour devenir anglais. Dans ce même journal se trouvaient des pièces de vers français assez jolis. On y rendait compte de distributions de prix où les élèves avaient joué *Athalie*, *Zaïre*, *la Mort de César*. En général le style de ce journal est commun, mêlé d'*anglicismes et de tournures* étranges. Il ressemble beaucoup aux journaux publiés dans le canton de Vaud en Suisse. Je n'ai encore vu dans le Canada aucun homme de talent, ni lu une production qui en fît preuve. Celui qui doit remuer la population française, et la lever contre les Anglais n'est pas encore né.

Les Anglais et les Français se fondent si peu que les seconds gardent exclusivement le nom de Canadiens, les autres continuant à s'appeler Anglais.

Visite à l'un des tribunaux civils de Québec

Nous entrâmes dans une salle spacieuse remplie de gradins sur lesquels se tenait une foule dont toutes les apparences étaient françaises. Au fond de la salle étaient peintes en grand les armes britanniques. Au-dessous de ce tableau était placé le juge en robe et en rabat. Devant lui étaient rangés les avocats.

Au moment où nous parvînmes dans cette salle, on plaidait une affaire de diffamation. Il s'agissait de faire condamner à l'amende un homme qui avait traité un autre de pendard et de crasseux. L'avocat plaidait en anglais. Pendard, disait-il en prononçant le mot avec un accent tout britannique, signifie un homme qui a été pendu. Non, reprenait gravement le juge, mais qui mérite de l'être. À cette parole l'avocat du défendeur se levait avec indignation et plaidait sa cause en français, son adversaire lui répondait en anglais. On s'échauffait de part et d'autre dans les deux langues sans se comprendre sans doute parfaitement. L'Anglais s'efforçait de temps en temps d'exprimer ses idées en français pour suivre de plus près son adversaire ; ainsi faisait aussi parfois celui-ci. Le juge s'efforçait tantôt en français, tantôt en anglais, de remettre l'ordre. Et l'huissier criait : – Silence ! en donnant alternativement à ce mot la prononciation anglaise et française. Le calme rétabli, on produisit des témoins. Les uns baisèrent le Christ d'argent qui couvrait la Bible et jurèrent en français de dire la vérité, les autres firent en anglais le même serment et baisèrent en leur qualité de protestants l'autre côté de la Bible qui était tout uni. On cita ensuite la coutume de Normandie, on s'appuya de Denisart, et on fit mention des arrêts du Parlement de Paris et des statuts du règne de George III. Après quoi le juge : Attendu que le mot *crasseux* emporte l'idée d'un homme sans moralité, sans conduite et sans honneur, condamne le défendeur à dix louis ou dix livres sterling d'amende.

Les avocats que je vis là, et qu'on dit des meilleurs de Québec ne firent preuve de talent ni dans le fond des choses ni dans la manière de les dire. Ils manquent particulièrement de distinction, parlent français avec l'accent normand des classes moyennes. Leur style est vulgaire et mêlé d'*étrangetés* et de locutions anglaises. Ils disent qu'un homme est *chargé* de dix louis pour dire qu'on lui demande dix louis. – Entrez dans la boîte, crient-ils au témoin pour lui indiquer de se placer dans le banc où il doit déposer.

L'ensemble du tableau a quelque chose de bizarre, d'incohérent, de burlesque même. Le fond de l'impression qu'il faisait naître était cependant triste. Je n'ai jamais été plus convaincu qu'en sortant de là que le plus grand et le plus irrémédiable malheur pour un peuple c'est d'être conquis.

11
Conversation avec le député John Neilson

La conversation de Tocqueville avec le député et éditeur John Neilson, le 27 août 1831, est la plus longue rapportée par écrit. Elle paraît aussi la plus substantielle. Par ailleurs, Tocqueville et son compagnon Beaumont rencontrent à plusieurs reprises cet interlocuteur durant leur séjour à Québec. C'est que ce dernier est un personnage important dans la vie politique du Bas-Canada. Né en Écosse, John Neilson (1776-1848) arrive au Canada à vingt et un ans. Prenant la succession de son frère Samuel, il dirige pendant un demi-siècle la Gazette de Québec. *Bien qu'anglophone et protestant, il est très près des Canadiens français et, pendant plusieurs années, un compagnon politique de Louis-Joseph Papineau. Il est député à la Chambre d'assemblée de 1818 à 1833. À ce titre, en 1823 et 1828, il est délégué à Londres pour combattre le projet d'union politique des deux Canadas. Par la suite, il s'éloigne progressivement de Papineau. Élu député sous le régime de l'Union, en 1841, il agit à compter de 1844 comme* « orateur » *(c'est-à-dire président) de l'Assemblée législative. Sa maîtrise de la lan-*

gue française facilite ses échanges avec Tocqueville. Le rapport avec Tocqueville et Beaumont est sans doute très cordial, chaleureux même, car il les accompagne et les guide lors d'excursions dans les environs de Québec, les 28 et 31 août. Dans ses réponses aux questions de Tocqueville, Neilson aborde plusieurs thèmes significatifs. Il explique d'abord l'importance, pour la Grande-Bretagne, de ses colonies canadiennes, importance stratégique par rapport aux États-Unis (il y a eu un conflit armé entre les deux pays en 1812-1814) et importance comme source de matières premières (dont le bois). Cela compense bien les dépenses qu'engage la Grande-Bretagne dans ses colonies. Par ailleurs, pour celles-ci, notamment pour le Bas-Canada, le lien colonial constitue un rempart contre l'annexion et l'assimilation par les États-Unis. Neilson se lance aussi dans un éloge des Canadiens français, particulièrement de la classe paysanne. C'est, dit-il, une « race admirable ». *Les gens témoignent de multiples qualités morales et sociales, dont un fort sentiment d'entraide ; ils sont attachés à leur sol et à leur milieu de vie ; ils sont religieux et tolérants en cette matière ; ils sont stables, sages, modérés en politique et résistants à la corruption que les* « Anglais ont voulu nous imposer ». *Le clergé catholique est très près de la population et participe à sa paisible résistance au pouvoir. À une question précise de Tocqueville, Neilson confirme qu'une immigration française au Bas-Canada serait tout à fait possible. La conversation se prolonge lors d'une visite au village autochtone de L'Ancienne-Lorette. C'est l'occasion pour Tocqueville de méditer de nouveau sur l'impact désastreux de la colonisation européenne sur l'identité et la survie même des autochtones, beaucoup plus menacés que les Canadiens français. De Neilson, Tocqueville entend encore l'idée que l'Amérique du Nord est irréversiblement anglo-saxonne, mais aussi que* « la race française du Canada ne disparaîtra pas ».

M. Neilson est Écossais. Né dans le Canada, allié à des Canadiens, il parle le français avec autant de facilité que sa langue. M. Neilson, quoique étranger, peut être regardé comme un des chefs des Canadiens dans toutes leurs luttes avec le gouvernement anglais. Bien que protestant, il a été nommé constamment depuis quinze ans par les Canadiens membre de la Chambre d'Assemblée. Toutes les mesures favorables à la population canadienne ont trouvé en lui un défenseur ardent. C'est lui et deux autres qui en 1825 (?) ont été envoyés en Angleterre pour le redressement des griefs. M. Neilson est un homme d'un esprit vif et original. Sa naissance et sa position sociale en opposition l'une à l'autre forment quelquefois dans ses idées et dans sa conversation de singuliers contrastes

D. – Que coûte le Canada, année courante, au gouvernement anglais ?

R. – De 200 à 250 000 livres sterling.

D. – Lui rapporte-t-il quelque chose ?

R. – Rien. Les droits perçus par la douane sont employés pour la colonie. Nous nous battrions plutôt que de livrer aux Anglais un sou de notre argent.

D. – Mais quel intérêt l'Angleterre a-t-elle à conserver le Canada ?

R. – L'intérêt qu'ont les grands seigneurs à conserver de grandes possessions qui figurent dans leurs titres, mais leur coûtent de grandes dépenses et leur suscitent souvent de mauvais procès. Cependant on ne peut nier que l'Angleterre n'ait un intérêt indirect à nous conserver ; en cas de guerre avec les États-Unis, le Saint-Laurent est un canal par lequel elle fait pénétrer ses marchandises et ses armées jusqu'au sein de l'Amérique. En cas de guerre avec les peuples du Nord de l'Europe, le Canada lui fournit tous les bois de construction dont elle a besoin. De plus la charge n'est pas aussi onéreuse qu'on le suppose. L'Angleterre est obligée d'avoir l'empire de la mer non pour sa gloire, mais pour son existence. Les dépenses qu'elle est obligée de faire pour arriver à cette suprématie rendent l'occupation de ses colonies beaucoup moins coûteuse pour elle qu'elle ne le serait pour une nation qui n'aurait pour but que la conservation des colonies.

D. – Pensez-vous que les Canadiens secouent bientôt le joug de l'Angleterre ?

R. – Non, à moins que l'Angleterre ne nous y force. Sans cela il est absolument contraire à notre intérêt de nous rendre indépendants. Nous ne formons encore que 600 000 âmes dans le Bas-Canada ; si nous devenions indépendants, nous ne tarderions pas à être enveloppés par les États-Unis. Notre population serait comme écrasée par une masse irrésistible d'émigration. Il faut attendre que nous soyons assez nombreux pour défendre notre nationalité. Alors nous deviendrons le peuple canadien. La population livrée à elle-même augmente ici avec autant de rapidité que celle des États-Unis. Lors de la conquête en 1763 nous n'étions que 60 000.

D. – Pensez-vous que la race française parvienne jamais à se débarrasser de la race anglaise ? (Cette question fut faite avec précaution, attendu la naissance de l'interlocuteur).

R. – Non. Je crois que les deux races vivront et se mêleront sur le même sol et que l'anglais restera la langue officielle des affaires. L'Amérique du Nord sera anglaise, la fortune a prononcé. Mais la race française du Canada ne disparaîtra pas. L'amalgame n'est pas aussi difficile à faire que vous le pensez. Ce qui maintient surtout votre langue ici, c'est *le clergé*. Le clergé forme la seule classe *éclairée et intellectuelle qui ait besoin* de parler français et qui le parle avec pureté.

D. – Quel est le caractère du paysan canadien ?

R. – C'est à mon avis une race admirable. Le paysan canadien est simple dans ses goûts, très tendre dans ses affections de famille, très pur dans ses mœurs, remarquablement *sociable*, poli dans ses manières ; avec cela très propre à résister à l'oppression, indépendant et guerrier, nourri dans l'esprit d'égalité. L'opinion publique a ici une force incroyable. Il n'y a pas d'autorité dans les villages, cependant l'ordre public s'y maintient mieux que dans aucun autre pays du monde. Un homme commet-il une faute, on s'éloigne de lui, il faut qu'il quitte le village. Un vol est-il commis, on ne dénonce pas le coupable, mais il est déshonoré et obligé de fuir. On n'a pas vu d'exécution capitale au Canada depuis dix ans. Les enfants naturels sont une chose à peu près inconnue dans nos campagnes.

Je me rappelle la conversation de XX (j'ai oublié le nom) ; depuis deux cents ans on n'en avait pas vu un seul ; il y a dix ans un Anglais étant venu s'y établir, séduisit une fille ; le scandale fut affreux.

Le Canadien est tendrement attaché au sol qui l'a vu naître, à son clocher, à sa famille. C'est ce qui fait qu'il est si difficile de l'engager à aller chercher fortune ailleurs. De plus, comme je le disais, il est éminemment *social*; les réunions amicales, l'office divin en commun, l'assemblée à la porte de l'église, voilà ses seuls plaisirs. Le Canadien est profondément religieux, il paie la dîme sans répugnance. Chacun pourrait s'en dispenser en se déclarant protestant, on n'a point encore d'exemple d'un pareil fait. Le clergé ne forme ici qu'un corps compact avec le peuple. Il partage ses idées, il entre dans ses intérêts politiques, il lutte avec lui contre le pouvoir. Sorti de lui, il n'existe que pour lui. On l'accuse ici d'être *démagogue*. Je n'ai pas entendu dire qu'on fît le même reproche aux prêtres catholiques en Europe. Le fait est qu'il est libéral, éclairé et cependant profondément croyant, ses mœurs sont exemplaires. Je suis une preuve de sa tolérance : protestant, j'ai été nommé dix fois par des catholiques à notre Chambre des Communes et jamais je n'ai entendu dire que le moindre préjugé de religion ait été mis en avant contre moi par qui que ce soit. Les prêtres français qui nous arrivent d'Europe, semblables aux nôtres pour leurs mœurs, leur sont absolument différents pour la tendance politique.

Je vous ai dit que parmi les paysans canadiens il existait un grand esprit de sociabilité. Cet esprit les porte à s'entraider les uns les autres dans toutes les circonstances critiques. Un malheur arrive-t-il au champ de l'un d'eux, la commune tout entière se met ordinairement en mouvement pour le réparer. Dernièrement la grange de XX vint à être frappée du tonnerre : cinq jours après elle était rebâtie par les voisins sans frais.

D. – Il existe ici quelques restes de féodalité ?

R. – Oui, mais si légers qu'ils sont presque inaperçus : 1° Le seigneur reçoit pour les terres qu'il a originairement concédées une rente presque insignifiante. C'est 6 à 8 francs par exemple pour 90 arpents. 2° On est obligé de faire moudre à son moulin, mais il ne peut demander plus d'un prix fixé par la loi et qui est au-dessous de celui qu'on paye aux États-Unis avec la liberté et la concurrence. 3° Il y a des droits *de lods et ventes*, c'est-à-dire que, quand le propriétaire d'une terre inféodée la vend, il est obligé de donner le douzième du prix au seigneur. Cette charge serait assez pesante si l'esprit dominant de la population n'était pas de rester invinciblement attaché au sol. Tels sont tous les restes du système féodal au Canada. Du reste, le seigneur n'a point de droits honorifiques, point de privilèges. Il n'y a point de noblesse et il ne peut y en avoir. Ici comme aux États-Unis, il faut travailler pour vivre. On ne trouve point de fermiers. Le seigneur est donc ordinairement lui-même un cultivateur. Et cependant, quel que soit le pied d'égalité sur lequel sont maintenant placés les seigneurs, la population ne les voit pas sans quelque crainte et jalousie. Ce n'est qu'en embrassant le parti populaire que quelques-uns d'entre eux sont parvenus à se faire élire à la Chambre des Communes. Les paysans se souviennent de l'état de sujétion dans lequel on les tenait sous le gouvernement français. Il y a surtout un mot qui est resté dans leur mémoire comme un épouvantail politique, c'est la *taille*. Ils ne savent plus précisément quel est le sens du mot, mais il représente toujours pour eux une chose insupportable. Je suis convaincu qu'ils prendraient les armes si on voulait établir une taxe quelconque à laquelle on donnât ce nom.

D. – Quelles sont les conditions d'éligibilité pour arriver à votre Chambre des Communes ?

R. – Il n'y en a point.

D. – Qui est électeur dans les campagnes ?

R. – Celui qui a 41 livres de revenu foncier est électeur.

D. – Ne craignez-vous rien d'une si grande masse d'électeurs ?

R. – Non. Tout ce peuple est propriétaire, il est religieux, aime l'ordre, ses choix sont bons et quoiqu'il prenne un grand intérêt aux élections, elles ne sont presque jamais accompagnées de troubles. Les Anglais ont voulu nous importer leur système de corruption, mais il a complètement échoué contre la moralité et l'honneur de nos paysans.

D. – Où en est l'instruction primaire ?

R. – C'est une longue histoire. Du temps des Français, il n'y avait point d'instruction. Le Canadien avait toujours les armes à la main. Il ne pouvait passer son temps à l'école. Après la conquête, les Anglais ne se sont occupés que des leurs. Il y a vingt ans le gouvernement a voulu établir l'instruction, mais il s'y est pris maladroitement. Il a choqué les préjugés religieux. Il a fait croire qu'il voulait s'emparer de l'instruction et la diriger en faveur du protestantisme. C'est ce que *nous* avons dit au moins, et le projet a échoué. Les Anglais ont dit que le clergé catholique voulait retenir le peuple dans l'ignorance. On ne disait la vérité de part ni d'autre, mais c'est là le langage des partis. Il y a quatre ans notre Chambre des Communes aperçut clairement que si la population canadienne ne s'éclairait pas, elle finirait par se trouver entièrement absorbée par une population étrangère qui s'élevait à côté et au milieu d'elle. On fit des exhortations, on donna des encouragements, on forma des fonds, on nomma enfin des inspecteurs des écoles. J'en suis un et je reviens de faire ma tournée. Rien n'est plus satisfaisant que le rapport que j'ai à faire. L'impulsion est donnée. La population saisit avec une remarquable activité l'occasion de s'instruire. Le clergé nous aide de tous ses efforts. Déjà nous avons dans nos écoles la moitié des enfants, 50 000 environ. Dans deux ou trois ans, je ne doute pas que nous ne les ayons *tous*. J'espère qu'alors la race canadienne commencera à quitter les bords du fleuve et à s'avancer vers l'intérieur. Jusqu'à présent nous nous étendons à peu près 120 lieues le long des deux rives du Saint-Laurent, mais cette ligne a rarement dix lieues de large. Au-delà cependant se trouvent des terres excellentes, qu'on donne presque toujours pour rien (ceci est à la lettre) et qu'on peut facilement cultiver (le prix de la main-d'œuvre est 3 francs dans les villes, moins dans les campagnes). La nourriture est très bon marché. Le paysan canadien fait lui-même tous les objets de nécessité : il fait ses souliers, ses habits, toutes les étoffes de laine qui le couvrent (je l'ai *vu*).

D. – Pensez-vous que des Français pussent venir s'établir ici ?

R. – Oui. Notre Chambre des Communes a passé une loi il y a un an pour abolir la législation *d'aubaine*. Au bout de sept ans de résidence, l'étranger est Canadien et jouit des droits de citoyen.

Nous allâmes voir avec M. Neilson le village de Lorette à trois lieues de Québec, fondé par les jésuites.

M. Neilson nous montra l'ancienne église fondée par les jésuites et nous dit: La mémoire des jésuites est adorée ici. Les maisons des Indiens étaient fort propres. Eux-mêmes parlaient le français et avaient une apparence presque européenne bien que leur costume fût différent. Presque tous sont de sang mêlé. Je m'étonnais de ne pas les voir cultiver la terre. Bah! me dit M. Neilson, ce sont des gentilshommes que ces Hurons-là, ils croiraient se déshonorer en travaillant. Gratter la terre comme des bœufs, disent-ils, cela ne convient qu'à des Français ou des Anglais. Ils vivent encore de la chasse et des petits ouvrages que font leurs femmes.

D. – Est-il vrai que les Indiens aient une prédilection pour les Français?

R. – Oui, c'est incontestable. Le Français qui est peut-être le peuple qui garde le plus en définitive sa trace originelle, est cependant celui qui se plie le plus facilement pour un temps aux mœurs, aux idées, aux préjugés de celui chez lequel il vit. C'est en devenant sauvages que vous avez obtenu des sauvages un attachement qui dure encore.

D. – Que sont donc devenus les Hurons qui ont montré un attachement si constant aux Français et ont joué un si grand rôle dans l'histoire de la colonie?

R. – Ils se sont fondus peu à peu. C'était cependant la plus grande nation indienne de ce continent. Elle pouvait mettre jusqu'à 60 000 hommes sous les armes. Vous en voyez le reste. On pense que presque tous les sauvages de l'Amérique du Nord ont la même origine. Il n'y a que les Esquimaux de la baie d'Hudson qui appartiennent évidemment à une autre race. Là, tout est différent: langue, canots… je vous parlais tout à l'heure de votre aptitude à devenir sauvages. Nous avions surtout au Canada une race d'hommes maintenant presque éteinte qui excellait sur ce point. C'étaient les agents du commerce de fourrures connus sous le nom de *Voyageurs*. Ils se recrutaient dans toute la population. Je ne crois pas que l'intrépidité et l'esprit d'aventure aient jamais été poussés si loin. Ils étonnaient et subjuguaient les Indiens eux-mêmes dans leurs forêts.

*

* *

M. Richard, curé catholique, est envoyé au Congrès par une population protestante. M. Neilson, protestant, est envoyé aux Communes du Canada par une population catholique. Ces faits prouvent-ils que la religion est mieux entendue ou que sa force s'épuise ? Ils prouvent, je crois, l'un et l'autre.

27 août

12
Excursions aux environs de Québec

À trois reprises, Tocqueville visite, avec Beaumont, les environs de Québec, ce qui lui inspire plusieurs observations et réflexions. Les visites du 28 et du 31 août s'effectuent en compagnie de John Neilson, mais non celle du 29 août (que, pour sa part, Beaumont date plutôt du 28) qui se fait sans cicérone. L'historien américain George Wilson Pierson, qui a minutieusement reconstitué l'itinéraire de Tocqueville et Beaumont en Amérique du Nord, prend ombrage de cette excursion sans guide. Il affirme que celle-ci devait fournir aux deux visiteurs l'occasion de s'entretenir sans témoins avec des Canadiens français pour mesurer ou même leur suggérer la possibilité d'une lutte pour l'indépendance. Pierson décrit Tocqueville et Beaumont comme des « instigateurs de révolution », *leur communauté de sang avec les Canadiens français leur rendant insupportable la sujétion prolongée de cette population à la puissance britannique*[1]*. Un récent biographe français formule un propos plus nuancé que Pierson en tirant de la conduite et des écrits de Tocqueville la conclusion qu'il aurait exprimé, bien avant le général de Gaulle* *lui-même, un* « Vive le Québec libre[2] ». *Les écrits de Tocqueville sont-ils indûment sollicités ? Il est vrai que Tocqueville s'inquiète beaucoup de l'avenir collectif des Canadiens français, qu'il s'inquiète aussi de la croissance démographique certaine de la communauté anglaise et du poids des États-Unis. Surtout, il s'interroge sur la capacité du peuple de prendre clairement conscience de sa situation et de la menace qui pèse sur lui et de passer à une affirmation plus résolue. D'une part, Tocqueville considère que* « tout annonce que le réveil de ce peuple approche ». *Mais, d'autre part, il constate qu'* « un homme de génie qui comprendrait, sentirait et serait capable de développer les passions nationales du peuple aurait ici un admirable rôle à jouer. Il deviendrait bientôt l'homme le plus puissant de la colonie. » *Il ajoute avec regret :* « Mais je ne le vois encore nulle part. » – *ce qui justifie de penser qu'il n'a pas connu, lors de sa visite, Louis-Joseph Papineau.*

Quelle que soit l'interprétation qu'il convient de donner de la conduite de Tocqueville et de Beaumont lors de leur excursion sans guide – cette question se débat sur un terrain fragile vu l'absence de témoignages des personnes avec lesquelles ils ont discuté –, les journées d'excursion dans les campagnes avoisinant Québec sont importantes et se reflètent dans les écrits correspondants. La pensée de Tocqueville sur le Bas-Canada s'affirme et s'affine. Les observations en date des 28 et 31 août brossent un portrait élogieux des paysans canadiens-français : ils savent cultiver efficacement leurs terres, les maisons « respirent l'aisance », *elles sont même* « universellement bien bâties » *et propres, les gens sont aimables et d'un commerce agréable, distingués, la population* « inférieure aux Américains en lumières, mais supérieure quant aux qualités de cœur ».

Les notes consécutives à l'excursion sans guide du 29 août, tout en reprenant des éléments de celles de la veille, sont résolument politiques. Tocqueville déplore la relative passivité ou la prudence du peuple quant à son destin collectif. D'une part, « ils sentent évidemment leur position de peuple vaincu », *mais réagissent avec fatalisme ou apathie. D'autre part, Tocqueville croit déceler une fracture importante dans la nation canadienne-française. Il y a la masse du peuple qui fait confiance à ses élites et à ses représentants à la Chambre d'assemblée. Mais les classes* « intermédiaires et supérieures » *apparaissent à Tocqueville comme jouant un rôle ambigu : se peut-il qu'elles* « abandonnent les basses classes et se laissent entraîner dans le mouvement anglais » *? Cela, dit-il, perdrait la race française en Amérique. Entre le gros de la population canadienne-française et le pouvoir britannique, il se trouve une* « classe d'hommes qui forme la transition entre le Français et l'Anglais ». *Cette classe se compose d'Anglais, soit liés à des Canadiennes françaises, soit opposés au pouvoir britannique, et aussi de Français. Le député John Neilson en est un exemple. Cette classe sociale composite apparaît à Tocqueville* « anglaise de mœurs, d'idées, de langue ». *Si elle en venait à s'imposer et à ravir le leadership à l'élite plus nationaliste, la nationalité canadienne-française* « serait perdue sans retour ». *De telles observations dénotent la lucidité de Tocqueville au regard du destin futur du Bas-Canada francophone en même* *temps qu'elles reflètent son inquiétude profonde à ce sujet.*

28 août 1831

M. Neilson est venu nous chercher aujourd'hui pour nous mener voir le pays. (Quant à M. Neilson, son caractère et sa position, voyez la conversation.) Le résultat de cette promenade a été on ne saurait plus favorable à la population canadienne. Nous avons trouvé des terres bien cultivées, des maisons qui respirent l'aisance. Nous sommes entrés dans plusieurs. La grande salle est garnie de lits excellents, les murs sont peints en blanc. Les meubles très propres. Un petit miroir, une croix ou quelques gravures représentant des sujets de l'Écriture Sainte complètent l'ensemble. Le paysan est fort, bien constitué, bien vêtu. Son abord a la cordialité franche qui manque à l'Américain : il est poli sans servilité et vous reçoit sur le pied de l'égalité mais avec prévenance. Ceux mêmes chez lesquels nous avons été avaient dans leurs manières quelque chose de distingué qui nous a frappés. (Il est vrai qu'on nous conduisit chez les premières familles du village.) Au total, cette race d'hommes nous a paru inférieure aux Américains en lumières, mais supérieure quant aux qualités de cœur. On ne sent ici en aucune façon cet esprit mercantile qui paraît dans toutes les actions comme dans tous les discours de l'Américain. La raison des Canadiens est peu cultivée, mais elle est simple et droite, ils ont incontestablement moins d'idées que leurs voisins, mais leur sensibilité paraît plus développée ; ils ont une vie de cœur, les autres de tête.

29 août

Aujourd'hui nous sommes montés à cheval pour aller visiter la campagne sans guide.

Dans la commune de Beaufort [*sic*: Beauport], à deux lieues de Québec, nous avons vu le peuple sortir de l'église. Sa mise annonçait la plus grande aisance. Ceux qui appartenaient à un hameau éloigné s'en retournaient en voiture. Nous nous sommes écartés dans les sentiers et nous avons causé avec tous les habitants que nous avons rencontrés, tâchant de faire porter la conversation sur des sujets graves. Voici ce qui nous a paru résulter de ces conversations :

1° Il règne quant à présent une grande aisance parmi eux. La terre aux environs de Québec se vend extrêmement cher, aussi cher qu'en France, mais aussi elle rapporte beaucoup.

2° Les idées de cette population semblent encore peu développées. Cependant, ils sentent déjà très bien que la race anglaise s'étend autour d'eux d'une manière alarmante ; qu'ils ont tort de se renfermer dans un rayon au lieu de s'étendre dans le pays encore libre. Leur jalousie est vivement excitée par l'arrivée journalière des nouveaux-venus d'Europe. Ils sentent qu'ils finiront par être absorbés. On voit que tout ce qu'on dit à ce sujet remue leurs passions, mais ils ne voient pas clairement le remède. Les Canadiens craignent trop de quitter la vue du clocher, ils ne sont pas assez malins. – Oh ! vous avez bien raison, mais que voulez-vous faire ? Telles sont leurs réponses. Ils sentent évidemment leur position de peuple vaincu, ne comptent point sur la bienveillance, non pas précisément du gouvernement, mais des Anglais. Toutes leurs espérances se rattachent à leurs représentants.

Ils paraissent avoir pour eux et particulièrement pour M. Neilson – Il est cependant Anglais, nous disaient-ils comme avec étonnement ou regret – cet attachement exalté qu'ont en général les peuples opprimés pour leur protecteur. Plusieurs nous ont paru parfaitement comprendre les besoins de l'instruction et se réjouir vivement de ce qu'on venait de faire en sa faveur. Au total cette population nous a paru capable d'être dirigée quoique encore incapable de se diriger elle-même. Nous arrivons au moment de la crise. Si les Canadiens ne sortent pas de leur apathie d'ici à vingt ans, il ne sera plus temps d'en sortir. Tout annonce que le réveil de ce peuple approche. Mais si dans cet effort les classes intermédiaires et supérieures de la population canadienne abandonnent les basses classes et se laissent entraîner dans le mouvement anglais, la race française est perdue en Amérique. Et ce serait en vérité dommage car il y a ici tous les éléments d'un grand peuple. Les Français d'Amérique sont aux Français de France ce que les Américains sont aux Anglais. Ils ont conservé la plus grande partie des traits originaux du caractère national, et l'ont mêlé avec plus de moralité et de simplicité. Ils sont débarrassés comme eux d'une foule de préjugés et de faux points de départ qui font et feront peut-être toujours les misères de l'Europe. En un mot ils ont en eux tout ce qu'il faudrait pour créer un grand souvenir de la France dans le Nouveau Monde. Mais parviendront-ils jamais à reconquérir complètement leur nationalité ? C'est ce qui est probable sans malheureusement être assuré. Un homme de génie qui comprendrait, sentirait et serait capable de développer les passions nationales du peuple aurait ici un admirable rôle à jouer. Il deviendrait bientôt l'homme le plus puissant de la colonie. Mais je ne le vois encore nulle part.

Il existe déjà à Québec une classe d'hommes qui forme la transition entre le Français et l'Anglais : ce sont des Anglais alliés à des Canadiens, des Anglais mécontents de l'administration, des Français en place. Cette classe est représentée dans la presse périodique par la *Gazette de Québec*, mélange de français et d'anglais, dans les assemblées politiques par M. Neilson et probablement plusieurs autres que nous ne connaissons pas. C'est elle que je crains le plus pour le sort futur de la population canadienne. Elle n'excite ni sa jalousie, ni ses passions. Au contraire elle est plus canadienne qu'anglaise d'intérêt parce qu'elle fait de l'opposition au gouvernement. Au fond, cependant, elle est anglaise de mœurs, d'idées, de langue. Si elle prenait jamais la place des hautes classes et des classes éclairées parmi les Canadiens, la nationalité de ceux-ci serait perdue sans retour. Ils végéteraient comme les Bas-Bretons en France. Heureusement la religion met un obstacle aux mariages entre les deux races, et crée dans le clergé une classe éclairée qui a intérêt à parler français et à se nourrir de la littérature et des idées françaises.

Nous avons pu apercevoir dans nos conversations avec le peuple de ce pays-ci un fond de haine et de jalousie contre les seigneurs. Les seigneurs cependant n'ont pour ainsi dire point de droits, ils sont peuple autant qu'on peut l'être et réduits presque tous à cultiver la terre. Mais l'esprit d'égalité de la démocratie est vivant là comme aux États-Unis, bien qu'il ne soit pas si raisonneur. J'ai retrouvé au fond du cœur de ces paysans les passions politiques qui ont amené notre Révolution et causent encore tous nos malheurs. Ici, elles sont inoffensives ou à peu près, parce que rien ne leur résiste. Nous avons cru remarquer aussi que le paysan ne voyait pas sans peine le droit que le clergé avait de prélever la dîme, et ne considérait pas sans envie la richesse que cet impôt met dans les mains de quelques ecclésiastiques. Si la religion perd jamais son empire au Canada, c'est par cette brèche-là que l'ennemi entrera.

Comme le Français, le paysan canadien a l'esprit gai et vif, il y a presque toujours quelque chose de piquant dans ses reparties. Je demandais un jour à un cultivateur pourquoi les Canadiens se laissaient resserrer dans des champs étroits, tandis qu'ils pouvaient trouver à vingt lieues de chez eux des terres fertiles et incultes. – Pourquoi, me répondit-il, aimez-vous mieux votre femme, quoique celle du voisin ait de plus beaux yeux ? J'ai trouvé qu'il y avait un sentiment réel et profond dans cette réponse.

Les gazettes françaises au Canada contiennent tous les jours de petits morceaux de littérature en prose ou en vers, ce qui ne se rencontre jamais dans les vastes colonnes des journaux anglais. Cette versification a l'ancien caractère de la versification française. Elle a un tour simple et naïf fort éloigné de nos grands mots, de l'emphase et de la simplicité affectée de notre littérature actuelle, mais elle roule sur de petites ou de vieilles idées.

31 août 1831

Nous avons été aujourd'hui avec M. Neilson et un Canadien nommé M. Viger sur la rive droite du Saint-Laurent jusqu'au village de Saint-Thomas situé à 10 lieues de Québec. C'est le point où le Saint-Laurent prend une largeur de 7 lieues, largeur qu'il conserve pendant l'espace de 50 lieues. Toutes les campagnes que nous avons parcourues sont admirables de fertilité ; jointes au Saint-Laurent et aux montagnes du Nord, elles forment le plus complet et le plus magnifique tableau. Les maisons sont *universellement* bien bâties. Elles respirent toutes un air d'aisance et de propreté. Les églises sont riches, mais riches de très bon goût. Leur décoration intérieure ne serait pas déplacée dans nos villes. Remarquez que c'est la commune elle-même qui s'impose pour établir son église. Dans cette portion du Canada, on n'entend point l'anglais. La population n'est que française, et cependant lorsqu'on rencontre une auberge, ou un marchand, son enseigne est en anglais.

M. Neilson nous disait aujourd'hui en parlant des Indiens : Ces peuples disparaîtront complètement, mais ils succomberont victimes de la hauteur de leur âme. Le dernier d'entre eux se croit au moins l'égal du gouverneur de Québec. Ils ne se plieront point à la civilisation, non parce qu'ils sont incapables de faire comme nous, mais parce qu'ils méprisent notre manière de vivre et se jugent nos supérieurs.

13
Remarques générales sur le Bas-Canada

Tocqueville et Beaumont quittent Québec en direction de Montréal le 31 août 1831. Pendant qu'ils naviguent sur le vapeur Richelieu, *Tocqueville formule un certain nombre de* « remarques générales ». *Il utilise, pour ce faire, un* « cahier alphabétique », *alors qu'en d'autres circonstances, par exemple lorsqu'il se déplace beaucoup, il se sert de* « cahiers portatifs » *de type agenda. Comme l'appellation l'indique, les cahiers alphabétiques rassemblent, sous des rubriques disposées selon l'ordre alphabétique, des synthèses conceptuelles ou des analyses méthodiques plutôt que des notes de circonstance.*

Au moment où s'achève son séjour, Tocqueville s'efforce de dégager les grandes lignes de sa compréhension du Bas-Canada. Le pays et sa population sont travaillés par plusieurs phénomènes structurants. Il y a certainement dans le pays deux nations. L'une, la française, détient une supériorité démographique considérable (« dix contre un »*) à laquelle s'ajoutent d'autres facteurs de force et de permanence : la concentration sur un territoire délimité, ce qui en fait* « un corps de nation distinct »*; le contrôle qu'elle* *exerce sur la Chambre d'assemblée (64 des 84 députés sont français) ; la vigueur de son identité culturelle, qui fait de ses membres des* « Français trait pour trait » *et qui, dans les villes, les garde à distance des Anglais ; l'existence de journaux de langue française ; la présence en son sein d'un clergé catholique instruit qui est près du peuple et le comprend bien ; de solides assises économiques dans l'agriculture. Ces facteurs de force inclinent Tocqueville à* « parier que le Bas-Canada finira par devenir un peuple entièrement français ». *La population a plusieurs atouts pour préserver son identité française. Cependant, rien n'est absolument certain. D'une part, il y a, au Bas-Canada, une autre nation, l'anglaise, qui ne manque pas de forces. La nation anglaise jouit de la sympathie du gouvernement, local et impérial ; elle domine largement dans le commerce, tant extérieur qu'intérieur ; elle pénètre même l'activité agricole ; surtout, elle a la force du nombre car, comme le disait John Neilson, la fortune a voulu que l'*« Amérique du Nord soit anglaise ». *D'autre part, Tocqueville croit déceler, dans la population canadienne-française, des facteurs de désunion et de faiblesse. En premier lieu, dans la classe supérieure,* « plusieurs ne [lui] ont pas paru éloignés de se fondre avec les Anglais », *pour autant qu'ils se* « canadianisent » *davantage. En second lieu, le clergé a une position politique ambiguë : il est près du peuple, mais témoigne aussi de loyalisme envers la monarchie britannique. Tocqueville sait qu'il y a eu des projets d'union des deux colonies que l'opposition populaire a fait échouer ; mais, obscurément, il semble soupçonner que cela pourrait de nouveau constituer une menace mortelle pour le Bas-Canada.*

Ainsi, au terme de son séjour au Bas-Canada, Tocqueville part avec des sentiments partagés sur l'avenir de la population canadienne-française. Cela réapparaîtra dans ses écrits ultérieurs.

1er septembre 1831

Nous avons remarqué par les conversations que nous avons eues avec plusieurs Canadiens que leur haine se dirigeait plus encore contre le gouvernement que contre la race anglaise en général. Les instincts du peuple sont contre les Anglais, mais beaucoup de Canadiens appartenant aux classes éclairées ne nous ont pas paru animés, au degré que nous croyions, du désir de conserver intacte la trace de leur origine, et de devenir un peuple entièrement à part. Plusieurs ne nous ont pas paru éloignés de se fondre avec les Anglais, si ceux-ci voulaient adopter les intérêts du pays. Il est donc à craindre qu'avec le temps et surtout l'émigration des Irlandais catholiques, la fusion ne s'opère. Et elle ne peut s'opérer qu'au détriment de la race, de la langue et des mœurs françaises.

Cependant il est certain :

1. Le Bas-Canada (heureusement pour la race française) forme un État à part. Or, dans le Bas-Canada la population française est à la population anglaise dans la proportion de dix contre un. Elle est compacte. Elle a son gouvernement, son Parlement à elle. Elle forme véritablement un corps de nation distinct. Dans le Parlement composé de quatre-vingt-quatre membres, il y a soixante-quatre Français et vingt Anglais.

2. Les Anglais jusqu'à présent se sont toujours tenus à part. Ils soutiennent le gouvernement contre la masse du peuple. Tous les journaux français font de l'opposition, tous les journaux anglais sont ministériels, à l'exception d'un seul, *The Vindicator*, à Montréal ; encore a-t-il été fondé par des Canadiens.

3. Dans les villes, les Anglais et les Canadiens forment deux sociétés. Les Anglais affichent un grand luxe ; il n'y a parmi les Canadiens que des fortunes très bornées ; de là, jalousie, tracasseries de petite ville.

4. Les Anglais ont dans les mains tout le commerce extérieur et dirigent en chefs tout le commerce intérieur. De là encore jalousie.

5. Les Anglais s'emparent tous les jours de terres que les Canadiens croyaient réservées à leur race.

6. Enfin les Anglais se montrent au Canada avec tous les traits de leur caractère national, et les Canadiens ont conservé tous les traits du caractère français.

Il y a donc fort à parier que le Bas-Canada finira par devenir un peuple entièrement français. Mais ce ne sera jamais un peuple nombreux. Tout deviendra anglais autour de lui. Ce sera une goutte dans l'océan. J'ai bien peur que, comme le disait M. Neilson avec sa franchise brusque, la fortune n'ait en effet prononcé et que l'Amérique du Nord ne soit anglaise.

2 septembre 1831

Nous avons vu un très grand nombre d'ecclésiastiques depuis que nous sommes dans le Canada.

Il nous a semblé qu'ils formaient évidemment la première classe parmi les Canadiens. Tous ceux que nous avons vus sont instruits, polis, bien élevés. Ils parlent le français avec pureté. En général ils sont plus distingués que la plupart de nos curés de France. On voit dans leur conversation qu'ils sont *tout canadiens*. Ils sont unis de cœur et d'intérêts à la population et discutent très bien ses besoins. Ils nous ont paru cependant en général avoir des sentiments de *loyauté* envers le roi d'Angleterre, et soutenir en général le principe de la légitimité. Cependant l'un d'eux me disait : Nous avons tout à espérer maintenant, le ministère est *démocrate*. Ils font aujourd'hui de l'opposition, ils feraient certainement de la rébellion si le gouvernement devenait tyrannique. *Somme toute*, ce peuple-ci ressemble prodigieusement au peuple français. Ou plutôt ce sont encore des Français, trait pour trait, et conséquemment parfaitement différents des populations anglaises qui les environnent. Gais, vifs, railleurs, aimant la gloire et le bruit, intelligents, éminemment sociables, leurs mœurs sont douces et leur caractère serviable. Le peuple est en général plus moral, plus hospitalier, plus religieux qu'en France. Il n'y a qu'au Canada qu'on puisse trouver ce qu'on appelle un *bon enfant* en France. L'Anglais et l'Américain sont ou *grossiers* ou *glacés*.

Un paysan me disait : Si on en vient jamais aux mots, les Anglais ne sont pas blancs.

2 septembre 1831

Il y a cinq ou six ans, le gouvernement anglais a voulu réunir tout le Canada dans une seule assemblée. C'était la mesure la plus propre à dissoudre entièrement la nation canadienne, aussi tout le peuple s'est-il réveillé tout à coup et c'est depuis ce temps qu'il connaît sa force.

Plusieurs curés m'ont dit que dans leur commune il n'y avait pas un seul individu parlant l'anglais. Eux-mêmes ne l'entendaient point et nous prenaient pour interprètes.

La nomination des officiers de milice appartient au gouvernement, mais la Chambre d'assemblée ayant décidé que pour être officier de milice il fallait résider sur le lieu de son commandement, le résultat a été de mettre la direction de la force armée presque exclusivement dans les mains des Canadiens.

Un Canadien me disait aujourd'hui que dans la Chambre d'assemblée les discussions étaient vives, emportées, et que souvent on prenait des résolutions précipitées dont on se repentait quand la tête était refroidie. Ne croirait-on pas entendre parler d'une Chambre française ?

14
Premier bilan du voyage au Bas-Canada

Faisant route vers Boston, Tocqueville s'arrête à Albany (New York) où il écrit, le 7 septembre 1831, à son vieux précepteur, l'abbé Lesueur. Il ignore que ce dernier est décédé au mois de juin précédent et qu'il ne lira donc jamais sa lettre. Empruntant un ton familier et affectueux, Tocqueville profite de cette lettre pour faire un premier bilan de son expérience au Bas-Canada. Il revient donc sur des thèmes familiers. La nature est à la fois pittoresque et grandiose, particulièrement le Saint-Laurent. Mais l'essentiel de la lettre traite de la population française que Tocqueville a découverte au Bas-Canada. Il en brosse un portrait généreux et flatteur, reprenant de façon synthétique ses observations antérieures. Dans cette lettre encore, Tocqueville décrit ses hôtes comme « des Français trait pour trait ». *De l'ensemble de ses observations, Tocqueville tire l'idée que le Bas-Canada est plus semblable à la France de l'Ancien Régime qu'à la France issue de la Révolution :* « La vieille France est au Canada ; la nouvelle est chez nous. » *Tocqueville s'émeut ainsi de découvrir ce peuple qui, malgré une longue subordination à l'Empire britannique, a conservé son identité culturelle intacte. Cette découverte de la nation canadienne-française est certainement une expérience centrale du périple nord-américain de Tocqueville. Si elle n'a pas donné lieu à des développements conceptuels aussi majestueux, profonds et lucides que l'observation de la démocratie américaine, elle a par contre atteint l'homme au cœur même de ce qui constitue sa propre identité française.*

Albany, 7 septembre 1831

Jugez du plaisir que j'ai éprouvé en arrivant ici, mon bon ami, lorsque j'ai trouvé un paquet de lettres contenant la correspondance du 20 et du 30 juin. J'étais extrêmement inquiet des affaires publiques et de vous. Les lettres m'ont appris, en effet, que vous aviez été très souffrant et que vous l'étiez encore un peu au départ du courrier. Je grille maintenant de lire les lettres du 10 et du 20 juillet. Je sais qu'elles sont en Amérique. Mais on me les a envoyées à Boston, où nous serons dans deux jours. Ce n'est qu'arrivé là que je pourrai avoir les bulletins ultérieurs de votre santé.

Il me tarde bien, je vous assure, de les connaître. Je ne puis vous dire, mon bon ami, quel plaisir j'éprouve à me trouver enfin en communication réelle avec vous. Jusqu'à présent il n'y avait que l'un de nous deux qui parlait. Nous causons maintenant. Tous les détails qu'on me donne sur la manière dont a été reçue ma dernière lettre me font un plaisir extrême. Donnez-moi toujours beaucoup de particularités ; ne craignez pas les petits riens. Ce sont de grandes choses à deux mille lieues...

Nous venons de faire une immense tournée dans l'ouest et le nord de l'Amérique. La dernière quinzaine a été consacrée à visiter le Canada. Lors de ma précédente lettre, je ne croyais pas faire ce voyage. Le manque de nouvelles politiques nous était devenu si insupportable, que nous comptions gagner Albany en droiture. Heureusement nous avons appris en route des nouvelles de France, et nous avons cru pouvoir disposer encore de huit jours pour descendre le Saint-Laurent. Nous nous félicitons beaucoup maintenant d'avoir entrepris ce voyage. Le pays que nous venons de parcourir est, par lui-même, très pittoresque. Le Saint-Laurent est le plus vaste fleuve qui existe au monde. À Québec il est déjà très large: un peu plus bas, il a sept lieues d'un bord à l'autre, et il conserve la même largeur pendant cinquante lieues encore. Il prend alors quinze, vingt, trente lieues, et se perd enfin dans l'Océan. C'est comme qui dirait la Manche roulant dans l'intérieur des terres. Cet immense volume d'eau n'a rien du reste qui surprenne, lorsqu'on songe que le Saint-Laurent sert seul d'écoulement à tous les grands lacs, depuis le Supérieur jusqu'au lac Ontario. Ils se tiennent tous comme une grappe de raisin, et aboutissent enfin à la vallée du Canada.

Mais ce qui nous a intéressés le plus vivement au Canada, ce sont ses habitants. Je m'étonne que ce pays soit si inconnu en France. Il n'y a pas six mois, je croyais, comme tout le monde, que le Canada était devenu complètement anglais. J'en étais toujours resté au relevé de 1763, qui n'en portait la population française qu'à 60 000 personnes. Mais depuis ce temps, le mouvement d'accroissement a été là aussi rapide qu'aux États-Unis, et aujourd'hui il y a dans la seule province du Bas-Canada 600 000 descendants de Français. Je vous réponds qu'on ne peut leur contester leur origine. Ils sont aussi Français que vous et moi. Ils nous ressemblent même bien plus que les Américains des États-Unis ne ressemblent aux Anglais. Je ne puis vous exprimer quel plaisir nous avons éprouvé à nous retrouver au milieu de cette population. Nous nous sentions comme chez nous, et partout on nous recevait comme des compatriotes, enfants de la *vieille France*, comme ils l'appellent. À mon avis, l'épithète est mal choisie. La vieille France est au Canada ; la nouvelle est chez nous. Nous avons retrouvé là, surtout dans les villages éloignés des villes, les anciennes habitudes, les anciennes mœurs françaises. Autour d'une église, surmontée du coq et de la croix fleurdelisée, se trouvent groupées les maisons du village : car le propriétaire canadien n'aime point à s'isoler sur sa terre comme l'Anglais ou l'Américain des États-Unis. Ces maisons sont bien bâties, solides au dehors, propres et soignées au dedans. Le paysan est riche et ne paye pas un denier d'impôt. Là se réunit quatre fois par jour, autour d'une table ronde, une famille composée de parents vigoureux et d'enfants gros et réjouis. On chante après souper quelque vieille chanson française, ou bien on raconte quelque vieille prouesse des premiers Français du Canada ; quelques grands coups d'épée donnés du temps de Montcalm et des guerres avec les Anglais. Le dimanche on joue, on danse après les offices. Le curé lui-même prend part à la joie commune tant qu'elle ne dégénère pas en licence. Il est l'oracle du lieu, l'ami, le conseil de la population.

Loin d'être accusé ici d'être le partisan du pouvoir, les Anglais le traitent de *démagogue*. Le fait est qu'il est le premier à résister à l'oppression, et le peuple voit en lui son plus constant appui. Aussi les Canadiens sont-ils religieux par principe et par passion politique. Le clergé forme là la haute classe, non parce que les lois, mais parce que l'opinion et les mœurs le placent à la tête de la société. J'ai vu plusieurs de ces ecclésiastiques : et je suis resté convaincu que ce sont, en effet, les gens les plus distingués du pays. Ils ressemblent beaucoup à nos vieux curés français. Ce sont, en général, des hommes gais, aimables et bien élevés.

Ne serait-on pas vraiment tenté de croire que le caractère national d'un peuple dépend plus du sang dont il est sorti que des institutions politiques ou de la nature du pays ? Voilà des Français mêlés depuis quatre-vingts ans à une population anglaise ; soumis aux lois de l'Angleterre, plus séparés de la mère patrie que s'ils habitaient aux antipodes. Eh bien ! Ce sont encore des Français trait pour trait ; non pas seulement les vieux, mais tous, jusqu'au bambin qui fait tourner sa toupie. Comme nous, ils sont vifs, alertes, intelligents, railleurs, emportés, grands parleurs et fort difficiles à conduire quand leurs passions sont allumées. Ils sont guerriers par excellence et aiment le bruit plus que l'argent. À côté, et nés comme eux dans le pays, se trouvent des Anglais flegmatiques et logiciens comme aux bords de la Tamise ; hommes à précédents, qui veulent qu'on établisse la *majeure* avant de songer à passer à la *mineure* ; gens sages qui pensent que la guerre est le plus grand fléau de la race humaine, mais qui la feraient cependant aussi bien que d'autres, parce qu'ils ont calculé qu'il y a des choses plus difficiles à supporter que la mort.

Adieu, mon bon ami, je vous aime et vous embrasse du fond de mon cœur.

15
Le Bas-Canada, une autre Normandie

Dans une lettre à sa belle-sœur Émilie, après le voyage au Bas-Canada, Tocqueville exprime encore un des sentiments profonds que lui inspirent les habitants du pays. Ce sont, en quelque sorte, des Normands, « trait pour trait ». *Chez ses hôtes du Bas-Canada, il reconnaît des types humains que sa belle-sœur et lui-même ont souvent croisés en Normandie. Le sentiment d'une grande parenté entre les Canadiens français et les Français, surtout ceux de l'Ancien Régime, revient régulièrement dans ses observations sur le Bas-Canada.*

Albany, 7 septembre 1831

Nous sommes revenus par le Canada. Si jamais vous allez en Amérique, chère sœur, c'est là qu'il faut venir vous établir. Vous retrouverez vos chers Bas-Normands trait pour trait. M. Gisles, Mme Noël, j'ai vu tous ces gens-là dans les rues de Québec, les beaux du pays ressemblent à vos cousins de la…, j'ai oublié le nom, c'est à s'y méprendre et les paysans nous ont assuré qu'ils n'avaient jamais besoin d'aller à la ville parce que c'étaient les « créatures » qui se chargeaient de tisser et de faire leurs habits.

16
Religion et politique

Dans une brève note inscrite dans un des « cahiers portatifs » *où il consigne, par ordre chronologique, des observations et des réflexions sur divers sujets, Tocqueville met en lumière le fait que chaque doctrine religieuse s'accompagne,* « par affinité », *d'une doctrine politique, mais que les intérêts matériels des individus peuvent les amener, nonobstant leurs convictions religieuses, vers des positions politiques en rupture avec ces convictions. Ainsi, observe Tocqueville, en Amérique du Nord, au Canada comme aux États-Unis, les catholiques sont* « invariablement les soutiens du parti démocratique ». *Cela s'explique notamment par une condition économique plus modeste et par le fait que les classes supérieures sont habituellement protestantes.*

Il y a dans chaque doctrine religieuse une doctrine politique qui, par affinité, lui est jointe. Ce point est incontestable en ce sens que là où rien ne contrarie cette tendance, elle se montre certainement. Mais il ne s'ensuit pas qu'on ne puisse séparer les doctrines religieuses de tous leurs effets politiques. On a vu au contraire dans presque tous les pays du monde les intérêts matériels opérer cette séparation. Les catholiques au Canada et aux États-Unis sont invariablement les soutiens du parti démocratique. S'ensuit-il que le catholicisme porte à l'esprit démocratique ? Non. Mais ces catholiques-là sont pauvres et viennent presque tous d'un pays où l'aristocratie est protestante.

1er octobre 1831

17
Sur les autochtones

Une lettre écrite à une cousine, la comtesse de Grancey, plus d'un mois après son départ du Bas-Canada, reprend un sujet cher aux voyageurs européens en Amérique du Nord: les peuples autochtones. Tocqueville se livre à des descriptions ethnographiques, dépeignant en particulier un vieux chef autochtone (qui exprime un jugement élogieux sur la vertu militaire des « pères des Canadiens »*) et soulignant des caractéristiques des femmes autochtones. Ce dernier thème lui permet d'ironiser aux dépens des femmes d'Europe: il est* « abominable » *que les Indiennes portent un anneau dans le nez, mais, demande-t-il, en quoi est-il* « plus naturel de se percer les oreilles que le nez » *?*

New York, 10 octobre 1831

Après six semaines de séjour dans cette ville [New York], nous avons senti le besoin de parler d'autres choses que de prisons, et nous nous sommes résolus à nous esquiver pour aller faire un tour dans l'Ouest. Nous voulions voir des *déserts* et des *Indiens* ;

mais vous ne vous figurez pas la peine qu'on a à trouver maintenant ces deux choses en Amérique. Nous avons marché pendant plus de cent lieues dans l'État de New York, suivant toujours la piste des tribus sauvages et ne pouvant jamais les rencontrer. Les Indiens, nous disait-on, étaient là il y a dix ans, huit ans, six ans, deux ans; mais la civilisation européenne marche comme un incendie et les chasse devant elle. Nous sommes enfin arrivés à Buffalo, sur le bord des Grands Lacs, sans en avoir vu un seul. Le moyen de revenir en France sans rapporter dans sa tête son sauvage et sa forêt vierge! Il ne fallait point y songer. Le bonheur a voulu que précisément à cette époque un vaisseau à vapeur partît de Buffalo pour aller explorer l'entrée du lac Supérieur et les bords du lac Michigan. Nous nous sommes déterminés à saisir l'occasion; et nous voilà ajoutant un crochet de cinq cents lieues à notre voyage. Cette fois, du reste, nous avons été complètement satisfaits; nous avons parcouru des côtes immenses où les Blancs n'ont point encore abattu un seul arbre; et nous avons visité un grand nombre de nations indiennes. J'espère un jour pouvoir vous raconter bien des épisodes de ce long voyage; mais aujourd'hui il faut me borner.

Ce sont de singuliers personnages que ces Indiens! Ils s'imaginent que quand un homme a une couverture pour se couvrir, des armes pour tuer du gibier et un beau ciel sur la tête, il n'a rien à demander de plus à la fortune. Tout ce qui tient aux recherches de notre civilisation, ils le méprisent profondément. Il est absolument impossible de les plier aux moindres de nos usages. Ce sont les êtres les plus orgueilleux de la création: ils sourient de pitié en voyant le soin que nous prenons de nous garantir de la fatigue et du mauvais temps ; et il n'y en a pas un seul d'entre eux qui, roulé dans sa couverture au pied d'un arbre, ne se croie supérieur au président des États-Unis et au gouverneur du Canada. De tout mon attirail européen ils n'enviaient que mon fusil à deux coups ; mais cette arme faisait sur leur esprit le même effet que le système pénitentiaire sur celui des Américains. Je me rappelle entre autres un vieux chef que nous rencontrâmes sur les bords du lac Supérieur, assis près de son feu dans l'immobilité qui convient à un homme de son rang. Je m'établis à côté de lui, et nous causâmes amicalement à l'aide d'un Canadien français qui nous servait d'interprète. Il examina mon fusil, et remarqua qu'il n'était pas fait comme le sien. Je lui dis alors que mon fusil ne craignait pas la pluie et pouvait partir dans l'eau ; il refusa de me croire ; mais je le tirai devant lui après l'avoir trempé dans un ruisseau qui était près de là. À cette vue, l'Indien témoigna l'admiration la plus profonde ; il examina de nouveau l'arme, et me la rendit en disant avec emphase : « Les pères des Canadiens sont de grands guerriers ! » Comme nous nous séparions, j'observai qu'il portait sur sa tête deux longues plumes d'épervier. Je lui demandai ce que signifiait cet ornement. À cette question il se mit à sourire très agréablement, montrant en même temps deux rangées de dents qui auraient fait honneur à un loup, et me répondit qu'il avait tué deux Sioux (c'est le nom d'une tribu ennemie de la sienne), et qu'il portait ces plumes en signe de sa double victoire. « Consentiriez-vous à m'en céder une, lui dis-je ; je la porterais dans mon pays, et je dirais que je la tiens d'un grand chef. » Il paraît que j'avais touché la corde sensible; car mon homme se leva alors, et détachant une des plumes avec une majesté qui avait son côté comique, il me la remit; puis il sortit de dessous sa couverture son bras nu, et me tendit une grande main osseuse d'où j'eus bien de la peine ensuite à retirer la mienne après qu'il l'eut serrée.

Quant aux Indiennes, je ne vous en dirai autre chose, sinon qu'il faut lire *Atala* avant de venir en Amérique. Pour qu'une femme indienne soit réputée parfaite, il faut qu'elle soit couleur chocolat; qu'elle ait de petits yeux qui ressemblent à ceux d'un chat sauvage, et une bouche raisonnablement fendue d'une oreille à l'autre. Voilà pour la nature: mais l'art vient encore à son aide. Une Indienne, pour peu qu'elle ait de coquetterie, et je vous assure qu'elles n'en manquent point, a soin non de se mettre du rouge, comme en Europe, mais de se dessiner sur chaque joue des lignes bleues, noires et blanches, ce qui est bien plus compliqué. Au reste, ce sont là les sentiers battus de la mode. J'ai vu de plus ici, comme en France, de grands génies qui innovent; ainsi je me rappelle avoir rencontré une jeune Indienne dont le visage était peint en noir jusqu'à la ligne des yeux, et peint en rouge sur l'autre moitié; mais je pense que c'était là un essai qui peut-être n'aura pas été heureux. Vous savez que, quelle que soit l'influence que certaines personnes exercent sur la mode, elles ne réussissent pas toujours à faire adopter les singularités qu'elles inventent. Ce qui est plus général, on pourrait dire plus classique, dans la toilette des Indiennes, c'est de se passer un grand anneau dans la cloison du nez. Je trouve cela abominable; et cependant je vous demande très humblement de m'expliquer en quoi il est plus naturel de se percer les oreilles que le nez. Il y a enfin un dernier point sur lequel les belles du lac Supérieur diffèrent des nôtres. Vous savez que chez nous on se met les pieds à la torture pour les forcer d'aller en dehors ; croiriez-vous que les Indiennes ont le mauvais goût de se donner exactement la même peine pour les forcer d'aller en dedans ? Décidément ce sont de misérables sauvages.

Quoi qu'il en soit, j'ai trouvé l'occasion d'acheter d'elles une espèce de soulier qu'elles portent dans les grandes occasions et nomment des mocassins. Si ces objets excitent le moins du monde votre curiosité, ce sera un véritable bonheur pour moi de vous les offrir. Il entrerait dans chacun de ces mocassins, si j'ai bonne mémoire, deux pieds comme les vôtres. Aussi ma prétention n'est-elle pas que vous les consacriez à votre usage.

C'est à moi de vous demander pardon, ma chère cousine, de l'énormité de ma lettre. Vous voyez que je ne sais jamais faire les choses à point ; j'ai le premier tort de ne pas écrire, et ensuite celui d'écrire trop. J'espère cependant que vous me pardonnerez le premier en faveur du système pénitentiaire ; et le second en considération du plaisir que j'ai eu à m'entretenir avec vous après un si long silence. C'est vous prendre, j'espère, par les sentiments généreux… Permettez-moi de vous réitérer l'assurance de ma bien vive et bien sincère amitié.

18
Sur l'identité nationale

Dans une note brève, rédigée en naviguant sur l'Ohio vers Cincinnati à la fin de novembre 1831, Tocqueville formule quelques réflexions sur le thème de l'identité nationale. Cette identité nationale, si elle n'est pas « indélébile », *est tout de même profondément enracinée dans les populations du monde. De cela, il donne trois exemples fournis par l'Amérique du Nord: les Français du Bas-Canada,* « restés absolument semblables à leurs anciens compatriotes de France » *malgré trois quarts de siècle sous la domination britannique; la minorité anglaise du Bas-Canada,* « qui n'a rien perdu de son caractère national » *; et des colonies d'Allemands, installés en Pennsylvanie et conservant* « intacts l'esprit et les mœurs de leur patrie ». *Ainsi, en ce qui concerne les Canadiens français et leur destin à long terme, Tocqueville oscille entre confiance et pessimisme.*

25 novembre 1831

Si la nature n'a pas donné à chaque peuple un caractère national *indélébile*, il faut avouer du moins que les habitudes, que des causes physiques ou politiques ont fait prendre à l'esprit d'un peuple, sont bien difficiles à arracher, même quand il cesse d'être soumis à aucune de ces causes. Nous avons vu au Canada des Français vivant depuis soixante-dix ans sous le gouvernement anglais, et restés absolument semblables à leurs anciens compatriotes de France. Au milieu d'eux vit une population anglaise qui n'a rien perdu de son caractère national.

Il y a cinquante ans au moins que des colonies d'Allemands sont venues s'établir dans la Pennsylvanie. Ils ont conservé intacts l'esprit et les mœurs de leur patrie. Autour d'eux s'agite une population nomade, chez laquelle le désir de s'enrichir n'a point de bornes, qui ne tient à aucun lieu, n'est arrêtée par aucun lien, mais se porte partout où se présente l'apparence de la fortune. Immobile au milieu de ce mouvement général, l'Allemand borne ses désirs à améliorer peu à peu sa position et celle de sa famille. Il travaille sans cesse, mais n'abandonne rien au hasard. Il s'enrichit sûrement, mais lentement; il tient au foyer domestique, renferme son bonheur dans son horizon et ne sent nulle curiosité de connaître ce qui se trouve au-delà de son dernier sillon.

19
Faiblesse de l'effort colonisateur de la France

Alors qu'il navigue sur l'Ohio en direction de Cincinnati, Tocqueville écrit à son frère Édouard. C'est l'occasion d'une réflexion sur la faiblesse de l'effort colonisateur de la France en Amérique du Nord. À certains égards, la France a brillé par sa pratique coloniale : ainsi, elle a su implanter une série de postes militaires assurant une liaison depuis le Canada jusqu'à la Louisiane et encerclant les colonies britanniques. Les Français furent de hardis explorateurs de l'intérieur du continent. Cependant, l'effort colonisateur qui a suivi les explorations et l'établissement de postes militaires n'a pas été suffisant ni résolu. Pour Tocqueville, l'abandon par la France de ses colonies américaines, notamment par le « honteux traité de 1763 », *constitue une des* « plus grandes ignominies de l'ignominieux règne de Louis XV ». *Se laissant gagner par le pessimisme, Tocqueville s'inquiète de ce que le peuple conquis des Canadiens français,* « partout où il n'a pas l'immense supériorité numérique, perd peu à peu ses mœurs, sa langue, son caractère national ». *Il s'attriste surtout de ce que la faiblesse de l'effort colonisateur de la France et l'aveuglement politique de ses dirigeants ont laissé à l'Angleterre la maîtrise de l'Amérique du Nord qui* « parlera anglais » *désormais. En outre, Tocqueville en vient à penser que, si la France avait conservé sa position en Amérique du Nord, le développement des colonies anglaises aurait probablement suivi un cours bien différent. Plus Tocqueville découvre la force et le dynamisme des États-Unis, plus le sort des Canadiens français lui paraît précaire.*

À bord du *Fourth of July*, 26 novembre 1831

Je commence cette lettre, mon bon ami, dans le bateau à vapeur qui nous conduit de Pittsburg à Cincinnati. Je ne la finirai et ne la daterai que dans quelques jours, quand je serai arrivé dans cette dernière ville. Nous naviguons en ce moment sur l'Ohio, qui, en cet endroit, est déjà large comme la Seine à Paris, et qui cependant, comme tu pourras le voir sur la carte, est encore bien loin de sa jonction avec le Mississipi.

Il roule en ce moment à travers les plus belles montagnes du monde. Le mal est qu'elles sont couvertes de neige. L'hiver nous a enfin atteints. Nous l'avons trouvé au milieu des Alléghanys, et il ne nous quitte plus. Mais nous le fuyons, et dans huit jours nous n'aurons plus rien à en craindre. Pittsburg est l'ancien fort Duquesne des Français, l'une des causes de la guerre de 1745. Les Français ont donné, en Amérique, la preuve d'un génie extraordinaire dans la manière dont ils avaient disposé leurs postes militaires. Alors que l'intérieur du continent de l'Amérique septentrionale était encore entièrement inconnu aux Européens, les Français ont établi, au milieu des déserts, depuis le Canada jusqu'à la Louisiane, une suite de petits forts qui, depuis que le pays est parfaitement exploré, ont été reconnus pour les meilleurs emplacements qu'on pût destiner à la fondation des villes les plus florissantes et les situations les plus heureuses pour attirer le commerce et commander la navigation des fleuves. Ici, comme en bien d'autres circonstances, nous avons travaillé pour les Anglais, et ceux-ci ont profité d'un vaste plan qu'ils n'avaient pas conçu. Si nous avions réussi, les colonies anglaises étaient enveloppées par un arc immense, dont Québec et La Nouvelle-Orléans formaient les deux extrémités. Pressés sur leurs derrières par les Français et leurs alliés les Indiens, les Américains des États-Unis ne se seraient pas révoltés contre la mère patrie. Ils le reconnaissent tous. Il n'y aurait pas eu de révolution d'Amérique, peut-être pas de révolution française, du moins dans les conditions où elle s'est accomplie.

Les Français d'Amérique avaient en eux tout ce qu'il fallait pour faire un grand peuple. Ils forment encore le plus beau rejeton de la famille européenne dans le Nouveau Monde. Mais, accablés par le nombre, ils devaient finir par succomber. Leur abandon est une des plus grandes ignominies de l'ignominieux règne de Louis XV.

Je viens de voir dans le Canada un million de Français braves, intelligents, faits pour former un jour une grande nation française en Amérique, qui vivent en quelque sorte en étrangers dans leur pays.

Le peuple conquérant tient le commerce, les emplois, la richesse, le pouvoir. Il forme les hautes classes et domine la société entière. Le peuple conquis, partout où il n'a pas l'immense supériorité numérique, perd peu à peu ses mœurs, sa langue, son caractère national.

Aujourd'hui le sort en est jeté, toute l'Amérique du Nord parlera anglais. Mais n'es-tu pas frappé de l'impossibilité où sont les hommes de sentir la portée qu'aura un événement présent dans l'avenir, et le danger dans lequel ils sont toujours de s'affliger ou de se réjouir sans discernement ? Lorsque la bataille des plaines d'Abraham, la mort de Montcalm et le honteux traité de 1763, mirent l'Angleterre en possession du Canada et d'un pays plus grand que l'Europe entière, et qui auparavant appartenait à la France, les Anglais se livrèrent à une joie presque extravagante. La nation, ni ses plus grands hommes, ne se doutaient guère alors que, par l'effet de cette conquête, les colonies n'ayant plus besoin de l'appui de la mère patrie, commenceraient à aspirer à l'indépendance : que, vingt ans après, cette indépendance serait signée, l'Angleterre entraînée dans une guerre désastreuse qui donnerait un énorme accroissement à sa dette ; et que de cette manière se créerait sur le continent de l'Amérique une immense nation, son ennemie naturelle tout en parlant sa langue, et qui est certainement appelée à lui enlever l'empire de la mer.

20
Contrepoint : observations sur La Nouvelle-Orléans et la Louisiane

Tocqueville et Beaumont ont inclus dans leur itinéraire de voyage aux États-Unis le sud du pays. C'est ainsi que, du 1er au 3 janvier 1832, ils se retrouvent à La Nouvelle-Orléans, première ville de la Louisiane. Cet État de l'Union américaine a connu un destin historique mouvementé. D'abord visité par l'Espagnol Hernando de Soto en 1543, le territoire devient une colonie française lorsque Pierre Le Moyne d'Iberville y fonde un premier établissement en 1699. Le nom donné au territoire constitue un hommage au monarque français du moment, Louis XIV. La Nouvelle-Orléans est fondée en 1718. Colonie de la France à compter de 1711, la Louisiane est cédée à l'Espagne en 1762, dans le contexte du reflux de la présence française en Amérique du Nord. Elle est rétrocédée à la France en 1800. Elle est alors voisine de la jeune république américaine en pleine expansion territoriale. Entraîné dans un long cycle de guerres européennes, Napoléon Bonaparte n'a guère le temps ni l'énergie de s'occuper de cette partie de son empire. Aussi, ayant en plus besoin d'argent,

Napoléon accepte la proposition du président américain Thomas Jefferson de lui acheter la Louisiane et tout l'intérieur du continent américain où la France a installé des établissements. La vente est conclue, le 30 avril 1803, pour quinze millions de dollars. Neuf ans plus tard, le 30 avril 1812, la Louisiane devient le 18e État des États-Unis. La Louisiane est déjà un État esclavagiste et elle fera sécession le 20 janvier 1861, s'engageant ainsi, avec les autres États confédérés du sud, dans la longue et meurtrière guerre de Sécession (1861-1865).

La visite de Tocqueville en Louisiane constitue, peut-on dire, un contrepoint à sa visite au Bas-Canada et lui donne l'occasion de comparer deux anciennes colonies françaises en Amérique du Nord. Dans l'un et l'autre cas, l'époque de la colonisation française s'éloigne déjà dans le temps. L'une et l'autre ancienne colonie française a conservé des éléments importants de ses origines, dont la langue, évidemment, et le droit civil français. À son arrivée à La Nouvelle-Orléans, Tocqueville constate vite une situation qu'il avait déjà observée à Québec et à Montréal, c'est-à-dire la prédominance de l'anglais dans l'affichage commercial: « Air général français et cependant affiches, annonces commerciales généralement en anglais ». *Mais les deux anciennes colonies sont très différentes par d'autres aspects. Ainsi, l'architecture est bigarrée et révèle diverses influences nationales. Surtout, la Louisiane est un creuset où se voisinent des populations bien différentes – Français, Anglais, Espagnols, Noirs, métis – et où plusieurs langues se parlent. Cela la distingue du Bas-Canada. Certains éléments rappellent la France à Tocqueville;*

mais il ressent la puissance de la culture américaine et la force d'intégration des États-Unis.

Un séjour à La Nouvelle-Orléans

1er janvier 1832

Arrivée à La Nouvelle-Orléans. Forêt de vaisseaux. Mississipi trois cents pieds de fond. Apparence extérieure de la ville. Belles maisons, cabanes. Rues boueuses et sans pavés. Architecture espagnole : toits plats ; anglaise : briques, petites portes ; française : massives portes cochères. Population aussi mêlée. Figures de toutes les nuances de couleur. Langage français, anglais, espagnol, créole. Air général français et cependant affiches, annonces commerciales généralement en anglais. Monde industriel et commercial *américain*. Une visite à M. Mazureau. Nous tombons au milieu des enfants, des bonbons et des joujoux. Le soir au spectacle. *Le Maçon*. Étrange coup d'œil que présente la salle : première loge blanche, seconde grise. Femmes de couleur, très jolies. Blanches au milieu d'elles, mais un reste de sang africain. Troisième loge noire. Parterre : nous nous croyons en France ; bruyant, tapageur, remuant, causeur, à mille lieues des États-Unis. Nous en sortons à 10 heures. Bal des *quadroons*. Étrange spectacle : tous les hommes blancs, toutes les femmes de couleur ou du moins de sang africain.

Unique lien produit par l'immoralité en[tre] les deux races. Une sorte de bazar. Les femmes de couleur dévouées en quelque sorte par la loi au concubinage. Relâchement incroyable dans les mœurs. Mères, jeunes filles, enfants au bal. Encore une conséquence funeste de l'esclavage. Multitude des gens de couleur à La Nouvelle-Orléans. Petit nombre dans le Nord. Pourquoi ?

3 janvier 1832

Pourquoi de toutes les races européennes du Nouveau Monde, la race anglaise est-elle celle qui a le plus conservé la pureté de son sang et s'est le moins mêlée aux races indigènes ? Indépendamment des raisons puissantes tirées du caractère national, du tempérament... il existe un motif particulier de différence. L'Amérique espagnole a été peuplée par des aventuriers qu'attirait la soif de l'or, et qui, transplantés seuls de l'autre côté de l'Atlantique, se trouvaient en quelque sorte forcés de contracter des unions avec les femmes des pays qu'ils habitaient. Les colonies anglaises ont été peuplées par des hommes qui fuyaient leur patrie par passions religieuses ou dont le but en venant dans le Nouveau Monde était d'y vivre en cultivant la terre. Ils sont venus avec femmes et enfants et ont pu former sur-le-champ une société complète.

J'ai vu aujourd'hui que dans le cours de l'année 1828 il était entré dans le port de La Nouvelle-Orléans près de 1000 vaisseaux à voile et 770 vaisseaux à vapeur. Le nombre augmente chaque année.

Jury. Effort des Américains pour introduire le jury en matière civile dans les institutions de la Louisiane. Difficulté de l'appliquer aux lois françaises. Pas encore passé dans les mœurs. Répugnances à être jurés. Retard qui en résulte pour les procès. Leur incapacité habituelle.

Lorsqu'un peuple tout entier proclame une institution bonne, lorsque tous les partis reconnaissent son utilité, et cela non pas dans un temps ni dans un lieu, mais pendant une longue série de siècles et dans toutes les parties du monde où des fractions de ce peuple vont s'établir et quelles que soient les lois politiques qu'elles adoptent, il est difficile d'admettre que cette institution soit vicieuse. C'est ce qui est arrivé pour l'application du jury aux affaires civiles.

21
Contrepoint : les Français de la Louisiane (1)

Tocqueville ne séjourne que trois jours à La Nouvelle-Orléans, ce qui ne lui laisse que peu de temps pour les rencontres. Il pourra tout de même s'entretenir avec quelques personnes, dont l'avocat Étienne Mazureau (1777-1849[1]). Né en France et y ayant vécu sa jeunesse, Mazureau émigre en Louisiane en 1803, du fait de son opposition au régime de Bonaparte. Il est avocat à La Nouvelle-Orléans, il fait fortune, devient Américain et agit même comme procureur général de l'État de Louisiane. Sa conversation avec Tocqueville porte d'abord sur les conditions d'intégration de la Louisiane aux États-Unis : la marche de l'ex-colonie française vers le self-government *s'accomplit plus rapidement et plus harmonieusement, semble-t-il, que celle du Bas-Canada. Par ailleurs, la Louisiane apparaît bien engagée dans son intégration comme État de l'Union américaine :* « Nous marchons aussi bien dans cette carrière, *dit Mazureau,* que les autres provinces de l'Union… » *Il signale aussi la diversité des populations de la Louisiane. Tocqueville lui ayant demandé quel groupe est le plus influent, Mazureau lui répond :*

« La race française jusqu'à présent », *ce qui a pu faire naître des interrogations dans l'esprit du visiteur. La question de l'esclavage occupe par ailleurs beaucoup de place dans la conversation.*

Conversation avec M. Mazureau, un des premiers avocats de la Louisiane

Nouvelle-Orléans, 1er janvier 1832

D. – Avant de passer sous le gouvernement américain, aviez-vous quelques-unes des formes d'un gouvernement libre ?

R. – Non.

D. – Le passage d'une sujétion complète à une entière liberté a-t-il été difficile ?

R. – Non, le Congrès a eu soin de nous ménager des degrés dans l'indépendance. Il nous a d'abord gouvernés d'une manière presque aussi absolue que nos anciens gouverneurs. Ensuite, il nous a donné la législation des territoires. Il nous a enfin mis dans l'Union comme État indépendant. Nous marchons aussi bien dans cette carrière que les autres provinces de l'Union, bien que la majorité appartienne encore aux Créoles. À mon avis même, le Congrès pouvait se dispenser de nous faire faire un apprentissage. Un petit État, placé comme nous l'étions, est toujours capable de se gouverner lui-même. Presque aucune des conséquences fâcheuses de la souveraineté du peuple n'est à redouter dans les petites sociétés.

D. – Pensez-vous que dans la Louisiane il fût possible aux Blancs de cultiver la terre sans esclaves ?

R. – Je ne le pense pas. Cependant je suis né en Europe, je suis arrivé ici avec les idées que vous paraissez avoir sur ce point. Mais l'expérience m'a paru démentir la théorie. Je ne crois pas que les Européens puissent travailler à la terre exposés à ce soleil des Tropiques. Notre soleil est toujours malsain, souvent mortel. Ce n'est pas que je pense que l'impossibilité de travailler soit complète. Mais le Blanc pour éviter la mort est obligé de travailler d'une manière si restreinte qu'il ne peut qu'à peine gagner sa vie. Nous en avons un exemple dans le district des Arkapas : l'Espagne a transporté jadis dans cette partie de la Louisiane des paysans des Açores qui s'y sont établis et y sont restés sans esclaves. Ces hommes travaillent la terre, mais si peu que ce sont les plus misérables des Louisianais.

D. – Mais ne pourrait-on pas attribuer leur pauvreté au défaut d'industrie plus qu'au climat ?

R. – Dans mon opinion le climat est la cause capitale.

D. – On dit qu'on trouve à La Nouvelle-Orléans un mélange de toutes les nations ?

R. – Cela est vrai. Nous voyons ici le mélange de toutes les races. Il n'y a pas de pays de l'Amérique et de l'Europe qui ne nous ait envoyé des représentants. La N[ouv]elle-Orléans est un échantillon de tous les peuples.

D. – Mais au milieu de cette confusion quelle est la race qui domine et imprime le mouvement au reste ?

R. – La race française jusqu'à présent. C'est elle qui donne le ton, et modèle les mœurs.

D. – Est-il vrai que la fièvre jaune fasse ici autant de ravages qu'on le dit ?

R. – Je crois qu'on exagère le mal. Mon expérience m'a appris que sur dix étrangers qui vivent avec sagesse et ne se permettent des excès d'aucun genre, il n'en meurt que deux. Je parle des gens qui n'ont pas besoin de travailler de leurs mains pour vivre. Car sur le même nombre d'hommes appartenant aux classes ouvrières et passant la journée en plein air, il en succombe peut-être sept ou huit. Au reste, vous savez que la fièvre jaune est confinée à la ville de La N[ouv]elle-Orléans. Deux milles au-dessus et au-dessous, personne ne l'a jamais.

D. – Quel est le sort des Nègres à la Louisiane ?

R. – Assez doux. La dureté envers les Nègres est une exception. La condition des Nègres a singulièrement changé depuis vingt ans. Alors ils logeaient dans de misérables huttes qui ne les garantissaient pour ainsi dire point du mauvais temps, leur vêtement consistait en une couverture, et on leur donnait pour la nourriture d'un mois un baril de maïs (contenant environ deux boisseaux). Maintenant, ils sont en général suffisamment nourris, complètement habillés, et logés sainement.

D. – La loi garantit-elle leur vie ?

R. – Oui, je me rappelle, lorsque j'étais procureur général, avoir fait condamner à mort un maître qui avait tué son esclave.

22
Contrepoint : les Français de la Louisiane (2)

Le consul de France à La Nouvelle-Orléans, un certain Guillemin, établi aux États-Unis depuis près de vingt ans, est un autre interlocuteur de Tocqueville. De son point de vue très français, Guillemin brosse un portrait tout en nuances de la population française de Louisiane, portrait qui présente aussi bien des ressemblances avec celle du Bas-Canada que des contrastes. Dans ce « pays » *où* « on se modèle ostensiblement sur la France », *l'identité française demeure forte par les idées, les mœurs, les opinions, les usages, les modes même, ce qui s'explique par l'importance des échanges commerciaux. Le consul signale à son visiteur un phénomène qui ressemble à la situation du Bas-Canada : les terres appartiennent aux Français, mais* « le haut commerce est entre les mains des Américains ». *Comme au Bas-Canada, en matière économique, l'élément anglo-saxon en Louisiane fait preuve d'énergie, d'esprit d'entreprise, de ruse et parfois de brutalité en affaires. En outre, en Louisiane comme au Bas-Canada, les groupes francophone et anglophone sont bien distincts, bien démarqués, mais* « au fond il n'existe aucune inimitié véritable ». *En fait, l'esprit d'égalité, qui caractérise la démocratie américaine, imprègne et façonne les relations entre les groupes ; leurs membres sont citoyens d'une même république ; la prospérité économique générale favorise sans doute, comme les institutions politiques, cet esprit d'égalité. Il faut rappeler, précise Guillemin, que* « les Français ne sont point ici comme au Canada un peuple vaincu. Ils vivent au contraire sur le pied d'une égalité réelle et complète ». *Par ailleurs, la diversité religieuse et la séparation de l'Église et de l'État qui caractérisent les États-Unis expliquent, selon le consul, la tolérance entre confessions différentes et le moindre ascendant du catholicisme sur les Français de Louisiane, par comparaison avec la situation au Bas-Canada. La visite à La Nouvelle-Orléans apparaît donc instructive pour Tocqueville. Du consul Guillemin, il entend aussi un jugement sévère sur la faiblesse de l'effort colonisateur de la France, thème sur lequel il a eu et aura encore l'occasion de méditer.*

Conversation avec M. Guillemin, consul de France à La N[ouv]elle-Orléans

[Nouvelle-Orléans, 1er janvier 1832]

M. Guillemin est certainement un homme d'esprit et, je crois, de moyens. Le tout par exception. Car l'incapacité parmi les agents français à l'étranger semble être le droit commun. Il habite La Nouvelle-Orléans depuis quinze ou dix-sept ans.

« Ce pays, nous disait-il, est encore essentiellement français, d'idées, de mœurs, d'opinions, d'usages, de modes. On se modèle ostensiblement sur la

France. J'ai souvent été frappé du retentissement qu'avaient ici nos passions politiques, et de l'analogie qui existe encore sur ce point entre la population de la Louisiane et la population de France. Il m'est souvent arrivé de prédire par l'impression qu'un événement faisait ici de celle qu'il produisait en France et j'ai toujours deviné juste. Les habitants de la Louisiane s'occupent plus des affaires de la France que des leurs. »

D. – Cette disposition doit être favorable aux rapports commerciaux qui existent entre nous et les États-Unis.

R. – Très favorable. Je regarde comme un des plus grands intérêts pour la France que leurs mœurs françaises se conservent à la Louisiane. De cette manière une des grandes portes de l'Amérique nous est ouverte. Il nous eût été bien difficile de conserver la Louisiane comme colonie, mais on aurait pu du moins la retenir assez longtemps et y donner assez de soin pour y créer un peuple français qui se serait maintenu ensuite par lui-même. Nous sommes bien faibles maintenant pour nous maintenir contre la pression des populations américaines. Presque toutes les terres de la Louisiane sont encore dans les mains des Français, mais le haut commerce est entre les mains des Américains. Il y a, il faut le dire, une différence très grande entre les dispositions des deux peuples pour les affaires. Les Français de la Louisiane ne sont pas entreprenants en affaires, ils n'aiment point à risquer l'acquis pour le douteux, ils craignent le déshonneur d'une faillite. Les Américains qui nous descendent ici chaque année du Nord sont dévorés du désir des richesses ; ils ont déjà tout quitté pour cela ; ils viennent ayant peu de chose à perdre, et fort peu scrupuleux sur le point d'honneur qui attache les Français à payer leurs dettes. Il est curieux d'étudier ici les différences frappantes qui existent entre les deux races, entre ce qu'elles ont chacune de bon et de mauvais.

D. – De cette lutte qui paraît exister entre les Américains et les Français à la Louisiane, ne résulte-t-il pas de l'aigreur entre les deux nations ?

R. – On se censure de part et d'autre, on se voit peu, mais au fond il n'existe aucune inimitié véritable. Les Français ne sont point ici comme au Canada un peuple vaincu. Ils vivent au contraire sur le pied d'une égalité réelle et complète. Il se contracte sans cesse des unions entre eux et les Américains ; enfin le pays jouit d'une immense prospérité, prospérité qui augmente tous les jours. Les destinées de La Nouvelle-Orléans sont immenses. Si l'on parvient à vaincre ou seulement à diminuer beaucoup le fléau de la fièvre jaune, La N[ouv]elle-Orléans est certainement appelée à devenir la plus vaste cité du Nouveau Monde. Dans cinquante ans la masse de la population américaine se sera portée dans la vallée du Missisipi et nous tenons ici la porte du fleuve.

D. – Pensez-vous qu'une partie de cette prospérité soit due au gouvernement libre qui a été donné à la Louisiane ?

R. – Il faut voir de près comme je le fais depuis quinze ans la marche des affaires dans une petite république complètement démocratique pour être convaincu que la prospérité a lieu non par les institutions politiques mais indépendamment des institutions politiques. Vous n'avez pas d'idée d'une pareille *pétaudière*.

Le peuple nomme des intrigants sans talent aux emplois, les hommes saillants n'y arrivent presque jamais. La législature ainsi composée fait, modifie, défait sans cesse les lois. C'est la toile de Pénélope ; les mesures les plus importantes sont enlevées en quelque sorte à la dérobée. Le gouvernement est la proie des coteries. Vous voyez dans quel état d'abandon et de malpropreté se trouve la ville, elle a un million de francs de revenu, mais il y règne un grand gaspillage des deniers publics. On dit qu'en étendant le droit électoral on augmente l'indépendance du vote. Je crois le contraire. Les classes ouvrières sont dans tous les pays à la disposition de ceux qui les emploient, et là où elles décident l'élection, ce sont quelques industriels dont les intrigues font [le] prétendu choix libre du peuple. Cependant, comme je vous le disais, la prospérité de la Louisiane est très grande, elle augmente sans cesse. Ce gouvernement-ci a le mérite d'être très faible et de ne gêner aucune liberté. Or ici on n'a encore rien à craindre de la liberté. Ceci n'est pas seulement applicable à la Louisiane mais à tous les États-Unis. Je n'ai jamais pu concevoir qu'on pût raisonner d'une manière générale des institutions américaines ; la position de l'Amérique est si spéciale.

D. – On dit que la religion a peu de pouvoir ici sur les âmes ?

R. – Elle n'en a pas beaucoup, mais je crois que cela dépend en partie des mauvais prêtres qu'on nous a envoyés d'Europe. Nous sommes inondés d'Italiens qui n'ont rien de commun avec la population et dont les mœurs sont détestables. Cependant il n'y a aucune animosité politique ni d'aucun genre contre les ministres du culte catholique qui de leur côté ne s'immiscent jamais dans les affaires. Dernièrement on a cassé les vitres d'un curé qui avait refusé d'enterrer en terre sainte un suicidé, mais je suis convaincu que le peuple a agi ainsi en grande partie par imitation des scènes de Saint-Germain-l'Auxerrois. D'après ce que je vois ici et dans les autres États de l'Amérique, je suis profondément convaincu que dans l'intérêt de la religion on doit séparer absolument le clergé de l'État et abandonner la religion à sa propre influence.

D. – Comment les prêtres sont-ils payés à la Louisiane ?

R. – L'État n'y entre pour rien. Mais les communes ont en général des biens territoriaux affectés à cet usage, de plus il y a le casuel, les dons volontaires, les bancs…

D. – On dit que les mœurs, particulièrement dans la population de couleur, sont très mauvaises.

R. – Il règne en effet beaucoup d'immoralité dans la population de couleur. Mais comment voulez-vous qu'il en soit autrement ? La loi destine en quelque sorte les femmes de couleur au libertinage. Vous avez sans doute remarqué dans les lieux réservés aux mulâtres dans les spectacles et ailleurs des femmes aussi blanches que les plus belles Européennes. Eh bien ! elles n'en font pas moins partie de la race proscrite parce que la tradition fait connaître qu'il y a du sang africain dans leurs veines. Ces femmes cependant, ainsi que beaucoup d'autres qui, sans être aussi blanches qu'elles, ont cependant déjà presque le teint et les grâces de l'Europe, ont souvent reçu une excellente éducation. Et cependant la loi leur défend de s'unir à la race régnante et riche des Blancs. Si elles veulent contracter une union légitime, il faut qu'elles se marient avec des hommes de leur caste, et partagent leur humiliation, car les hommes de couleur ne jouissent pas même des honteux privilèges qu'on accorde à leurs femmes. Quand même leur couleur ni leur éducation ne viendraient les trahir, et c'est souvent le cas, ils n'en seraient pas moins condamnés à de continuelles indignités. Il n'y a pas de mendiant blanc qui n'ait le droit de rudoyer le malheureux qui se trouve sur son chemin et de le jeter dans la boue en lui criant: « Ôte-toi de là, mulâtre! » En tête des actes qu'il passe, la loi le force d'écrire: homme de couleur libre. Ils ne peuvent aspirer à rien. Je connais cependant parmi eux des hommes pleins de vertus et de moyens. C'est en s'isolant ainsi obstinément de tout le reste que l'aristocratie des Blancs (ainsi que le font en général toutes les aristocraties) s'expose à des dangers sur le continent de l'Amérique et à une destruction presque certaine dans les Antilles. Si, sans donner de droits aux Nègres, elle avait du moins admis dans son sein ceux des hommes de couleur que leur naissance et leur éducation rapprochaient le plus d'elle, elle les aurait infailliblement attachés à sa cause, car ils sont bien plus près d'elle en réalité que des Noirs. Elle n'aurait laissé du côté des Nègres que la force brutale. En les repoussant, elle donne au contraire aux esclaves la seule force qui leur manque pour être libres, de l'intelligence et des chefs.

23
« Ce qui fait supporter la république aux États-Unis »

On trouve, dans l'un des « cahiers portatifs » *où Tocqueville consigne des observations à chaud sur ses expériences ou sur ses conversations pendant son voyage en Amérique du Nord, une note datée du 14 janvier 1832 qui examine les facteurs de succès de la république aux États-Unis. Cette note établit un parallèle avec le Mexique, pays devenu indépendant en 1810 et ayant pris la forme d'une république fédérale en 1824. Il n'y a pas de référence au Canada dans cette note*[1]*. Dans un des* « cahiers alphabétiques », *où Tocqueville développe plus méthodiquement ses analyses, on trouve, également à la date du 14 janvier 1832, une note sur un thème semblable, portant le titre ci-haut. La question des causes favorisant le maintien d'une république démocratique et de la* « liberté républicaine » *préoccupe vivement ce passionné de la liberté réconcilié avec la montée de la démocratie qu'est Tocqueville. Ainsi, il revient encore à ce thème dans* De la démocratie en Amérique[2]. *Dans la note du* « cahier alphabétique », *la comparaison de l'expérience des États-Unis englobe non* *seulement le Mexique, mais aussi le Canada. Au sujet de ce dernier, Tocqueville remarque le prix élevé des terres agricoles dans la périphérie de Québec et sans doute dans la vallée du Saint-Laurent en général – phénomène qui s'accentuera au XIX*e *siècle et qui encouragera l'émigration des Canadiens français vers les usines de textile de la Nouvelle-Angleterre. Par ailleurs, Tocqueville signale qu'il y a un* « [manque] de lumières » *dans la population canadienne-française, ce qui fait contraste avec les Américains qu'il dit être* « le peuple dont l'éducation politique pratique est la plus avancée ».

Il y a mille raisons qui concourent à faire supporter aux États-Unis la liberté républicaine, mais peu sont suffisantes pour expliquer le problème.

Aux États-Unis, dit-on, la société a été bâtie sur table rase. On ne voit ni vainqueur, ni vaincu, ni roturier, ni noble, ni préjugés de naissance, ni préjugés de profession.

Mais l'Amérique du Sud tout entière est dans ce cas, et la république ne réussit qu'aux États-Unis.

Le territoire de l'Union offre un champ immense à l'activité humaine ; il présente un aliment inépuisable à l'industrie et au travail ; l'amour du bien-être et des richesses y vient sans cesse donner le change à l'ambition politique.

Mais dans quelle partie du monde trouve-t-on de plus fertiles contrées, de plus admirables déserts, de plus superbes fleuves, des richesses plus inépuisables et plus intactes que dans l'Amérique du Sud ? Et cependant l'Amérique du Sud ne peut supporter la république.

La division de l'Union en petits États concilie la prospérité intérieure et la force nationale; elle multiplie les intérêts politiques et affaiblit l'esprit de parti en le partageant; mais le Mexique forme une république fédérative; il a adopté presque sans y toucher la constitution des États-Unis, et le Mexique cependant est encore bien loin de prospérer. Le Bas-Canada est entouré comme la Nouvelle-Angleterre de terres fertiles et sans bornes. Cependant, jusqu'à nos jours, la population française du Canada manquant de lumières s'est entassée dans un espace beaucoup trop étroit pour elle et le prix des terres est presque aussi élevé aux environs de Québec qu'à ceux de Paris, tandis qu'à côté la terre vaut 10 francs l'arpent.

Il y a une grande raison qui domine toutes les autres et qui, après qu'on les a toutes pesées, emporte à elle seule la balance: le peuple américain, pris en masse, est non seulement le plus éclairé du monde, mais ce que je mets bien au-dessus de cet avantage, *c'est le peuple dont l'éducation politique pratique est la plus avancée*.

C'est cette vérité dans laquelle je crois fermement, qui fait naître en moi la seule espérance que j'aie pour le bonheur futur de l'Europe.

Reste toujours cependant cette grande question insoluble: les avantages matériels et spéciaux qu'ont les États-Unis ne leur suffiraient point sans leur haute civilisation et leur expérience, mais cette haute civilisation et cette expérience seraient-elles suffisantes sans elles?

24
L'effort colonisateur de la France

À la lumière de ce que son séjour en Amérique du Nord lui a permis d'apprendre sur le Bas-Canada et sa population, Tocqueville, à plusieurs reprises dans sa correspondance ou dans ses notes, s'est livré à une méditation sur l'effort colonisateur de la France. Il s'est même attristé du peu de vision et du peu d'intérêt manifesté par les dirigeants et la population de son pays en cette matière. De retour en France, Tocqueville et Beaumont entreprennent de rédiger le rapport officiel de leur mission d'étude du système pénitentiaire des États-Unis. Dans ce contexte et connaissant l'existence de colonies pénitentiaires, Tocqueville rédige une note où il s'emploie à expliquer le manque relatif de vigueur de l'effort colonisateur de la France. Ce pays a été capable de grands desseins coloniaux en Amérique du Nord. Ceux de ses enfants qui se sont engagés dans l'aventure coloniale se sont montrés capables d'y réussir, au dire d'autochtones rencontrés par Tocqueville. Pourtant, dans son ensemble, l'effort colonisateur de la France pâlit par comparaison avec celui de la Grande-Bretagne. Cela semble tenir à des causes multiples. Ainsi, la mentalité de la population française, son caractère comporte un « singulier mélange de penchants casaniers et d'ardeur aventurière, deux choses également mauvaises pour la colonisation ». *Par ailleurs, la centralisation profonde de la société et de l'administration françaises – cette centralisation qui sera un thème majeur de* L'Ancien Régime et la Révolution *– a eu un effet néfaste sur l'effort colonisateur en voulant* « sans cesse transporter au-delà des mers des principes de gouvernement et des habitudes administratives que repoussait la nature même des choses ». *Voilà donc des pistes d'explication qu'explore Tocqueville pour éclairer les sources de la faiblesse de l'effort colonisateur de son pays.*

Quelques idées sur les raisons qui s'opposent à ce que les Français aient de bonnes colonies

... En supposant que le territoire qui doit renfermer la colonie soit découvert et qu'il réunisse les conditions nécessaires au succès de l'entreprise, restent encore les difficultés d'exécution : elles ont été grandes pour l'Angleterre, elles paraissent insurmontables pour la France.

La première de toutes, il faut le dire, se rencontre dans le génie français qui paraît peu favorable à la colonisation.

La France, par sa position géographique, son étendue, sa fertilité, a toujours été appelée au premier rang des pouvoirs continentaux. C'est la terre qui est le théâtre naturel de sa puissance et de sa gloire. Le commerce maritime n'est qu'un appendice de son existence ; la mer n'a jamais excité chez nous et n'excitera jamais ces sympathies nationales, cette espèce de respect filial qu'ont pour elle les peuples navigateurs et commerçants. Jamais des entreprises maritimes n'attireront chez nous les regards et n'appelleront la richesse et le talent à leur aide. En général, on ne verra s'y engager que des hommes auxquels la médiocrité de leurs talents, le délabrement de leur fortune ou les souvenirs de leur vie antérieure interdisent l'espérance d'un bel avenir dans leur patrie.

Il est facile d'ailleurs de remarquer dans notre caractère national un singulier mélange de penchants casaniers et d'ardeur aventurière, deux choses également mauvaises pour la colonisation. Le Français a naturellement le goût des plaisirs tranquilles, il aime le foyer domestique, l'aspect du clocher paternel réjouit sa vue, les joies de la famille lui tiennent plus au cœur qu'à aucun autre homme du monde. Moins que qui que ce soit, il se sent tourmenté par la soif de l'or au sein de la médiocrité où il est né. L'amour des richesses absorbe rarement son existence et sa vie s'écoule aisément aux lieux qui l'ont vu naître.

Arrachez-le à ces habitudes tranquilles, frappez son imagination par des tableaux nouveaux, transplantez-le sous un autre ciel, ce même homme se sentira tout à coup possédé d'un besoin insatiable d'actions, d'émotions violentes, de vicissitudes et de dangers. L'Européen le plus civilisé deviendra l'amant passionné de la vie sauvage. Il préférera les savanes aux rues des villes, la chasse à l'agriculture ; il se jouera de l'existence, il vivra sans nul souci de l'avenir. « Les Blancs de France, disaient les sauvages du Canada sont aussi bons chasseurs que nous : comme nous, ils méprisent les commodités de la vie et bravent les terreurs de la mort. Le

Grand Esprit les avait créés pour habiter sous la cabane de l'Indien et vivre dans le désert. »

Ces deux dispositions opposées qui se rencontrent dans le caractère français sont singulièrement défavorables à l'établissement d'une colonie.

Il est presque impossible de déterminer la population pauvre et honnête de nos campagnes à aller chercher fortune hors de sa patrie. Le paysan craint moins la misère dans le lieu qui l'a vu naître que les chances et les rigueurs d'un exil lointain. Ce n'est cependant qu'avec cette espèce d'hommes qu'on peut former le noyau d'une bonne colonie.

Transporté à grand-peine sur un autre rivage, on le fixe difficilement. On ne remarquera jamais chez lui ce désir ardent et obstiné de faire fortune qui stimule chaque jour les efforts de l'Anglais et semble tendre à la fois tous les ressorts de son esprit vers un seul but. Le colon français améliore lentement la terre qu'on lui livre, ses progrès en tout sont peu rapides ; peu de chose suffit à ses besoins ; on le voit sans cesse entraîné par les charmes d'une vie oisive et vagabonde.

À ce premier obstacle qu'oppose notre caractère national, viennent se joindre ceux que présentent nos habitudes politiques et nos lois.

Depuis plusieurs siècles le gouvernement central en France travaille sans cesse à attirer à lui la décision de toutes les affaires ; aujourd'hui on peut dire qu'il ne gouverne pas seulement, il administre les parties séparées du royaume. Il n'entre pas dans notre sujet de rechercher ce qu'il peut y avoir d'utile ou de dangereux dans cet état de choses, nous nous bornons à constater qu'il existe.

Les obligations légales et les habitudes politiques qui en résultent sont peu favorables à la fondation et surtout au développement d'une colonie. Si le gouvernement central se trouve souvent dans l'impossibilité de juger sainement et de trancher en temps opportun les difficultés qui s'élèvent dans une province voisine du siège de l'empire, il en sera à plus forte raison de même quand il faudra s'occuper d'intérêts qui s'agitent à trois mille lieues de lui.

Fournir les moyens d'exécution, choisir d'habiles agents, imposer certaines lois générales dont il ne soit pas permis de s'écarter telles sont les seules obligations que doive imposer la mère patrie lorsqu'elle envoie quelques-uns de ses enfants chercher fortune dans un autre hémisphère. Quant aux soins journaliers de l'administration publique, aux efforts individuels des colons, la métropole ne peut ni ne doit avoir la prétention de les diriger.

Cette marche du moins est celle qu'ont adoptée toutes les grandes nations colonisantes. Mais on doit remarquer qu'aucune d'elles n'avait centralisé le gouvernement dans son sein.

Il n'en a jamais été de même chez nous : on a vu au contraire la France s'efforcer sans cesse de transporter au-delà des mers des principes de gouvernement et des habitudes administratives que repoussait la nature même des choses.

Nous avons fait remarquer que, chez nous, il était difficile de trouver des hommes de talent pour diriger des entreprises coloniales, tandis qu'en d'autres pays ils se présentent en foule. Soit donc manque de confiance dans ceux qu'il employait, soit plutôt jalousie du pouvoir et empire des habitudes, le gouvernement français a toujours fait des efforts surprenants pour conserver à la tête de la colonie la même place qu'il occupe au centre du royaume. On l'a vu vouloir juger ce qu'il ne pouvait connaître, réglementer une société différente de celle qui était sous ses yeux, pourvoir à des besoins qu'il ignorait et, pour faire meilleure justice, tenir tous les droits en suspens. Il a voulu tout prévoir à l'avance, il a craint de s'en rapporter au zèle ou plutôt à l'intérêt personnel des colons, il lui a fallu tout examiner, tout diriger, tout surveiller, tout faire par lui-même. Il a embrassé une œuvre immense et s'est épuisé en vains efforts.

D'un autre côté, l'éducation politique que le colon français reçoit dans sa patrie l'a rendu jusqu'à présent peu propre à se passer facilement d'une tutelle. Transporté dans un lieu où, pour prospérer, il lui faut se diriger lui-même, il se montre gêné dans l'exercice de ses droits nouveaux. Si le gouvernement a la prétention de tout faire pour lui, lui, de son côté, n'est que trop porté à en appeler au gouvernement dans tous ses besoins : il ne se fie point à ses propres efforts, il se sent peu de goût pour l'indépendance et il faut presque le forcer à être libre.

L'exemple du monde a prouvé cependant que, si l'énergie individuelle et l'art de se gouverner soi-même étaient utiles à toutes les sociétés, il en était surtout ainsi pour celles qui naissent et se développent comme les colonies dans un isolement forcé.

L'histoire des derniers siècles présente, il faut l'avouer, un singulier spectacle.

On y voit la France entreprendre dans le Nouveau Monde un vaste système de colonies. Les plans sont habilement conçus, les lieux qu'elle désigne sont bien choisis: il s'agissait d'unir par une chaîne non interrompue d'établissements le Saint-Laurent au Mississipi et de fonder ainsi dans le centre de l'Amérique du Nord un nouvel empire français dont le Canada et la Louisiane eussent été les deux débouchés. De grands sacrifices d'hommes, d'énormes sacrifices d'argent et de soins sont faits par elle pour atteindre ce but. Le gouvernement s'occupe sans cesse de ces nouveaux établissements et n'abandonne jamais un seul instant le devoir de les diriger. Et pourtant malgré tant d'efforts les colonies languissent: la terre s'ouvre en vain devant les pas des Français, ils ne s'avancent point dans les déserts fertiles qui les entourent, la population ne croît qu'à peine, l'ignorance semble s'étendre, la société nouvelle reste stationnaire, elle ne gagne ni force ni richesse et elle succombe enfin après avoir lutté avec un courage héroïque contre l'agression étrangère.

Près de là, sur le littoral de l'Océan, viennent s'établir des Anglais. Les uns sont envoyés par la mère patrie, les autres se sont plutôt échappés de son sein. Une fois qu'ils ont mis le pied sur le sol américain, on dirait qu'ils sont devenus étrangers à l'Angleterre tant celle-ci semble peu préoccupée du soin de les gouverner. Ils ont dès le principe leurs assemblées politiques, leurs tribunaux, ils nomment la plupart de leurs magistrats, organisent leur milice, pourvoient à leurs besoins, font leurs règlements de police et leurs lois. La métropole ne se mêle presque en rien de leurs affaires intérieures, elle n'agit que pour protéger leur commerce et les garantir des attaques de l'étranger.

Et cependant ces établissements ainsi abandonnés à eux-mêmes, qui ne coûtent ni argent, ni soins, ni efforts à la mère patrie, doublent leur population tous les vingt-deux ans et deviennent des foyers de richesses et de lumières.

Il faut le reconnaître, parce que l'expérience le démontre, fonder une colonie est pour la France se livrer à une entreprise pleine de périls et d'un succès incertain.

Fonder une colonie pénale est plus dangereux encore.

25
Pénétration de la culture américaine au Bas-Canada

Lors de son passage au Bas-Canada, Tocqueville a été frappé par la persistance, chez les Canadiens français, de traits culturels rappelant la vieille France de l'Ancien Régime. Mais ces Canadiens français sont soumis à des influences culturelles bien différentes de celles qu'on connaît en France. Ils partagent leur colonie avec des Anglais; déjà, Tocqueville a relevé, dans l'élite canadienne-française, une tendance à des formes d'assimilation culturelle par la population anglaise établie au Canada. Par ailleurs, les Canadiens français entretiennent des relations avec la puissante société démocratique des États-Unis. En réfléchissant, dans De la démocratie en Amérique, *aux facteurs qui soutiennent la* « république démocratique » *aux États-Unis, Tocqueville constate que des idées centrales dans la culture de cette société –* « les avantages de la richesse », *la libre expression des passions humaines qu'on s'efforce d'endiguer ailleurs, le goût de l'aventure – commencent à pénétrer dans la population bas-canadienne, encore une fois par la médiation des* « hommes qui ont le plus de lumières, de patriotisme et d'humanité». *Il y aura, en effet, des références aux idéaux politiques des États-Unis chez des dirigeants des rébellions de 1837-1838.*

En Europe, nous sommes habitués à regarder comme un grand danger social l'inquiétude de l'esprit, le désir immodéré des richesses, l'amour extrême de l'indépendance. Ce sont précisément toutes ces choses qui garantissent aux républiques américaines un long et paisible avenir. Sans ces passions inquiètes, la population se concentrerait autour de certains lieux et éprouverait bientôt, comme parmi nous, des besoins difficiles à satisfaire. Heureux pays que le Nouveau Monde, où les vices de l'homme sont presque aussi utiles à la société que ses vertus!

Ceci exerce une grande influence sur la manière dont on juge les actions humaines dans les deux hémisphères. Souvent les Américains appellent une louable industrie ce que nous nommons l'amour du gain, et ils voient une certaine lâcheté de cœur dans ce que nous considérons comme la modération des désirs.

En France, on regarde la simplicité des goûts, la tranquillité des mœurs, l'esprit de famille et l'amour du lieu de la naissance comme de grandes garanties de tranquillité et de bonheur pour l'État; mais en Amérique, rien ne paraît plus préjudiciable à la société que de semblables vertus. Les Français du Canada, qui ont fidèlement conservé les traditions des anciennes mœurs, trouvent déjà de la difficulté à vivre sur leur territoire, et ce petit peuple qui vient de naître sera bientôt en proie aux misères des vieilles nations. Au Canada, les hommes qui ont le plus de lumières, de patriotisme et d'humanité, font des efforts extraordinaires pour dégoûter le peuple du simple bonheur qui lui suffit encore. Ils célèbrent les avantages de la richesse, de même que parmi nous ils vanteraient peut-être les charmes d'une honnête médiocrité, et ils mettent plus de soin à aiguillonner les passions humaines qu'ailleurs on n'emploie d'efforts pour les calmer. Échanger les plaisirs purs et tranquilles que la patrie présente au pauvre lui-même contre les stériles jouissances que donne le bien-être sous un ciel étranger, fuir le foyer paternel et les champs où reposent ses aïeux; abandonner les vivants et les morts pour courir après la fortune, il n'y a rien qui à leurs yeux mérite plus de louanges.

De notre temps, l'Amérique livre aux hommes un fonds toujours plus vaste que ne saurait l'être l'industrie qui le fait valoir.

En Amérique, on ne saurait donc donner assez de lumières; car toutes les lumières, en même temps qu'elles peuvent être utiles à celui qui les possède, tournent aussi au profit de ceux qui ne les ont point. Les besoins nouveaux n'y sont pas à craindre, puisque tous les besoins s'y satisfont sans peine: il ne faut pas redouter d'y faire naître trop de passions, puisque toutes les passions trouvent un aliment facile et salutaire; on ne peut y rendre les hommes trop libres, parce qu'ils ne sont presque jamais tentés d'y faire un mauvais usage de la liberté.

26
Rapports différents entre Blancs et autochtones en Amérique du Nord

Pendant son voyage en Amérique du Nord, Tocqueville a souvent prêté attention à la situation des peuples autochtones qui subissent avec souffrances et difficultés la vague incoercible de la civilisation blanche qui déferle d'est en ouest depuis les débuts du XVIIe *siècle sur le continent. Il consacre des pages de* De la démocratie en Amérique *à cette question. À ses yeux, le rapport des autochtones avec les habitants blancs se différencie selon qu'il s'agit des Français ou des Anglais. Les premiers se sont davantage unis que les seconds aux peuples autochtones. Les Français ont aussi subi l'influence des cultures autochtones plus que les Anglais. Cela ne facilite pas toujours l'affirmation d'une présence française en Amérique du Nord.*

Deux grandes nations de l'Europe ont peuplé cette portion du continent américain : les Français et les Anglais.

Les premiers n'ont pas tardé à contracter des unions avec les filles des indigènes ; mais le malheur voulut qu'il se trouvât une secrète affinité entre le caractère indien et le leur. Au lieu de donner aux barbares le goût et les habitudes de la vie civilisée, ce sont eux qui souvent se sont attachés avec passion à la vie sauvage : ils sont devenus les hôtes les plus dangereux des déserts, et ont conquis l'amitié de l'Indien en exagérant ses vices et ses vertus. M. de Sénonville, gouverneur du Canada, écrivait à Louis XIV, en 1685 : « On a cru longtemps qu'il fallait approcher les sauvages de nous pour les franciser ; on a tout lieu de reconnaître qu'on se trompait. Ceux qui se sont approchés de nous ne se sont pas rendus Français, et les Français qui les ont hantés sont devenus sauvages. Ils affectent de se mettre comme eux, de vivre comme eux. » (*Histoire de la Nouvelle-France*, par Charlevoix, vol. II, p. 345.)

L'Anglais, au contraire, demeurant obstinément attaché aux opinions, aux usages et aux moindres habitudes de ses pères, est resté au milieu des solitudes américaines ce qu'il était au sein des villes de l'Europe : il n'a donc voulu établir aucun contact avec des sauvages qu'il méprisait, et a évité avec soin de mêler son sang à celui des barbares.

Ainsi, tandis que le Français n'exerçait aucune influence salutaire sur les Indiens, l'Anglais leur était toujours étranger.

Cette influence destructive qu'exercent les peuples très civilisés sur ceux qui le sont moins se fait remarquer chez les Européens eux-mêmes.

Des Français avaient fondé, il y a près d'un siècle, au milieu du désert, la ville de Vincennes sur le Wabash. Ils y vécurent dans une grande abondance jusqu'à l'arrivée des émigrants américains. Ceux-ci commencèrent aussitôt à ruiner les anciens habitants par la concurrence: ils leur achetèrent ensuite leurs terres à vil prix. Au moment où M. de Volney, auquel j'emprunte ce détail, traversa Vincennes, le nombre des Français était réduit à une centaine d'individus, dont la plupart se disposaient à passer à la Louisiane et au Canada. Ces Français étaient des hommes honnêtes, mais sans lumières et sans industrie; ils avaient contracté une partie des habitudes sauvages. Les Américains, qui leur étaient peut-être inférieurs sous le point de vue moral, avaient sur eux une immense supériorité intellectuelle: ils étaient industrieux, instruits, riches et habitués à se gouverner eux-mêmes.

J'ai moi-même vu au Canada, où la différence intellectuelle entre les deux races est bien moins prononcée, l'Anglais, maître du commerce et de l'industrie dans le pays du Canadien, s'étendre de tous côtés, et resserrer le Français dans des limites trop étroites.

De même, à la Louisiane, presque toute l'activité commerciale et industrielle se concentre entre les mains des Anglo-Américains.

Quelque chose de plus frappant encore se passe dans la province du Texas; l'État du Texas fait partie, comme on sait, du Mexique, et lui sert de frontière du côté des États-Unis. Depuis quelques années, les Anglo-Américains pénètrent individuellement dans cette province encore mal peuplée, achètent les terres, s'emparent de l'industrie, et se substituent rapidement à la population originaire. On peut prévoir que si le Mexique ne se hâte d'arrêter ce mouvement, le Texas ne tardera pas à lui échapper.

Si quelques différences, comparativement peu sensibles dans la civilisation européenne, amènent de pareils résultats, il est facile de comprendre ce qui doit arriver quand la civilisation la plus perfectionnée de l'Europe entre en contact avec la barbarie indienne.

27
Les Amériques de l'avenir : hégémonie anglo-saxonne et présence hispanique

Parvenu au terme du premier des deux volumes de De la démocratie en Amérique, *qui est publié en 1835, Tocqueville s'emploie à conclure en réfléchissant au destin futur du Nouveau Monde, ce qui, bien évidemment, concerne aussi le destin collectif du Bas-Canada lui-même. C'est à la dernière page de cette conclusion, par ailleurs, que Tocqueville formule sa célèbre prédiction d'une domination éventuelle conjointe du monde entier par les États-Unis et la Russie. Pour lui, les États-Unis et la culture anglo-saxonne sont appelés à dominer sans partage tout l'hémisphère nord du continent américain :* « À une époque que nous pouvons dire prochaine [...] les Anglo-Américains couvriront seuls tout l'immense espace compris entre les glaces polaires et les tropiques. » *Des tropiques à l'extrémité sud du continent, les colonies issues de l'Espagne et du Portugal formeront un jour des nations* « florissantes et éclairées ». *Mais, l'Amérique du Nord les devance dans la puissance économique et politique, et les États-Unis ne manqueront pas de faire sentir leur domination sur les républiques du Sud, comme déjà le proclame, depuis 1823, la* « doctrine Monroe ». *Quelle place cet avenir continental laisse-t-il aux francophones des Amériques ? Pour Tocqueville, une partie d'entre eux ont déjà disparu. Il reste la compacte population canadienne-française du Bas-Canada. Son destin apparaît dur :* « Les quatre cent mille Français du Bas-Canada forment aujourd'hui comme les débris d'un peuple ancien perdu au milieu des flots d'une nation nouvelle. » *La croissance démographique soutenue de la population de langue anglaise en Amérique du Nord* « pénètre jusque dans les rangs des anciens maîtres du sol, domine dans leurs villes et dénature leur langue ». *Ainsi, Tocqueville annonce le destin que vivront durablement les Français du Bas-Canada.*

Voici que j'approche du terme. Jusqu'à présent, en parlant de la destinée future des États-Unis, je me suis efforcé de diviser mon sujet en diverses parties, afin d'étudier avec plus de soin chacune d'elles.

Je voudrais maintenant les réunir toutes dans un seul point de vue. Ce que je dirai sera moins détaillé, mais plus sûr. J'apercevrai moins distinctement chaque objet ; j'embrasserai avec plus de certitude les faits généraux. Je serai comme le voyageur qui, en sortant des murs d'une vaste cité, gravit la colline prochaine. À mesure qu'il s'éloigne, les hommes qu'il vient de quitter disparaissent à ses yeux ; leurs demeures se confondent ; il ne voit plus les places publiques ; il discerne avec peine la trace des rues ; mais son œil suit plus aisément les contours de la ville, et pour la première fois, il en saisit la forme. Il me semble que je découvre de même devant moi l'avenir entier de la race anglaise dans le Nouveau Monde. Les détails de cet immense tableau sont restés dans l'ombre ; mais mon regard en comprend l'ensemble, et je conçois une idée claire du tout.

Le territoire occupé ou possédé de nos jours par les États-Unis d'Amérique forme à peu près la vingtième partie des terres habitées.

Quelque étendues que soient ces limites, on aurait tort de croire que la race anglo-américaine s'y renfermera toujours ; elle s'étend déjà bien au delà.

Il fut un temps où nous aussi nous pouvions créer dans les déserts américains une grande nation française et balancer avec les Anglais les destinées du Nouveau Monde. La France a possédé autrefois dans l'Amérique du Nord un territoire presque aussi vaste que l'Europe entière. Les trois plus grands fleuves du continent coulaient alors tout entiers sous nos lois. Les nations indiennes qui habitent depuis l'embouchure du Saint-Laurent jusqu'au delta du Mississipi n'entendaient parler que notre langue ; tous les établissements européens répandus sur cet immense espace rappelaient le souvenir de la patrie : c'étaient Louisbourg, Montmorency, Duquesne, Saint-Louis, Vincennes, La Nouvelle-Orléans, tous noms chers à la France et familiers à nos oreilles.

Mais un concours de circonstances qu'il serait trop long d'énumérer nous a privés de ce magnifique héritage. Partout où les Français étaient peu nombreux et mal établis, ils ont disparu. Le reste s'est aggloméré sur un petit espace et a passé sous d'autres lois. Les quatre cent mille Français du Bas-Canada forment aujourd'hui comme les débris d'un peuple ancien perdu au milieu des flots d'une nation nouvelle. Autour d'eux la population étrangère grandit sans cesse ; elle s'étend de tous côtés ; elle pénètre jusque dans les rangs des anciens maîtres du sol, domine dans leurs villes et dénature leur langue. Cette population est identique à celle des États-Unis. J'ai donc raison de dire que la race anglaise ne s'arrête point aux limites de l'Union, mais s'avance bien au delà vers le nord-est.

Au nord-ouest, on ne rencontre que quelques établissements russes sans importance ; mais au sud-ouest, le Mexique se présente devant les pas des Anglo-Américains comme une barrière.

Ainsi donc, il n'y a plus, à vrai dire, que deux races rivales qui se partagent aujourd'hui le Nouveau Monde, les Espagnols et les Anglais.

Les limites qui doivent séparer ces deux races ont été fixées par un traité. Mais quelque favorable que soit ce traité aux Anglo-Américains, je ne doute point qu'ils ne viennent bientôt à l'enfreindre.

Au delà des frontières de l'Union s'étendent, du côté du Mexique, de vastes provinces qui manquent encore d'habitants. Les hommes des États-Unis pénétreront dans ces solitudes avant ceux mêmes qui ont droit à les occuper. Ils s'en approprieront le sol, ils s'y établiront en société, et quand le légitime propriétaire se présentera enfin, il trouvera le désert fertilisé et des étrangers tranquillement assis dans son héritage.

La terre du Nouveau Monde appartient au premier occupant, et l'empire y est le prix de la course.

Les pays déjà peuplés auront eux-mêmes de la peine à se garantir de l'invasion.

J'ai déjà parlé précédemment de ce qui se passe dans la province du Texas. Chaque jour, les habitants des États-Unis s'introduisent peu à peu dans le Texas, ils y acquièrent des terres, et tout en se soumettant aux lois du pays, ils y fondent l'empire de leur langue et de leurs mœurs. La province du Texas est encore sous la domination du Mexique ; mais bientôt on n'y trouvera pour ainsi dire plus de Mexicains. Pareille chose arrive sur tous les points où les Anglo-Américains entrent en contact avec des populations d'une autre origine.

On ne peut se dissimuler que la race anglaise n'ait acquis une immense prépondérance sur toutes les autres races européennes du Nouveau Monde. Elle leur est très supérieuse en civilisation, en industrie et en puissance. Tant qu'elle n'aura devant elle que des pays déserts ou peu habités, tant qu'elle ne rencontrera pas sur son chemin des populations agglomérées, à travers lesquelles il lui soit impossible de se frayer un passage, on la verra s'étendre sans cesse. Elle ne s'arrêtera pas aux lignes tracées dans les traités, mais elle débordera de toutes parts au-dessus de ces digues imaginaires.

Ce qui facilite encore merveilleusement ce développement rapide de la race anglaise dans le Nouveau Monde, c'est la position géographique qu'elle y occupe.

Lorsqu'on s'élève vers le nord au-dessus de ses frontières septentrionales, on rencontre les glaces polaires, et lorsqu'on descend de quelques degrés au-dessous de ses limites méridionales, on entre au milieu des feux de l'équateur. Les Anglais d'Amérique sont donc placés dans la zone la plus tempérée et la portion la plus habitable du continent.

On se figure que le mouvement prodigieux qui se fait remarquer dans l'accroissement de la population aux États-Unis ne date que de l'indépendance : c'est une erreur. La population croissait aussi vite sous le système colonial que de nos jours ; elle doublait de même à peu près en vingt-deux ans. Mais on opérait alors sur des milliers d'habitants ; on opère maintenant sur des millions. Le même fait qui passait inaperçu il y a un siècle frappe aujourd'hui tous les esprits.

Les Anglais du Canada, qui obéissent à un roi, augmentent de nombre et s'étendent presque aussi vite que les Anglais des États-Unis, qui vivent sous un gouvernement républicain.

Pendant les huit années qu'a duré la guerre de l'Indépendance, la population n'a cessé de s'accroître suivant le rapport précédemment indiqué.

Quoiqu'il existât alors, sur les frontières de l'Ouest, de grandes nations indiennes liguées avec les Anglais, le mouvement de l'émigration vers l'Occident ne s'est pour ainsi dire jamais ralenti. Pendant que l'ennemi ravageait les côtes de l'Atlantique, le Kentucky, les districts occidentaux de la Pensylvanie, l'État de Vermont et celui du Maine se remplissaient d'habitants. Le désordre qui suivit la guerre n'empêcha point non plus la population de croître et n'arrêta pas sa marche progressive dans le désert. Ainsi, la différence des lois, l'état de paix ou l'état de guerre, l'ordre ou l'anarchie, n'ont influé que d'une manière insensible sur le développement successif des Anglo-Américains.

Ceci se comprend sans peine : il n'existe pas de causes assez générales pour se faire sentir à la fois sur tous les points d'un si immense territoire. Ainsi il y a toujours une grande portion de pays où l'on est assuré de trouver un abri contre les calamités qui frappent l'autre, et quelque grands que soient les maux, le remède offert est toujours plus grand encore.

Il ne faut donc pas croire qu'il soit possible d'arrêter l'essor de la race anglaise du Nouveau Monde. Le démembrement de l'Union, en amenant la guerre sur le continent, l'abolition de la république, en y introduisant la tyrannie, peuvent retarder ses développements, mais non l'empêcher d'atteindre le complément nécessaire de sa destinée. Il n'y a pas de pouvoir sur la terre qui puisse fermer devant les pas des émigrants ces fertiles déserts ouverts de toutes parts à l'industrie et qui présentent un asile à toutes les misères. Les événements futurs, quels qu'ils soient, n'enlèveront aux Américains ni leur climat, ni leurs mers intérieures, ni leurs grands fleuves, ni la fertilité de leur sol. Les mauvaises lois, les révolutions et l'anarchie, ne sauraient détruire parmi eux le goût du bien-être et l'esprit d'entreprise qui semble le caractère distinctif de leur race, ni éteindre tout à fait les lumières qui les éclairent.

Ainsi, au milieu de l'incertitude de l'avenir, il y a du moins un événement qui est certain. À une époque que nous pouvons dire prochaine, puisqu'il s'agit ici de la vie des peuples, les Anglo-Américains couvriront seuls tout l'immense espace compris entre les glaces polaires et les tropiques ; ils se répandront des grèves de l'océan Atlantique jusqu'aux rivages de la mer du Sud.

Je pense que le territoire sur lequel la race anglo-américaine doit un jour s'étendre égale les trois quarts de l'Europe. Le climat de l'Union est, à tout prendre, préférable à celui de l'Europe ; ses avantages naturels sont aussi grands ; il est évident que sa population ne saurait manquer d'être un jour proportionnelle à la nôtre.

L'Europe, divisée entre tant de peuples divers ; l'Europe, à travers les guerres sans cesse renaissantes et la barbarie du moyen âge, est parvenue à avoir quatre cent dix habitants par lieue carrée. Quelle cause si puissante pourrait empêcher les États-Unis d'en avoir autant un jour ?

Il se passera bien des siècles avant que les divers rejetons de la race anglaise d'Amérique cessent de présenter une physionomie commune. On ne peut prévoir l'époque où l'homme pourra établir dans le Nouveau Monde l'inégalité permanente des conditions.

Quelles que soient donc les différences que la paix ou la guerre, la liberté ou la tyrannie, la prospérité ou la misère, mettent un jour dans la destinée des divers rejetons de la grande famille anglo-américaine, ils conserveront tous du moins un état social analogue et auront de commun les usages et les idées qui découlent de l'état social.

Le seul lien de la religion a suffi au moyen âge pour réunir dans une même civilisation les races diverses qui peuplèrent l'Europe. Les Anglais du Nouveau Monde ont entre eux mille autres liens, et ils vivent dans un siècle où tout cherche à s'égaliser parmi les hommes.

Le moyen âge était une époque de fractionnement. Chaque peuple, chaque province, chaque cité, chaque famille, tendaient alors fortement à s'individualiser. De nos jours, un mouvement contraire se fait sentir, les peuples semblent marcher vers l'unité. Des liens intellectuels unissent entre elles les parties les plus éloignées de la terre, et les hommes ne sauraient rester un seul jour étrangers les uns aux autres, ou ignorants de ce qui se passe dans un coin quelconque de l'univers : aussi remarque-t-on aujourd'hui moins de différence entre les Européens et leurs descendants du Nouveau Monde, malgré l'Océan qui les divise, qu'entre certaines villes du XIIIe siècle qui n'étaient séparées que par une rivière.

Si ce mouvement d'assimilation rapproche des peuples étrangers, il s'oppose à plus forte raison à ce que les rejetons du même peuple deviennent étrangers les uns aux autres.

Il arrivera donc un temps où l'on pourra voir dans l'Amérique du Nord cent cinquante millions d'hommes égaux entre eux, qui tous appartiendront à la même famille, qui auront le même point de départ, la même civilisation, la même langue, la même religion, les mêmes habitudes, les mêmes mœurs, et à travers lesquels la pensée circulera sous la même forme et se peindra des mêmes couleurs. Tout le reste est douteux, mais ceci est certain. Or, voici un fait entièrement nouveau dans le monde, et dont l'imagination elle-même ne saurait saisir la portée.

Il y a aujourd'hui sur la terre deux grands peuples qui, partis de points différents, semblent s'avancer vers le même but : ce sont les Russes et les Anglo-Américains.

Tous deux ont grandi dans l'obscurité ; et tandis que les regards des hommes étaient occupés ailleurs, ils se sont placés tout à coup au premier rang des nations, et le monde a appris presque en même temps leur naissance et leur grandeur.

Tous les autres peuples paraissent avoir atteint à peu près les limites qu'a tracées la nature, et n'avoir plus qu'à conserver ; mais eux sont en croissance : tous les autres sont arrêtés ou n'avancent qu'avec mille efforts ; eux seuls marchent d'un pas aisé et rapide dans une carrière dont l'œil ne saurait encore apercevoir la borne.

L'Américain lutte contre les obstacles que lui oppose la nature ; le Russe est aux prises avec les hommes. L'un combat le désert et la barbarie, l'autre la civilisation revêtue de toutes ses armes : aussi les conquêtes de l'Américain se font-elles avec le soc du laboureur, celles du Russe avec l'épée du soldat.

Pour atteindre son but, le premier s'en repose sur l'intérêt personnel, et laisse agir, sans les diriger, la force et la raison des individus.

Le second concentre en quelque sorte dans un homme toute la puissance de la société.

L'un a pour principal moyen d'action la liberté ; l'autre, la servitude.

Leur point de départ est différent, leurs voies sont diverses ; néanmoins, chacun d'eux semble appelé par un dessein secret de la Providence à tenir un jour dans ses mains les destinées de la moitié du monde.

28
La rébellion de 1837 au Bas-Canada

En novembre 1837, une rébellion armée contre le pouvoir colonial britannique éclate au Bas-Canada. Au terme de quelques affrontements violents (dont à Saint-Denis-sur-Richelieu, le 23 novembre, où les troupes britanniques subissent une défaite), l'insurrection est matée. L'Angleterre apprend les premiers événements de cette insurrection le 22 décembre 1837. Celui qui a entrepris de traduire De la démocratie en Amérique *en anglais, Henry Reeve, greffier du Conseil privé et ami de longue date de Tocqueville, pense que ce dernier serait bien placé pour conseiller le gouvernement britannique sur la situation du Bas-Canada et sur la politique à tenir. Il écrit à Tocqueville à ce sujet et convainc son supérieur de le faire aussi. Avant de recevoir la lettre de ce dernier, Tocqueville répond à Reeve, en date du 3 janvier 1838. Il refuse de conseiller ou d'éclairer le gouvernement britannique sur les affaires du Bas-Canada : il appartient lui-même à* « la race de l'un des deux peuples » *en cause et il juge que ce serait une* « tâche très délicate que celle de traiter la question du Canada devant un public anglais, quand on est Français ». *De plus, son séjour au Bas-Canada remonte à six ans et il n'a entretenu aucune correspondance avec des gens du pays. Cela dit, Tocqueville reprend des propos qu'il a déjà tenus sur l'identité culturelle des Canadiens français, sur leur attachement à leurs origines, sur leur énergie, mais aussi sur leur situation de peuple vaincu qui peut avoir de très bonnes raisons de s'insurger contre la domination britannique. S'il n'a pas suivi pas à pas, depuis la fin de son séjour, l'évolution des Canadiens français, Tocqueville demeure attaché et loyal à ce peuple qu'il estime beaucoup et dont l'avenir le préoccupe toujours.*

Baugy, ce 3 janvier 1838

Je viens de recevoir, mon cher ami, votre lettre. J'ai bien réfléchi à ce que vous m'y dites et je me vois forcé, à mon grand regret, de ne pas faire ce que vous désirez. Voici mes raisons que vous approuverez sans doute.

Si je vous écrivais une lettre qui ne doit pas être publiée, le bruit ne manquerait pas de se répandre, votre position étant maintenant officielle, que j'ai fourni des renseignements sur le Canada au gouvernement anglais, ce qui serait mal interprété par bien de gens, attendu surtout que j'appartiens à la race de l'un des deux peuples qui semblait vouloir entrer en lutte.

Je n'aurais donc pu vous envoyer qu'un article de journal, mais ici un autre ordre de difficultés se présente : à l'heure qu'il est, c'est une tâche très délicate que celle de traiter la question du Canada devant un public anglais, quand on est Français. Vous comprenez cela sans que je le développe. D'une autre part, vous sentez qu'il ne me convient pas de fournir pour une pareille matière des à peu près, quelques mots de ces notions vagues et générales qui peuvent rendre une lettre intéressante, mais qui ne sauraient suffire à un article signé. Or, je ne pourrais vous fournir que des notions de cette espèce, car il y a six ans passés que j'ai quitté le Canada, je n'ai fait à cette époque que l'entrevoir en quelque sorte ; depuis je n'ai aperçu que de très loin ce qui s'y passait, n'y ayant pas conservé une seule correspondance ; en faisant ce que vous désirez, je risquerais donc de compromettre ma position sans vous être utile.

Voilà, mon cher ami, ce qui m'empêche de satisfaire à votre demande, je me bornerai donc à vous dire d'une manière générale et de vous à moi seulement, que la situation actuelle du Canada me paraît un fait extrêmement grave qui mérite d'attirer l'attention toute particulière de vos législateurs. Les Canadiens forment un peuple à part en Amérique, peuple qui a une nationalité distincte et vivace, peuple neuf et sain, dont l'origine est toute guerrière, qui a sa langue, sa religion, ses lois, ses mœurs, qui est plus aggloméré qu'aucune autre population du Nouveau Monde, qu'on pourra vaincre mais non fondre par la force dans le lieu de la race anglo-américaine. Le temps seul pourrait amener ce résultat, mais non la législation ni l'épée. À l'époque de mon passage, les Canadiens étaient pleins de préjugés contre les Anglais qui habitaient au milieu d'eux, mais ils semblaient sincèrement attachés au gouvernement anglais qu'ils regardaient comme un arbitre désintéressé placé entre eux et cette population anglaise qu'ils redoutaient. Comment est-il arrivé qu'ils soient devenus les ennemis du même gouvernement ? Je l'ignore, mais j'ai peine à croire que l'administration coloniale n'ait pas quelques grands reproches à se faire, sinon pour le fond des choses au moins pour la forme. Cette position de l'Angleterre me paraissait singulièrement heureuse alors, à ce point que j'étais porté à croire que votre nation ne devait de garder encore la possession du Canada qu'à cette coexistence de deux peuples différents sur le même sol. S'il n'y avait eu que des Anglais, ils n'auraient pas tardé à devenir des Américains. Comment avez-vous perdu cette position particulière et favorable ? Je ne le sais pas.

En résumé, mon cher ami, méfiez-vous de ce que les Anglais établis au Canada et les Américains des États-Unis vous disent de la population canadienne. Ils ne la voient qu'à travers d'incroyables préjugés et ils perdront le gouvernement qui ne verra lui-même que par leurs yeux. Tenez pour constant que si la guerre civile du Canada devenait jamais une lutte complète et prolongée de race à race, la colonie serait perdue pour la Grande-Bretagne. Les Canadiens sont très inférieurs à leurs voisins dans l'art de produire la richesse ; ce sont des commerçants et surtout des pionniers moins entreprenants qui seront tôt ou tard enveloppés et resserrés dans de certaines limites par les hommes de race anglaise. Mais ils n'en forment pas moins une peuplade énergique, susceptible d'enthousiasme, de dévouement, d'efforts violents et soudains, chez laquelle les traditions des guerres d'Amérique existent toujours et qu'on ne forcera jamais à rester pendant longtemps, malgré elle, attachée à la métropole. Le grand point est donc de la lui faire vouloir.

Telle est, mon cher ami, en gros et pour vous seul, mon impression générale sur la crise actuelle.

Maintenant, passons à autre chose.

29
Remarques sur le rapport Durham

Après les rébellions de 1837-1838 dans les deux Canadas, la Grande-Bretagne suspend la Constitution de 1791 et envoie un enquêteur en la personne de Lord Durham, dont le célèbre rapport porte un jugement sévère sur les Canadiens français et recommande leur assimilation linguistique, culturelle et religieuse. En 1840, l'Acte d'Union donnera suite à l'une des recommandations de Lord Durham en fusionnant, sous un parlement et un gouvernement uniques, les deux Canadas. Le rapport de Lord Durham finit par attirer l'attention de Tocqueville qui, dans un contexte bien particulier, en recommande la lecture. En effet, pense-t-il, il y a des analogies possibles entre la situation de la Grande-Bretagne qui, depuis la conquête de 1760, doit gouverner une colonie dont la population, en son immense majorité, lui est étrangère par la langue, la culture et la religion, et la situation de la France qui, depuis le début des années 1830, s'efforce de coloniser l'Algérie et y rencontre une population qui lui est encore plus étrangère par la langue, la culture et la religion. Tant les pratiques administratives que les caractéristiques des rapports entre populations distinctes peuvent suggérer d'utiles réflexions.

La centralisation des affaires à Paris, ne fût-elle pas plus complète pour l'Afrique que pour nos départements de France, ce serait déjà un grand mal. Tel principe qui, en cette matière, doit être maintenu comme tutélaire sur le territoire du royaume devient destructeur dans la colonie. On comprendra bien ceci par un seul exemple.

Quoi de plus naturel et de plus nécessaire que les règles posées en France pour l'aliénation ou le louage du domaine de l'État ? Rien, en cette matière, ne peut se faire qu'en vertu soit d'une loi, soit d'une ordonnance, soit d'un acte ministériel ; en d'autres termes, c'est toujours le pouvoir central qui agit sous une forme ou sous une autre. Appliquez rigoureusement les principes de cette législation à l'Afrique, vous suspendez aussitôt la vie sociale elle-même. La création d'une colonie n'est, à proprement parler, autre chose que l'aliénation incessante du domaine de l'État en faveur de particuliers qui viennent s'établir dans la contrée nouvelle. Que l'État qui veut coloniser se réserve le droit de fixer à quelles conditions et suivant quelles règles le domaine public doit être concédé ou loué, cela se comprend sans peine : en cette matière, c'est la loi elle-même qui devrait poser les règles. Qu'on réserve au pouvoir central seul le droit d'aliéner d'un seul coup une vaste étendue de territoire, rien de mieux encore, mais que, pour chaque parcelle de terrain, quelque minime qu'elle soit, qu'on veut vendre ou louer dans la colonie, il faille venir s'adresser à une autorité de la métropole, il est permis de dire que cela est peu raisonnable; car la disposition du domaine dans une colonie, en faveur des émigrants, nous le répétons, c'est l'opération-mère. La rendre lente et difficile, c'est plus que gêner le corps social, c'est l'empêcher de naître.

La commission dont M. Charles Buller a été le rapporteur, et qui fut envoyée, en 1838, au Canada, sous la présidence de Lord Durham, pour rechercher quelles étaient les causes qui empêchaient la population de se développer dans cette province aussi rapidement que dans les États-Unis, attribue l'une des principales à la nécessité où sont tous les émigrants qui veulent se fixer dans la colonie, de venir chercher leur titre de propriété à Québec, chef-lieu de la province, au lieu de l'obtenir partout sur place, comme aux États-Unis.

En Afrique, on ne saurait acheter ni louer un mètre du sol appartenant à l'État sans une longue instruction, qui ne se termine qu'après avoir abouti à M. le ministre de la Guerre.

Une seule exception a été faite à cette règle, en faveur de la province d'Oran. Là, le gouvernement local a été autorisé à concéder le domaine, sauf ratification de la part du ministre, à certaines conditions, et jusqu'à une certaine limite, indiquée à l'avance. Tous ceux qui connaissent la province d'Oran pensent que le grand mouvement d'émigration et de colonisation qui a eu lieu depuis un an dans cette partie de l'Algérie, tient principalement à ce que chacun des colons qui se présente est sûr d'être aussitôt placé.

Nous croyons devoir signaler à l'attention de la Chambre, comme un document utile à consulter, le rapport de la commission du Canada, dont nous parlions tout à l'heure. Ce rapport jette de grandes lumières, non seulement sur la question du Canada, mais sur celle de l'Algérie. Les causes qui font échouer ou réussir la colonisation dans un pays nouveau sont si analogues, quel que soit ce pays, qu'en lisant ce que M. Buller dit du Canada, on croit souvent entendre parler de l'Afrique. Ce sont les mêmes fautes produisant les mêmes malheurs. On retrouve là, comme en Algérie, les misères des émigrants à leur arrivée, le désordre de la propriété, l'inculture, l'absence de capital, la ruine du pauvre qui veut prématurément devenir propriétaire, l'agiotage stérilisant le sol…

30
L'Ancien Régime au Canada

La carrière politique d'Alexis de Tocqueville prend fin avec le coup d'État antirépublicain du 2 décembre 1851 conduit par le président Louis Napoléon Bonaparte, frustré de n'avoir pu obtenir de l'Assemblée une révision constitutionnelle permettant la rééligibilité du président de la IIe République. Tocqueville lui-même et d'autres députés seront même brièvement emprisonnés au moment du coup d'État. Faisant ratifier ses actions par un plébiscite le 20 décembre 1851, Louis Napoléon Bonaparte instituera le Second Empire en 1852. Mais, Tocqueville refuse de se rallier. Choisissant l'exil intérieur, il s'engage dans la préparation de sa deuxième œuvre maîtresse, L'Ancien Régime et la Révolution, *dont il n'achève que le premier tome, qui paraît en 1856. La maladie, qui réduit progressivement ses forces, l'empêche de compléter son travail. Pour mieux comprendre les caractéristiques de la monarchie et de l'administration publique françaises d'avant la révolution de 1789, Tocqueville se tourne vers le Canada à l'époque de la Nouvelle-France. Selon lui,* « c'est dans les colonies qu'on peut le mieux juger la physionomie du gouvernement de la métropole, parce que c'est là que d'ordinaire tous les traits qui la caractérisent grossissent et deviennent plus visibles ». *Il observe ainsi au Canada, à l'époque de la colonisation française, une très forte centralisation, l'affaiblissement de toute institution autonome, l'absence d'institutions municipales, la toute-puissance du gouvernement monarchique de la métropole et de ses représentants locaux, comme l'intendant. Au contraire, les colonies de la Grande-Bretagne en Amérique du Nord jouissent d'une grande mesure de décentralisation et de liberté intérieure. Dans les deux types de colonies, il y a une forme poussée d'égalité, mais le contexte institutionnel est fort différent et la progression démographique de la Nouvelle-France est fort inférieure à celle des colonies anglaises. Les colonies démarrent donc avec ce qu'on pourrait appeler des « bagages génétiques institutionnels » bien différents.*

Comment c'est au Canada qu'on pouvait le mieux juger la centralisation administrative de l'Ancien Régime

C'est dans les colonies qu'on peut le mieux juger la physionomie du gouvernement de la métropole, parce que c'est là que d'ordinaire tous les traits qui la caractérisent grossissent et deviennent plus visibles. Quand je veux juger l'esprit de l'administration de Louis XIV et ses vices, c'est au Canada que je dois aller. On aperçoit alors la difformité de l'objet comme dans un microscope.

Au Canada, une foule d'obstacles que les faits antérieurs ou l'ancien état social opposaient, soit ouvertement, soit secrètement, au libre développement de l'esprit du gouvernement, n'existaient pas. La noblesse ne s'y voyait presque point, ou du moins elle y avait perdu presque toutes ses racines; l'Église n'y avait plus sa position dominante; les traditions féodales y étaient perdues ou obscurcies; le pouvoir judiciaire n'y était plus enraciné dans de vieilles institutions et de vieilles mœurs. Rien n'y empêchait le pouvoir central de s'y abandonner à tous ses penchants naturels et d'y façonner toutes les lois suivant l'esprit qui l'animait lui-même. Au Canada, donc, pas l'ombre d'institutions municipales ou provinciales, aucune force collective autorisée, aucune initiative individuelle permise. Un intendant ayant une position bien autrement prépondérante que celle qu'avaient ses pareils en France; une administration se mêlant encore de bien plus de choses que dans la métropole, et voulant de même faire tout de Paris, malgré les dix-huit cents lieues qui l'en séparent; n'adoptant jamais les grands principes qui peuvent rendre une colonie peuplée et prospère, mais, en revanche, employant toutes sortes de petits procédés artificiels et de petites tyrannies réglementaires pour accroître et répandre la population: culture obligatoire, tous les procès naissant de la concession des terres retirés aux tribunaux et remis au jugement de l'administration seule, nécessité de cultiver d'une certaine manière, obligation de se fixer dans certains lieux plutôt que dans d'autres, etc., cela se passe sous Louis XIV; ces édits sont contresignés Colbert. On se croirait déjà en pleine centralisation moderne, et en Algérie. Le Canada est en effet l'image fidèle de ce qu'on a toujours vu là. Des deux côtés on se trouve en présence de cette administration presque aussi nombreuse que la population, prépondérante, agissante, réglementante, contraignante, voulant prévoir tout, se chargeant de tout, toujours plus au courant des intérêts de l'administré qu'il ne l'est lui-même, sans cesse active et stérile.

Aux États-Unis, le système de décentralisation des Anglais s'outre, au contraire : les communes deviennent des municipalités presque indépendantes, des espèces de républiques démocratiques. L'élément républicain qui forme comme le fond de la constitution et des mœurs anglaises, se montre sans obstacle et se développe. L'administration proprement dite fait peu de chose en Angleterre, et les particuliers font beaucoup ; en Amérique, l'administration ne se mêle plus de rien, pour ainsi dire, et les individus en s'unissant font tout. L'absence des classes supérieures, qui rend l'habitant du Canada encore plus soumis au gouvernement que ne l'était, à la même époque, celui de France, rend celui des provinces anglaises de plus en plus indépendant du pouvoir.

Dans les deux colonies on aboutit à l'établissement d'une société entièrement démocratique ; mais ici, aussi longtemps, du moins, que le Canada reste à la France, l'égalité se mêle au gouvernement absolu ; là elle se combine avec la liberté. Et quant aux conséquences matérielles des deux méthodes coloniales, on sait qu'en 1763, époque de la conquête, la population du Canada était de 60 000 âmes, et la population des provinces anglaises, de 3 000 000.

APPENDICE

Gustave de Beaumont et le Bas-Canada

Le compagnon de voyage en Amérique de Tocqueville, Gustave de Beaumont, a aussi livré des observations et des analyses concernant le Bas-Canada, qui complètent et, le plus souvent, confirment celles de Tocqueville.

Les deux personnages ont quelques traits en commun. Un peu plus âgé que Tocqueville, Gustave de Beaumont (1802-1866) est issu, comme lui, d'une très ancienne famille noble de province, les Bonnin de la Bonninière, établie en Touraine dès le XIIe siècle. Comme celle de Tocqueville, la famille de Beaumont a traversé avec quelques difficultés l'époque tumultueuse de la Révolution, de l'Empire et de la Restauration, en demeurant foncièrement fidèle à la monarchie de l'Ancien Régime. Comme Tocqueville, Beaumont agit comme magistrat et les deux se lient d'amitié lorsqu'ils sont affectés à Versailles, à compter de 1827. En 1828, ils prennent ensemble un appartement, qu'ils partageront pendant un an et demi. Comme Tocqueville, Beaumont prête serment d'allégeance à Louis-Philippe en 1830 et connaît de semblables déchirements avec sa famille. Pour l'un et l'autre, les perspectives de carrière sous le nouveau régime paraissent sombres.

Tocqueville et Beaumont s'entendent sur l'idée d'un voyage aux États-Unis pour étudier le système pénitentiaire. C'est Beaumont qui rédige la plus grande partie de la demande de mission adressée au ministre de l'Intérieur[1]. Les deux sont inséparables tout au long du voyage. Au retour, Beaumont travaille à la rédaction de leur rapport officiel de mission qui paraît en 1833 sous le titre *Du système pénitentiaire aux États-Unis et de son application en France*. Par la suite, d'avril à août 1835, les deux collègues visitent l'Angleterre et l'Irlande ; c'est leur deuxième et dernier voyage ensemble.

Tocqueville et Beaumont demeurent liés jusqu'au décès du premier en 1859, malgré des périodes au cours desquelles des divergences politiques surgissent entre eux. Leurs destins présentent aussi des ressemblances. Ainsi, de 1839 à 1848, Beaumont côtoie Tocqueville en qualité de député à l'Assemblée nationale. En 1848, ils se retrouvent membres de la Constituante de la IIe République, puis de nouveau députés. Beaumont est ambassadeur à Londres en octobre 1848, puis à Vienne en 1849, pendant que Tocqueville agit brièvement comme ministre des Affaires étrangères. Les deux abandonnent la vie publique après le coup d'État de Louis Napoléon Bonaparte, le 2 décembre 1851. Leur amitié s'exprime dans une abondante correspondance[2]. Après le décès de Tocqueville, Beaumont entreprend la publication des *Œuvres complètes d'Alexis de Tocqueville*. Cependant, cette édition en neuf volumes, dont la publication s'échelonne de 1860 à 1866, n'est pas aussi complète que son titre le laisse entendre.

Malgré des destins à plusieurs égards comparables, Tocqueville et Beaumont se démarquent sur le plan intellectuel, celui-ci étant largement dépassé par celui-là. Leurs centres d'intérêt ne coïncident pas, leur capacité d'analyse et de réflexion non plus. Beaumont s'intéresse surtout aux groupes sociaux et nationaux dominés – les Noirs et les autochtones d'Amérique, les Irlandais –, alors que Tocqueville s'attache à comprendre les grands mouvements qui transforment les sociétés modernes. L'œuvre de Beaumont s'avère limitée. Il publie en 1835 un roman intitulé *Marie ou l'Esclavage aux États-Unis. Tableau de mœurs américaines*, qui connaît un grand succès (cinq éditions successives), mais qui est, depuis, tombé dans l'oubli. En 1839, la publication d'un ouvrage sur l'Irlande lui vaut d'être élu à l'Académie des sciences morales et politiques, mais les portes de l'Académie française ne s'ouvriront pas pour lui. En outre, les manuscrits et autres papiers personnels de Beaumont ont en bonne partie été perdus ou détruits, ce qui ne facilite pas la mise en valeur de sa contribution intellectuelle.

*

*   *

Nonobstant les différences d'envergure et d'œuvre intellectuelles, Beaumont et Tocqueville livrent des observations et des analyses comparables du Bas-Canada. Cela ressort de la correspondance de Beaumont à sa famille et de notes consignées dans son journal pendant le voyage en Amérique, documents publiés par André Jardin et George W. Pierson en 1973[3]. Il s'agit d'une trentaine de lettres et de trois fragments d'un journal. Sans reprendre par le menu les observations et les analyses de Beaumont concernant le Bas-Canada, un certain nombre d'éléments s'en dégagent qui méritent d'être cités pour éclairer la lecture de deux textes plus substantiels qui sont reproduits dans le présent appendice.

Comme Tocqueville, Beaumont se réjouit à l'avance de trouver « dans le Canada d'anciens compatriotes parlant français comme [lui]; ayant les mêmes mœurs que [les] Français d'Europe et ayant conservé, dit-on, de leur pays originaire, un souvenir que rien ne peut détruire[4] », ainsi qu'il l'écrit à sa mère à la mi-juillet 1831. La rencontre de « Français » dans la région des Grands Lacs lui fait découvrir la force du sentiment national et de l'identité propre de ces gens qui sont éparpillés dans une Amérique anglophone. Dans une lettre écrite à son père de Détroit, le 1er août, Beaumont explique cette découverte et se risque à une prophétie politique:

> Nous avons, pendant cette course, rencontré beaucoup de Français canadiens et nous les avons trouvés tous animés de ce sentiment national qui ne ment jamais chez les Français; ils enragent tous d'être Anglais; il leur tarde bien de secouer le joug et de se déclarer indépendants. C'est du reste ce qui arrivera tôt ou tard: dans ce cas, le Canada deviendra une province de plus pour les États-Unis[5].

Ayant fait connaissance avec ces cousins d'Amérique, Beaumont décrit leurs réactions en employant des termes que l'on retrouve sous la plume de Tocqueville au même moment. Les Canadiens sont « charmés de nous voir » en même temps qu'ils évoquent la « vieille

France » d'où viennent les voyageurs[6]. Mais les notions de « vieille » et de « nouvelle » France sont bien relatives. À Sault-Sainte-Marie, à l'extrémité orientale du lac Supérieur, le 6 août, Beaumont commence à constater que la « vieille » France se trouve peut-être en Amérique plutôt qu'en Europe. Cela s'observe à plusieurs indices qui vont des chansons populaires aux traits de caractère des Canadiens qui n'ont certes pas vécu les expériences politiques tumultueuses des Français d'Europe et qui conservent fortement leur identité ancienne :

> Les bateliers qui nous conduisaient étaient des Canadiens d'une gaieté charmante ; ils n'ont pas cessé de nous chanter en ramant une foule de vieilles chansons françaises dont certains couplets sont tout à fait drôles. Le peu de temps que j'ai passé avec les Canadiens m'a prouvé combien le caractère national, et surtout le caractère français, se perd difficilement ; la gaieté française qu'ils ont conservée tout entière contraste singulièrement avec le sang-froid glacial des Américains. Il est aussi à remarquer que les Français du Canada sont plus gais que nous ne le sommes maintenant en France ; la raison en est simple : leur situation a moins changé que la nôtre ; ils n'ont point passé à travers notre Révolution qui a tant influé sur la nouvelle direction que notre caractère national a prise ; ils n'ont point comme nous leur attention fixée sur des intérêts politiques qui les préoccupent exclusivement. Il est donc vrai de dire que, quant au *caractère antique* de la nation, ils sont plus Français que nous ne le sommes[7].

L'idée s'ancre, chez Beaumont comme chez Tocqueville, que les Canadiens français sont les survivants d'une vieille France que l'évolution politique du dernier demi-siècle a fait disparaître de l'Europe. L'impression de découvrir au Bas-Canada une France d'Ancien Régime est certainement l'une des plus vives que les visiteurs conservent de leurs rencontres avec les Canadiens français. Ils remarquent également un fort sentiment d'identité nationale qui a persisté malgré trois quarts de siècle de domination britannique et d'isolement de l'ancienne métropole. Cependant, ailleurs qu'au Bas-Canada lui-même, où la force du nombre et la concentration des Canadiens français sur un territoire compact et bien délimité nourrissent et fortifient quotidiennement l'identité nationale distincte, là où ils sont entourés de Britanniques ou, surtout, d'Américains, ils subissent l'influence de certains traits culturels nord-américains. Ainsi, à Michillimackinac, petit port de pêche dans une île du lac Huron, mais sur le territoire des États-Unis, Beaumont observe que la population, dans laquelle « tout le monde parle français », vit la passion des affaires et de l'enrichissement caractéristique des Américains, tout en demeurant catholique : « Les seules choses qui paraissent agiter cette petite île sont la soif des richesses et la religion. Ils ont comme tous les Américains une ardeur incroyable pour faire fortune, mais ils ont de plus, ce que tous les Américains n'ont pas, une chaleur religieuse qui fait des différents sectaires de véritables ennemis[8]. »

Par-delà ces observations de populations de langue française habitant des territoires sous domination américaine ou britannique, le séjour au Bas-Canada proprement dit permet à Beaumont de se faire une opinion sur les caractéristiques des Canadiens français et sur leur destin. Cette opinion est exprimée dans deux textes substantiels, soit des notes prises à l'occasion de la rencontre avec le député John Neilson et de visites dans les environs de Québec (datées des 26 et 28 août respectivement, alors que Tocqueville retient plutôt les 27 et 29) et une lettre à son père, écrite après le départ du Bas-Canada, à Albany, le 5 septembre. Dans ces documents apparaissent plusieurs thèmes également développés par Tocqueville.

La nature, assurément, impressionne Beaumont, mais plus encore l'aménagement que la population a réalisé, notamment sur les deux rives du Saint-Laurent[9]. Et, au-delà de ces réalités, ce sont les caractéristiques de la population canadienne-française qui retiennent son attention.

Les Canadiens français constituent une population à part, « entièrement distincte de la population anglaise qui cherche à s'introduire parmi eux. Ils conservent leur langage, leurs mœurs et leur nationalité[10] ». Cette identité distincte se manifeste de plusieurs manières. Ainsi, les Canadiens français se démarquent des Américains, selon le député John Neilson, par leur sédentarité, leur attachement au sol natal : « Chacun est attaché au lieu qui l'a vu naître. Ce n'est plus cette société américaine, errante, vagabonde, courant d'un lieu à un autre, allant partout où l'intérêt l'appelle et abandonnant le sol natal, sa famille, ses amis, pour un gain de quelques dollars[11]. » Ce témoignage est confirmé par les propos d'un paysan recueillis par Beaumont[12]. La population paraît aussi entretenir un fort sentiment de solidarité et un esprit communautaire remarquable. La famille et la paroisse constituent des lieux d'appartenance puissants.

Beaumont note consciencieusement les propos du député Neilson qui mettent en lumière le sentiment de solidarité et l'esprit communautaire qui caractérisent les Canadiens français et les distinguent des Américains[13]. Ainsi, pour Neilson, « chaque paroisse est une famille ». La solidarité se manifeste, par exemple, lorsqu'un malheur frappe un membre d'une communauté locale ; alors, tout le monde « se cotise pour l'indemniser[14] ».

La population apparaît aussi à Beaumont comme hospitalière, paisible, heureuse, de mœurs simples et pures, du moins en milieu rural :

> Il est impossible d'imaginer une population plus heureuse que celle des campagnes dans le Canada. Il règne dans tous les villages une pureté de mœurs qu'on croirait fabuleuse si on en parlait dans nos villes d'Europe. [...] J'ai retrouvé [...] la gaieté française et les vieilles coutumes de nos pères. Depuis que je suis en Amérique, je n'ai vu rire qu'au Canada ; au dessert, il faut que chacun chante sa chanson. Bonhomie, cordialité, on est sûr de trouver ces sentiments chez les Canadiens[15].

Le sentiment que la « vieille France » se trouve au Canada est renforcé, chez Beaumont, par la découverte de la bonne humeur des paysans et de la persistance chez eux de traditions culturelles dignes de l'Ancien Régime. Ce sentiment est également confirmé par les propos du député Neilson[16]. Le tableau s'enjolive aussi du fait que les campagnes que visitent Tocqueville et Beaumont paraissent prospères : « Il règne dans leur habitation et dans tout ce qui les environne un air d'aisance et de bien-être qui annonce un état tout à fait heureux[17]. »

L'impression que le Bas-Canada est une « vieille France » se trouve encore alimentée, dans la perception de Beaumont, par la place de la religion dans la société canadienne-française. L'unité de religion est un fait acquis, le curé est le premier personnage de chaque paroisse, « sa morale fait toute la police de l'endroit », « la religion est très puissante dans la société ; le clergé catholique est universellement respecté », les églises de campagne « sont remarquablement jolies [et] il y règne surtout un goût extraordinaire[18] ». Par ailleurs, la force de la religion catholique, son emprise profonde sur l'esprit de la population n'empêchent pas une pacifique coexistence avec le protestantisme apporté par le conquérant britannique ; ainsi, le député John Neilson, tout protestant soit-il, a été élu par une population catholique[19].

L'air d'aisance que projettent les campagnes, la bonhomie et la gaieté de la population, la tolérance religieuse régnante, l'allure de chaleureuse « vieille France » qui frappe les visiteurs ne doivent pourtant pas masquer la condition réelle des Canadiens français.

Ainsi, la grande majorité de la population, celle des campagnes, vit dans une économie d'autosuffisance coupée des grands dynamismes économiques. Ayant entendu John Neilson expliquer cet état de choses, Beaumont corrobore l'analyse par une observation personnelle : « J'ai vu moi-même, dans la maison d'un Canadien, des couvertures, des habits, des tapis que le cultivateur avait fabriqués lui-même ainsi que ses souliers[20]. » Le commerce est entre les mains des Anglais. L'esprit d'entreprise et le dynamisme économique des Canadiens français ne semblent pas très vigoureux. À une question qu'il pose concernant le choix de mettre en valeur de nouvelles terres au lieu de devenir ouvrier dans les villes ou de se borner à exploiter les terres déjà défrichées, Beaumont reçoit la réponse suivante: « Je ferais mieux en agissant ainsi. Il y en a quelques-uns qui ont agi de la sorte et, à présent, ils sont riches. Mais, moi, je suis là et j'y reste. Je crois que nous avons peur de nous enrichir[21]. » Il est clair, aux yeux de Beaumont, que la minorité anglaise, qui domine les deux villes importantes du Bas-Canada, détient le pouvoir économique: « [...] la classe riche au Canada est tout anglaise: les Anglais y tiennent entre leurs mains le haut commerce et l'industrie; ils remplissent les deux grandes villes de ce pays, Québec et Montréal. Ils font tous leurs efforts pour écraser la population canadienne dont ils méprisent la pauvreté et dont ils ne comprennent pas le bonheur[22]. »

La situation de l'économie constitue un révélateur incontestable du sort des Canadiens français. Ils sont un peuple vaincu, cédés par leur mère patrie par le « honteux traité » de 1763 à une autre métropole, et depuis lors dominés. Si le gouvernement qu'impose la Grande-Bretagne est « doux » et n'a rien de « tyrannique », il est tout de même « celui du vainqueur sur le vaincu[23] ». Comme le disait un paysan interrogé par Beaumont, « le gouvernement n'est pas Canadien, les Anglais sont les maîtres[24] ». Quel destin attend le peuple vaincu du Bas-Canada ?

Comme Tocqueville, Beaumont nourrit des appréhensions quant à ce destin. D'une part, la Grande-Bretagne a de bonnes raisons de maintenir le Bas-Canada sous sa domination. C'est une présence au cœur de l'Amérique du Nord, comme l'explique Neilson, utile sur le plan stratégique[25] et c'est une source de matières premières, comme le bois, encore indispensable à la construction navale[26]. D'autre part, la population canadienne-française est menacée par l'immigration en provenance des îles Britanniques, cette « foule d'aventuriers qui viennent chercher en Amérique des terres à bon marché » et qui menacent de l'envelopper « de toutes parts par une *majorité étrangère*, dans laquelle ils seront bientôt absorbés[27] ».

Les Canadiens français ne disposent pas de beaucoup de moyens pour conjurer les périls qui les menacent. L'instruction publique commence à peine à se développer. Il y a une élite canadienne-française peu nombreuse qui exprime un mécontentement envers la Grande-Bretagne. Mais la puissance économique des Anglais et la prépondérance de la langue anglaise qui découle de la maîtrise du commerce par les Anglais constituent une évidente menace pour les Canadiens français. Sur ce thème, John Neilson livre à Beaumont des observations pessimistes, concluant au triomphe éventuel de l'anglais, observations que Beaumont rapporte en y intercalant ses propres commentaires. Évoquant le lien entre la survie de la langue et de l'identité des Canadiens français et leur propre force économique, Beaumont cite comme suit Neilson et lui répond aussitôt :

> Le clergé catholique contribue beaucoup à maintenir la langue française parmi la population, si toutefois elle se maintient, ce que je ne pense pas (moi, je pense le contraire). La langue qui, en définitive, restera la dernière est celle dont on a un besoin positif pour toutes ses affaires et les relations sociales ; or *le commerce* ne se fait qu'en langue anglaise. Cette

> nécessité de parler, d'écrire l'anglais pour toutes les choses d'intérêt réel, finira par donner à la langue anglaise la prééminence (les raisons à y opposer sont que les neuf dixièmes de la population parlent français; que c'est un besoin pour les neuf dixièmes de parler une langue qu'ils savent; qu'ils n'entendent jamais une autre langue dans leurs églises; qu'ils ont des écoles où on leur apprendra à lire et à écrire en français; que, lorsqu'ils seront instruits et feront le commerce concurremment avec les Anglais, ils formeront une immense majorité éclairée dans laquelle la langue de la minorité s'absorbera[28]).

Pour Beaumont, le destin des Canadiens français est en quelque sorte dans la balance. D'une part, la domination politique de la Grande-Bretagne, le dynamisme et la puissance économique des Anglais et l'immigration, en provenance surtout des îles Britanniques, pour ne rien dire de la présence voisine des États-Unis, tout cela se conjugue pour mettre en péril la langue française et l'identité canadienne-française. D'autre part, il y a leur attachement profond à cette langue et à cette identité et la promesse qu'offrent le développement récent de l'instruction[29] et l'accès qu'elle rend possible à l'initiative économique et à l'enrichissement, qui peuvent conjurer les menaces pesant sur l'avenir des Canadiens français. À court terme, si l'élite laïque est encore faible et peu nombreuse, il y a un clergé « tout entier opposé au gouvernement » et au sein duquel « il est curieux de voir de bons curés de campagne [...] faisant du libéralisme et parlant comme des démagogues[30] », qui exerce une influence non seulement religieuse et morale mais aussi politique sur la population. Cette remarque de Beaumont se nourrit d'observations de Neilson[31].

Que recèle l'avenir prochain ? Beaumont pressent des événements qui surviendront quelques années plus tard : « Il est probable que tout cela finira par une lutte violente ; mais il serait difficile de prévoir quelle est celle des deux populations (anglaise ou canadienne) qui l'emportera sur l'autre[32] ».

Mais, comme Tocqueville lui-même, Beaumont déplore l'absence, chez les Canadiens français, d'un grand chef politique, capable de canaliser les insatisfactions, les inquiétudes, les espérances et les forces du peuple vers un authentique affranchissement politique :

> Il y aurait au Canada un grand rôle à jouer tout à la fois noble, honorable et dangereux. Ce serait celui d'un homme se consacrant tout entier à la population canadienne, vivant pour ses intérêts, excitant ses passions pour conserver son existence, se constituant le conseil désintéressé et gratuit de tous ses membres, se mêlant entièrement parmi eux ; l'adversaire du gouvernement, chaque fois que l'occasion de l'attaquer se présenterait, obtenant mille concessions des gouvernants ; demandant toujours davantage et, quand les passions du maître et des sujets seraient irritées, lorsque le peuple serait éclairé sur ses véritables intérêts, prononçant à haute voix les mots d'indépendance et de *liberté*[33] !!!

À l'instar de Tocqueville, Beaumont quitte le Bas-Canada avec l'espoir que le peuple pourra s'affranchir des séquelles du « honteux traité » de 1763 et asseoir son farouche attachement à sa langue et à son identité sur une base politique appropriée et garantissant son avenir, que pourront aussi consolider le développement de l'instruction publique et l'affirmation économique.

*
* *

Les regards que portent Beaumont et Tocqueville sur le Bas-Canada mettent en lumière des réalités qui coïncident pour l'essentiel. Les deux voyageurs découvrent un peuple attachant, hospitalier, chaleureux, farouchement enraciné dans son identité, sa langue et sa culture. Pour l'un et l'autre, le Bas-Canada apparaît comme une « vieille France » semblable à la France d'Europe et en même temps différente. Certes, la religion y occupe une place plus importante et le clergé joue un très grand rôle. Mais les visiteurs se sentent dans un pays familier qui leur rappelle souvent leur propre patrie. Tant Beaumont que Tocqueville découvrent vite la donnée fondamentale de la condition collective des Canadiens français. C'est un peuple conquis, dominé, assujetti à un pouvoir économique étranger et dont la subordination se manifeste particulièrement par le second rang auquel sa langue est confinée. C'est, surtout, un peuple à l'avenir bien incertain : entre la tutelle britannique et le voisinage de la puissance montante des États-Unis, les Canadiens français pourront-ils devenir maîtres de leur destin collectif ? Leurs élites pourront-elles les diriger ? Un grand chef politique pourra-il les éclairer et les diriger ? De telles questions se cristallisent rapidement dans l'esprit de Beaumont et de Tocqueville ; mais ni l'un ni l'autre ne parvient vraiment à trouver des réponses qui les satisfassent. Cependant, l'un et l'autre ont su déceler des enjeux fondamentaux.

I

Propos de John Neilson

Québec, 26 août 1831

« Nous avons déjà obtenu le redressement de quelques griefs. Quelques-uns existent encore. Mais il faudra bien que *le gouvernement anglais fasse ce que nous voulons*, il n'oserait pas nous refuser.

« Le Canada, qui s'efforce de devenir aussi libre que possible, ne vise pas cependant et n'a pas intérêt à se séparer de l'Angleterre. Il n'est pas assez puissant pour former une nation isolée et il tomberait immédiatement sous la domination des États-Unis dans lesquels il se trouverait absorbé. Le patronage seul de l'Angleterre peut le préserver de ce malheur. L'Angleterre n'a peut-être pas un intérêt aussi certain à la conservation du Canada. Cette possession est pour elle un moyen d'entrer en Amérique par le fleuve Saint-Laurent, ce qui lui serait d'un grand secours en cas de guerre avec les États-Unis ; de plus, le Canada lui fournit d'excellents bois de construction pour sa marine et ces bois lui manqueraient si elle était en guerre avec les puissances du Nord de l'Europe. Ôtez ces deux avantages et je ne vois dans la possession du Canada aucun profit pour l'Angleterre. Elle dépense chaque année 25 000 livres sterling pour l'entretien des troupes qui y sont, etc. Et il y a des années, comme par exemple l'année dernière, où cette somme est doublée par des dépenses accidentelles. Elle ne tire aucun profit de la taxe de 2 % mise sur les marchandises venues d'Angleterre ; ce droit est établi au profit de la colonie elle-même. C'est le seul impôt indirect qui soit payé et il a pour objet de couvrir les frais d'administration. Du reste, le caractère du gouvernement anglais est de prendre le plus qu'il peut et de n'abandonner jamais, quoi qu'il lui en coûte. On aurait tort de penser que la conservation du Canada est favorable à son commerce. Quand bien même il n'y aurait pas pour le Canada nécessité de se fournir chez les marchands anglais, il le ferait tout de même, parce que les marchandises anglaises sont meilleur marché que toutes les autres. C'est ainsi que l'Angleterre n'a rien perdu sous ce rapport à l'émancipation des États-Unis. Il est de fait, au contraire, que, depuis que les États-Unis sont libres, leur commerce avec la Grande-Bretagne s'est considérablement accru.

« Le Canada est dans un état de prospérité manifeste et croissante. L'instruction publique et primaire y a enfin, depuis trois ans, pris un essor qui ne fera qu'augmenter. Sur 600 000 habitants du Bas-Canada, il y a 60 000 enfants dans les écoles. Nous avons pour cela fait de grandes dépenses : partout on a fait construire des édifices pour servir d'institutions et nous mettons un maître d'école dans chaque paroisse.

« La culture des terres, la construction des routes et en général l'amélioration matérielle du pays font aussi de rapides progrès : cela est dû en grande partie à la conduite du gouvernement anglais vis-à-vis de la population. Ce gouvernement a abandonné les habitants à eux-mêmes, à leur propre industrie, à leurs propres forces ; autrefois, sous le gouvernement français, rien ne se faisait sans la direction de l'autorité ; chacun comptait ainsi sur l'appui du gouvernement pour des choses où véritablement le gouvernement ne saurait être bon juge. Tout alors se faisait mal et à grands frais. L'intérêt individuel livré à ses inspirations personnelles comprend bien mieux ce qu'il doit faire et ici son succès est complet ; l'administration ne se mêle de rien, chaque paroisse se gouverne comme elle l'entend. Elle n'a du reste ni officiers publics, ni magistrats, ni conseils, etc. La grande autorité parmi les habitants de la campagne, c'est l'opinion publique : c'est une force à laquelle chacun se soumet sans murmures et elle règne sur la population en souveraine. La seule personne qui, dans la paroisse, ait un caractère public, est le commandant de la milice, auquel on a conféré quelques attributions de police judiciaire ; ainsi il arrête les coupables d'un crime en cas de flagrant délit ou bien sur un mandat des magistrats. Il remplit en plus l'office de constable. Il a peu d'occasions d'exercer ces dernières fonctions, car la population des campagnes est honnête et singulièrement morale ; elle est toute canadienne ; en cela, elle diffère beaucoup des Canadiens appartenant à la classe moyenne et qu'on trouve dans les villes. Chez ceux-ci les mœurs sont très relâchées ; dans les campagnes, au contraire, la pureté des mœurs est générale. Je ne sache pas qu'il y ait jamais existé un enfant naturel ; rien n'est plus rare que d'y voir commettre un vol ou un délit d'une autre nature. Celui qui s'en rend coupable est à jamais repoussé de la société canadienne. Il n'a ni indulgence ni pardon à espérer. On conçoit quelle doit être la puissance de ce lien formé par l'opinion publique.

« Cette société, la plus morale peut-être qui existe, est aussi la plus heureuse : on lui reproche d'être stationnaire, de s'agglomérer dans un même lieu, sans songer qu'un jour le terrain lui manquera. On a raison de lui faire ce reproche. Mais cet état stationnaire est un des éléments de son bonheur présent : chacun est attaché au lieu qui l'a vu naître. Ce n'est plus cette société américaine, errante, vagabonde, courant d'un lieu à un autre, allant partout où l'intérêt l'appelle et abandonnant le sol natal, sa famille, ses amis, pour un gain de quelques dollars. Ici le fils tient à la terre que ses pères ont possédée ; rien ne peut le décider à l'aliéner. Tous veulent rester au sein de la famille ; aucun ne songe à gagner de l'argent ; on travaille pour vivre, mais on considère surtout que la vie consiste dans les relations de famille, dans les souvenirs, dans l'estime de vieux amis. À vrai dire, *chaque paroisse est une famille*. Il ne faut point chercher ici l'esprit mercantile et industriel des États-Unis. Dans ce dernier pays, les premiers arrivés servent d'aubergistes aux nouveaux venus et se font bien payer. Ici on ne connaît point une pareille industrie ; et celui qui vient trouve, non des aubergistes, mais des hommes hospitaliers. Les Canadiens vivent entre eux comme des frères. L'un d'eux perd-il un de ses bestiaux ? Tout le monde se cotise pour l'indemniser. Un autre a-t-il besoin d'un outil pour travailler ? On le lui donne à frais communs. Le feu consume-t-il la maison de celui-ci ? Tout le monde se met à l'ouvrage et, en quelques jours, la maison est rebâtie. Lorsque je vois ces mœurs antiques chez un peuple sorti de France, il me semble que *la vieille France*, c'est le Canada, tandis que votre France, c'est *la nouvelle*. Le voisinage des villes dans lesquelles la corruption est si grande a peu d'influence sur nos campagnes. Voici pourquoi : l'habitant des campagnes peut se passer entièrement de la ville ; il trouve dans les produits de la terre de quoi se nourrir ; et, quant à ses vêtements, il les fabrique tous lui-même. Chaque cultivateur est en même temps tisserand, fabricant d'étoffes (j'ai vu moi-même, G. B., dans la maison d'un Canadien, des couvertures, des habits, des tapis que le cultivateur avait fabriqués lui-même ainsi que ses souliers).

« La population canadienne est très religieuse ; le clergé catholique a sur elle une grande influence. Il est très respecté et mérite de l'être. Je suis protestant, mais il ne m'en coûte nullement de rendre cette justice aux ministres catholiques. Ils sont du reste entièrement dévoués aux intérêts de la population ; et, comme cette population est composée des vaincus, comme elle a toujours une sorte de lutte à soutenir contre le gouvernement qui lui accorde ou lui refuse ce qu'elle demande, le clergé la soutient de tout son pouvoir contre l'autorité ; ici, les prêtres catholiques sont les libéraux, les démocrates. Il n'y a du reste aucune animosité entre les deux religions : j'ai été élu membre du parlement provincial par des catholiques, bien que je sois protestant.

« Le clergé catholique contribuera beaucoup à maintenir la langue française parmi la population, si toutefois elle se maintient, ce que je ne pense pas (moi [G. B.], je pense le contraire). La langue qui, en définitive, restera la dernière est celle dont on a un besoin positif pour toutes ses affaires et les relations sociales; or *le commerce* ne se fait qu'en langue anglaise. Cette nécessité de parler, d'écrire l'anglais pour toutes les choses d'intérêt réel, finira par donner à la langue anglaise la prééminence (les raisons à y opposer sont que les neuf dixièmes de la population parlent français; que c'est un besoin pour les neuf dixièmes de parler une langue qu'ils savent; qu'ils n'entendront jamais une autre langue dans leurs églises; qu'ils ont des écoles où on leur apprendra à lire et à écrire en français; que, lorsqu'ils seront instruits et feront le commerce concurremment avec les Anglais, ils formeront une immense majorité éclairée dans laquelle la langue de la minorité s'absorbera).

« Les Canadiens tiennent beaucoup à leur langage; une motion faite il y a quelque temps par un membre du parlement anglais avait pour objet d'imposer la langue anglaise au Canada, par exemple dans les tribunaux, etc. Les Canadiens ont vivement réclamé et la proposition n'a pas eu de suite.

« On parle quelquefois de la société canadienne comme d'une société chez laquelle s'est réfugiée l'ancienne féodalité française dans toute sa pureté. Cette opinion n'a aucune espèce de fondement. Il n'y a de féodal que les mots. Un individu qui possède 90 arpents de terre paie 8 francs chaque année de redevance à celui de qui il tient *cette terre*: voilà tout le droit du seigneur. Chacun porte son grain à moudre au moulin du seigneur qui prend *chaque quatorzième minot* pour prix de la mouture. Mais chacun y trouve un profit; car, aux États-Unis par exemple, le meunier prend non la quatorzième, mais bien la douzième partie du grain. Ajoutez à cela que le seigneur est forcé de construire un moulin pour ses tenanciers dans quelque pays que ce soit, avantage très grand dans un pays nouveau. Malgré cet état de choses, et quoique le peuple soit dans le fait très content de sa position, il y a dans son esprit un souvenir très vif de la féodalité et on le verrait se lever en masse s'il croyait que cette féodalité est son état actuel. Quand un habitant des campagnes parle d'une chose qu'il considère comme un grand malheur, comme une affreuse calamité, il prononce le mot de *taille*.

« Il n'y a plus rien de féodal dans les lois. Nos lois sont françaises et anglaises : nous avons le droit civil français, l'ancienne coutume de Paris, et les lois criminelles d'Angleterre, le jury en matière criminelle et les juges en matière civile. En général nos juges sont *des Anglais*. L'un d'eux à Québec est canadien ; il y a trois Anglais pour un Canadien.

« Les habitants concourent presque tous à l'élection des membres du parlement provincial ; il suffit pour être électeur de jouir d'un revenu foncier de 40 francs environ. Les Canadiens se montrent en général très jaloux d'exercer ce droit politique et on voit quelquefois une élection contestée pendant quinze jours sans que le zèle des électeurs se refroidisse ; la majorité dans le parlement provincial est, sans aucune contradiction, canadienne. »

Comme nous nous promenions avec M. Neilson dans un village habité par des Indiens (Hurons), à Lorette, à deux lieues de Québec : « Ces Indiens, nous a-t-il dit, quoique vivant à côté des Européens, conservent leurs mœurs et leurs anciennes habitudes ; ils se croient bien supérieurs aux Européens ; ils considèrent le travail comme déshonorant ; ils vivent de chasse et de pêche ; quelques-uns font un peu de commerce ; mais aucun ne se plie à des habitudes de travail régulier. Du reste, leur race se mêle chaque jour avec la race blanche (les métis sont appelés *bois-brûlés*). » Très jolie Indienne vue à Québec et retrouvée à Lorette. Visite à leur chef. Ses médailles ; portrait du roi d'Angleterre donné par lui-même en 1826 ou 1827.

Les Indiens n'ont d'autre défaut que de s'enivrer (le chef indien à qui nous rendons visite complètement ivre).

M. Neilson, de qui nous tenons tous ces détails, est tout dévoué à la population canadienne. Il passe même aux yeux des Anglais et du gouvernement pour un démagogue. Cependant il est Écossais de naissance et ce fait rend sa position incomplète. Il ne peut désirer que les Canadiens forment une *nation à part*, car il n'en serait pas. Il ne pourrait en être qu'en reniant la sienne. Du reste, c'est probablement à raison de cette situation mixte qu'il a été choisi par les Canadiens pour leur servir d'organe auprès du gouvernement auquel il devait inspirer plus de confiance.

Les Indiens conservent une grande vénération pour le souvenir des Jésuites. Voici le lieu qu'ils habitaient à Lorette : ce lieu est pour les Indiens un lieu sacré. Si les Jésuites n'avaient jamais fait nulle part dans le monde plus de mal que dans le Canada, tout le monde devrait bénir leur mémoire.

D. – Le gouvernement anglais laisserait-il des Français venir s'établir dans le Canada ?

R. – Oui. Autrefois cela n'eût pas été possible, on n'y recevait point les étrangers. L'année dernière, une loi a passé, par laquelle tous les étrangers sont reçus et obtiennent au bout de sept ans de résidence des lettres de naturalisation. Des Français qui viendraient ici trouveraient facilement à s'y établir : ou ils achèteraient des terres à 3 francs l'arpent, ou ils obtiendraient de quelque seigneur la concession de vastes étendues de terrain moyennant la redevance dont j'ai parlé plus haut.

2
Observations sur le Bas-Canada

Québec, 28 août 1831

Il y a, dans les habitants des campagnes, les germes de tous les sentiments qui conduisent un peuple à secouer le joug. Nous nous sommes mis en rapport avec eux (promenades à cheval, conversations sous divers prétextes...).

D. – Pourquoi restez-vous si serrés au lieu de vous étendre dans le pays ?

R. – Nous avons tort, nous sentons bien que nous finirons par être enveloppés par les Anglais ; il y a déjà là tout près *des bas de soie* (Irlandais et Écossais émigrants) qui viennent d'arriver. Mais que voulez-vous ? Nous sommes nés là ; on a ses parents, ses amis, son champ, dans un endroit, on ne saurait aller ailleurs.

D. – Mais ceci n'est pas raisonnable. Avant tout, il faut vivre. Vous êtes heureux aujourd'hui ; mais le champ qui vous suffit aujourd'hui sera insuffisant lorsque votre famille sera doublée ou triplée. Alors vous voudrez avancer dans les terres, mais déjà elles seront prises. Vous voyez bien qu'il faut vous en emparer les premiers, sans quoi votre bonheur n'a point d'avenir.

R. – C'est vrai, nous avons tort, nous serions mieux en faisant comme vous dites. Mais pourquoi que vous gardez votre femme, quoique celle de votre voisin soit plus jolie ? Et puis, voyez-vous, le gouvernement n'est pas canadien, les Anglais sont les maîtres. Il donne tout à ses favoris. Heureusement nous avons dans la chambre des hommes solides qui nous défendent; ceux-là sont des bons. Parlez-moi de M. Neilson; oh ! le brave homme ! il a sacrifié pour nous plus de 600 louis (long éloge de M. Neilson).

D. – Pourquoi au lieu d'aller, vous, jeune homme, travailler à la ville comme ouvrier à la journée, n'allez-vous pas dans les terres cultiver celles qui vous seraient concédées ?

R. – Je ferais mieux en agissant ainsi. Il y en a quelques-uns qui ont agi de la sorte et, à présent, ils sont riches. Mais, moi, je suis là et j'y reste. Je crois que nous avons peur de nous enrichir.

D. – Est-ce que vous avez peur de payer le droit du seigneur ?

R. – J'aimerais mieux être seigneur que de payer le droit. C'est bien commode de se promener la canne à la main et de toucher tous les ans 500 ou 600 louis sans rien faire (comme M. Duchimay [Duchesnay[1]], seigneur du lieu). Et puis, il faut que nous allions porter notre blé à son moulin, sans quoi nous payons l'amende. Il y a aussi le curé, à qui il faut donner la vingt-quatrième partie de la récolte, sans compter que, pour un service, il vous a bientôt gagné 5 ou 6 piastres (25 ou 30 francs).

D. – Ce n'est pas la question : vous voudriez être seigneur, vous ne l'êtes pas. Ne vaudrait-il pas mieux être propriétaire que d'être ouvrier ?

R. – C'est vrai, car, après tout, le seigneur n'est rien. Si on m'ôte son chapeau, je lui ôte le mien ; il a son banc dans l'église, moi, j'ai le mien aussi. Je ne lui dois rien. (Il est évident que ce qui froisse l'esprit des habitants dans le *seigneur*, c'est l'idée qu'il est riche sans rien faire, sans compter le souvenir de la *féodalité* qui est encore dans toutes les têtes et qu'on pourrait exploiter avec beaucoup de succès, si on voulait *faire de la Révolution* dans le Canada.)

Il y a sur la rive droite du Saint-Laurent une paroisse considérable du nom de Beaumont, fondée par un seigneur de ce nom, et aux Trois-Rivières il existe encore des Salaberry. Tous ces noms de paroisses sont ceux d'*officiers français* qui, lors de la conquête, se sont emparés du sol.

Il y aurait au Canada un grand rôle à jouer tout à la fois noble, honorable et dangereux. Ce serait celui d'un homme se consacrant tout entier à la population canadienne, vivant pour ses intérêts, excitant ses passions pour conserver son existence, se constituant le conseil désintéressé et gratuit de tous ses membres, se mêlant entièrement parmi eux ; l'adversaire du gouvernement, chaque fois que l'occasion de l'attaquer se présenterait, obtenant mille concessions des gouvernants ; demandant toujours davantage et, quand les passions du maître et des sujets seraient irritées, lorsque le peuple serait éclairé sur ses véritables intérêts, prononçant à haute voix les mots d'indépendance et de *liberté* ! ! !

3
La situation du Bas-Canada

5 septembre 1831

[...]

Dans deux jours nous serons à Boston. Mais avant de vous parler des villes où je dois aller, il faut que je vous dise quelques mots de celles que j'ai déjà visitées. Ma dernière lettre est partie de Montréal au moment où j'y arrivais. Nous avons fort peu séjourné dans cette ville. Elle est grande, située dans une île au milieu du fleuve Saint-Laurent. Elle contient de 25 000 à 30 000 habitants; c'est la plus grande ville du Canada; ce n'est cependant pas la capitale.

Nous avions une lettre pour le supérieur du séminaire de Montréal: nous avons trouvé un Français très aimable et fort distingué; c'est un ecclésiastique venu il y a quatre ans de Saint-Sulpice. Il nous a fort bien accueillis et nous a donné sur le Canada beaucoup de renseignements précieux. Ce pays excitait vivement notre intérêt: sur 900 000 habitants, plus de 800 000 sont Français; soumis à la domination anglaise depuis que le honteux traité de 1763 a cédé le Canada à l'Angleterre, les Canadiens n'ont pas cessé de former une population à part, entièrement distincte de la population anglaise qui cherche à s'introduire parmi eux. Ils conservent leur langage, leurs mœurs et leur nationalité. Le gouvernement anglais est très doux et n'a rien de tyrannique, mais son tort est d'être celui du vainqueur sur le vaincu. Celui-ci ne saurait oublier sa défaite alors même que le premier ne se souviendrait plus de sa victoire.

Il y a au Canada des germes de mécontentement, de malaise, d'hostilité contre l'Angleterre. Le peuple proprement dit ne se rend pas bien compte de ce qu'il sent; mais la classe éclairée qui n'est pas encore très nombreuse prend le soin de le diriger et de fournir des raisonnements à ses passions.

Il est impossible d'imaginer une population plus heureuse que celle des campagnes dans le Canada. Il règne dans tous les villages une pureté de mœurs qu'on croirait fabuleuse si on en parlait dans nos villes d'Europe. Là, c'est chose inconnue que l'existence d'un crime ou un outrage aux bonnes mœurs. Il n'y a dans la paroisse d'autre fonctionnaire public que le curé; sa morale fait toute la police de l'endroit; il y a unité de religion, tous sont catholiques. Il reste encore parmi eux quelques traces de la féodalité: les terres sont toutes divisées en seigneuries et chaque tenancier est obligé de payer une redevance au seigneur. Cette redevance est minime; c'est par exemple 5 ou 6 francs pour une étendue de 90 arpents. Le seigneur a un banc privilégié à l'église; excepté cela, le seigneur ne l'est que de nom et il n'a absolument aucun privilège. Le curé reçoit la dîme de la récolte: elle consiste dans la vingt-sixième partie. Cet état de choses est tout entier dans l'intérêt des habitants qui n'ont aucun impôt à payer. Nous en avons visité quelques-uns. Il règne dans leur habitation et dans tout ce qui les environne un air d'aisance et de bien-être qui annonce un état tout à fait heureux. Mais leur bonheur n'aura peut-être pas une longue durée. Chaque année, il arrive d'Angleterre, d'Irlande et d'Écosse, une foule d'aventuriers qui viennent chercher en Amérique des terres à bon marché. Le gouvernement anglais, qui a intérêt à ce que la population anglaise s'accroisse dans le Canada, les dirige tant qu'il peut de ce côté, de sorte qu'aux premiers jours les pauvres Canadiens seront, s'ils n'y prennent garde, enveloppés de toutes parts par une *majorité étrangère*, dans laquelle ils seront bientôt absorbés. Ce qui augmente le danger, c'est que la classe riche au Canada est tout anglaise : les Anglais y tiennent entre leurs mains le haut commerce et l'industrie ; ils remplissent les deux grandes villes de ce pays, Québec et Montréal. Ils font tous leurs efforts pour écraser la population canadienne dont ils méprisent la pauvreté et dont ils ne comprennent pas le bonheur.

Ce mouvement d'émigration de la Grande-Bretagne continuera à moins que la paix de l'Europe ne soit troublée. Les Canadiens en sont déjà alarmés ; déjà on s'efforce de répandre parmi eux les lumières de l'instruction, afin de les mettre plus à même de comprendre leurs intérêts politiques. Le clergé est tout entier opposant au gouvernement : il est curieux de voir de bons curés de campagne dans le genre du curé de Marçon ou de celui de Beaumont-la-Chartre faisant du libéralisme et parlant comme des démagogues. Il est probable que tout cela finira par une lutte violente ; mais il serait difficile de prévoir quelle est celle des deux populations (anglaise ou canadienne) qui l'emportera sur l'autre.

Le 24 août, nous avons quitté Montréal et nous sommes embarqués sur le *John-Molson*, très beau bateau à vapeur qui nous a conduits à Québec en moins de vingt-quatre heures (il y a environ 60 lieues).

Il est impossible d'imaginer un fleuve plus beau que le Saint-Laurent. Au fait, c'est le plus grand qu'on connaisse : à 10 lieues de Québec, il prend 7 lieues de largeur et les conserve pendant 50 lieues, après quoi il s'étend encore davantage jusqu'à ce qu'il se confonde entièrement avec la mer. La situation de Québec est très pittoresque ; elle est bâtie sur le Cap Diamant ; les Français, qui en sont les fondateurs, l'avaient fortifiée ; le gouvernement anglais fait travailler encore chaque jour à la citadelle qui nous a paru très forte. Québec est la capitale du Canada et le siège de l'administration anglaise. Il y reste constamment une garnison nombreuse ; c'est l'Angleterre qui en paie les frais. La conservation du Canada lui coûte chaque année plus de 6 millions : mais elle le conserve néanmoins parce que cette colonie lui est d'une grande utilité politique, notamment à raison des bois de construction qu'elle lui fournit en tout temps pour ses vaisseaux.

Le pays que j'ai vu au Canada m'a paru avoir un caractère particulier. Ordinairement les pays fertiles, ceux où la culture des terres est la plus productive, sont peu agréables à voir et, par compensation, les pays très pittoresques sont ordinairement ceux dont on tire la moins de profit réel. Les bords du Saint-Laurent ont le double avantage d'être d'une fertilité rare et de présenter le plus grand et le plus magnifique spectacle qu'on puisse imaginer : à droite et à gauche on voit des plaines couvertes de moissons, au milieu desquelles le fleuve promène ses vastes eaux et de chaque côté de hautes montagnes, au pied desquelles s'arrête la culture, forment dans le lointain une grande ombre au tableau.

Nous nous sommes mis particulièrement en rapport à Québec avec tous les hommes distingués du pays. Ils nous ont reçus à bras ouverts: tous se réjouissaient de voir des Français de la vieille France. L'un d'eux, M. Neilson, nous a témoigné surtout beaucoup d'intérêt; il nous a promenés de côtés et d'autres et a mis une complaisance extrême à nous montrer tout ce qu'il y a d'intéressant à voir. J'ai visité avec lui et mon ami Tocqueville une paroisse considérable qui porte le nom de Beaumont; elle est située à trois lieues de Québec, c'est le centre d'une seigneurie fondée sous le siècle de Louis XIV par un monsieur de Beaumont, venu de France, on ne sait de quelle province. L'histoire de ce Beaumont m'aurait intéressé beaucoup si je n'avais cru me rappeler qu'au temps dont je viens de parler les Beaumont auxquels j'ai l'avantage d'appartenir étaient encore des Bonnin ou tout au plus des Bonninière; on ne m'en a pas moins traité comme le seigneur de l'endroit.

Une autre course non moins intéressante est celle que nous avons faite pour voir le lieu où la rivière de Montmorency tombe dans le fleuve Saint-Laurent; la chute est de 240 pieds. Quoiqu'elle soit très belle, elle ne saurait être comparée à celle du Niagara. C'est la différence qu'il y a entre un fleuve et un ruisseau: la chute de Montmorency est jolie, celle de Niagara est grande et magnifique. J'ai encore vu bien des choses à Québec, par exemple le couvent des religieuses parmi lesquelles j'ai vu des femmes très distinguées et qui toutes ont des parents en France. J'ai vu un juge, M. Taschereau[1], dont la famille est de Touraine; d'après ce qu'il m'a dit, il est parent de nos Taschereau de La Chartre. Il est à Québec le seul Canadien auquel le gouvernement anglais confie un emploi public; c'est du reste pour lui une bonne affaire, car il a 25 000 francs de traitement. J'ai dîné avec lui chez un de ses parents. J'ai retrouvé dans ce dernier Canadien la gaieté française et les vieilles coutumes de nos pères. Depuis que je suis en Amérique, je n'ai vu rire qu'au Canada; au dessert, il faut que chacun chante sa chanson. Bonhomie, cordialité, on est sûr de trouver ces sentiments chez les Canadiens.

La religion est très puissante sur la société; le clergé catholique est universellement respecté; il n'y a pas un philosophe qui ne soit en même temps un homme religieux ou du moins qui ose paraître le contraire. Je me promenais un jour avec l'un des *démocrates* de Québec: il ne passait jamais devant une église sans faire le signe de la croix.

À propos d'églises, celles des campagnes sont remarquablement jolies; il y règne surtout un goût extraordinaire. J'en ai vu un très grand nombre et je n'en ai pas rencontré une seule qui ne figurât très bien dans une grande ville.

Nous sommes partis de Québec le 31 août; nous avons remonté le Saint-Laurent jusqu'à Montréal dans le bateau à vapeur *Le Richelieu*. Nous sommes arrivés à Montréal le 2 septembre et sommes repartis immédiatement de cette ville pour nous rendre à Albany. Un bateau à vapeur (*Le Voyageur*) nous a conduits à La Prairie; là, nous avons pris une voiture qui nous a conduits à Saint-John où nous nous sommes embarqués sur le lac Champlain dans un bateau à vapeur (*Le Phénix*). Le 4 septembre, nous sommes arrivés à Whitehall et là nous avons pris une voiture dans laquelle nous sommes venus aujourd'hui à Albany.

Repères bibliographiques

Œuvres d'Alexis de Tocqueville

Les *Œuvres complètes* de Tocqueville sont publiées par les éditions Gallimard, en 18 tomes et 30 volumes, presque tous disponibles. Par ailleurs, Gallimard a aussi entrepris la publication d'écrits de Tocqueville dans la « Bibliothèque de la Pléiade » : le premier tome des *Œuvres*, paru en 1991, comporte des textes de voyage et des textes politiques et théoriques ; le second comprend les deux parties de *De la démocratie en Amérique* ; un troisième tome est en préparation.

On trouve dans diverses collections en format de poche (« Folio », « Garnier-Flammarion ») les principaux ouvrages de Tocqueville, dont *De la démocratie en Amérique*, *L'Ancien Régime et la Révolution* et *Souvenirs* ; ces trois ouvrages sont aussi réunis dans la collection « Bouquins » chez Robert Laffont.

Enfin, l'on peut prendre connaissance d'une sélection de la très abondante correspondance de Tocqueville dans *Lettres choisies, Souvenirs, 1814-1859*, Paris, Gallimard, coll. « Quarto », 2003.

Biographies de Tocqueville

JARDIN, André, *Alexis de Tocqueville 1805-1859*, Paris, Hachette Littérature, 1984.

MAYER, J.-P., *Alexis de Tocqueville*, traduit de l'anglais par Joseph Sorin, Paris, Gallimard, coll. « Leurs figures », 1948.

ROBIEN, Gilles de, *Alexis de Tocqueville*, Paris, Flammarion, « Grandes Biographies », 2000.

Le voyage en Amérique

Il existe un ouvrage fondamental et exhaustif sur le voyage de Tocqueville et Beaumont en Amérique, ouvrage ancien mais qui a bien vieilli et qui conserve tout son intérêt, même si l'auteur est parfois très critique envers Tocqueville (notamment lors de son passage au Bas-Canada) :

PIERSON, George Wilson, *Tocqueville and Beaumont in America*, New York, Oxford University Press, 1938.

Une édition abrégée de ce livre, préparée avec l'accord de l'auteur, a été réalisée :

LUNT, Dudley C., *Tocqueville in America*, Garden City (N. Y.), Doubleday, 1959.

Tocqueville et le Bas-Canada

BERGERON, Gérard, *Quand Tocqueville et Siegfried nous observaient...*, Sillery, Presses de l'Université du Québec, 1990.

DION, Stéphane, « La pensée de Tocqueville. L'épreuve du Canada français », *Revue d'histoire de l'Amérique française*, vol. 41, nº 4, 1988, p. 537-552.

LECLERCQ, Jean-Michel, « Alexis de Tocqueville au Canada (du 24 août au 2 septembre 1831) », *Revue d'histoire de l'Amérique française*, vol. 22, nº 3, 1968, p. 353-364.

Notes et sources

Pour la source des textes choisis, nous renvoyons, sauf exceptions, à l'édition de référence des *Œuvres complètes* (ci-après O. C.), en 18 tomes et 30 volumes, en cours de publication depuis 1951, sous la direction de J.-P. Mayer, chez Gallimard, à Paris et, quand il y a lieu, au premier tome des *Œuvres* dans la « Bibliothèque de la Pléiade » (ci-après *Pléiade*), paru en 1991 également chez Gallimard, ainsi qu'au deuxième tome, paru en 1992.

Présentation

1. Voir l'excellente anthologie préparée par Luc BUREAU, *Pays et mensonges. Le Québec sous la plume d'écrivains et de penseurs étrangers. Anthologie géo-littéraire*, Montréal, Boréal, 1999, 400 p. Au total, 34 auteurs figurent dans cette anthologie.
2. « J'ai prêté serment comme juge auditeur à Versailles, le 16 août 1830. Je l'ai prêté de nouveau, comme juge suppléant, le 28 octobre de la même année », déclare Tocqueville dans un message du 5 juillet 1842 à ses électeurs (O. C., t. III, *Écrits et discours politiques*, vol. 2, 1985, p. 66).
3. L'historien américain George Wilson PIERSON a minutieusement reconstitué le périple américain de Tocqueville et Beaumont dans son ouvrage *Tocqueville and Beaumont in America*, New York, Oxford University Press, 1938.

4. O. C., t. I, *De la démocratie en Amérique*, vol. 1, 1961, p. 1, 4.
5. *Ibid.*, p. XLIII-XLIV.
6. *Ibid.*, p. 430-431.
7. O. C., t. I, *De la démocratie en Amérique*, vol. 2, 1961, p. 323.
8. *Ibid.*, p. 324-326.
9. O. C., t. VI, *Correspondances anglaises*, vol. 1, 1954, p. 293-294.
10. O. C., t. III, *Écrits et discours politiques*, vol. 2, 1985, p. 87.
11. Lettre à P. Clamorgan, 25 février 1848, O. C., t. X, *Correspondance et écrits locaux*, 1995, p. 444.
12. O. C., t. III, *Écrits et discours politiques*, vol. 3, 1990, p. 40-41.
13. *Ibid.*, p. 211-222.
14. Lettre à P. Clamorgan, 18 novembre 1848, O. C., t. X, *Correspondance et écrits locaux*, 1995, p. 488.
15. Lettre à J.-B. Roussel, 14 décembre 1851, *ibid.*, p. 561-562.
16. O. C., t. III, *Écrits et discours politiques*, vol. 2, 1985, p. 52.
17. Étienne PARENT, *Le Canadien*, 7 mai 1831, in Yvan LAMONDE et Claude CORBO, *Le Rouge et le Bleu. Une anthologie de la pensée politique au Québec de la Conquête à la Révolution tranquille*, Montréal, Presses de l'Université de Montréal, 1999, p. 84 et 87.
18. Les notes de voyage de Tocqueville et de Beaumont constituent la source première d'information sur la chronologie de leur voyage au Bas-Canada. L'historien américain George Wilson PIERSON a effectué un travail considérable de datation; voir à ce sujet Dudley C. LUNT, *Tocqueville in America. Abridged*, Garden City (N.Y.), Doubleday, 1959, p. 200-232. Voir aussi: Jean-Michel LECLERCQ, « Alexis de Tocqueville au Canada (du 24 août au 2 septembre 1831) », *Revue*

d'histoire de l'Amérique française, vol. 22, nº 3, 1968, p. 353-354; André JARDIN, *Alexis de Tocqueville 1805-1859*, Paris, Hachette Littérature, 1984, p. 130-143; Gérard BERGERON, *Quand Tocqueville et Siegfried nous observaient...*, Sillery, Presses de l'Université du Québec, 1990, *passim*. On peut enfin se référer au premier tome des *Œuvres* de Tocqueville, de la « Bibliothèque de la Pléiade », Paris, Gallimard, 1991, lequel comporte de nombreuses indications chronologiques.

19. Voir *Pléiade*, t. I, p. 1274, et André JARDIN, *op. cit.*, p. 135, note 1.
20. Voir *Pléiade*, t. I, p. 1323.
21. *O. C.*, t. XIV, *Correspondance familiale*, 1998, p. 105.
22. *Ibid.*, p. 129. À sa belle-sœur Émilie, le même jour, Tocqueville signale qu'elle trouverait au Bas-Canada « [ses] chers Bas-Normands trait pour trait » (*Ibid.*, p. 132).
23. André JARDIN, *op. cit.*, p. 135.
24. Françoise MÉLONIO, « Voyage en Amérique. Notice » dans *Pléiade*, t. I, p. 1240. F. Mélonio ajoute : « Il faut imaginer Tocqueville et Beaumont écrivant fébrilement en diligence ou bien, dans les villes, très tôt le matin, notant les propos d'un partenaire de contredanse, d'un voisin de banquet ou d'une notabilité rencontrée la veille. » (*Ibid.*, p. 1240-1244.)
25. Nous devons à M. François Labonté, scénariste de Montréal, qui a constitué une base informatisée de données sur la correspondance de Louis-Joseph Papineau, des précisions qui ne permettent pas d'affirmer qu'une rencontre de Tocqueville et de Papineau ait eu lieu en 1831. Vers la fin de juillet 1831, Papineau est blessé dans un accident de voiture. Le mois d'août est une période de convalescence. Le 20 août, il écrit à John Neilson pour lui annoncer un prochain voyage à Québec ; mais ce voyage n'aura lieu qu'en septembre. Le 31 août, le jour où Tocqueville et Beaumont s'apprêtent à quitter Québec pour

Montréal, Papineau écrit à son épouse depuis la seigneurie de la Petite-Nation; il apparaît peu probable qu'il ait rencontré Tocqueville à Montréal le 1er ou le 2 septembre; ce dernier l'aurait sûrement noté. Si l'on en croit une lettre de Papineau à son épouse en date du 5 mai 1839, la première rencontre entre les deux hommes n'a eu lieu qu'en mai 1839, à Paris. Le nom de Papineau n'apparaît pas dans les écrits de Tocqueville postérieurs à sa visite au Bas-Canada.

26. O. C., t. XIV, *Correspondance familiale*, 1998, p. 130.
27. *Pléiade*, t. I, p. 210.
28. *Ibid.*, p. 202, 203, 204.
29. *Ibid.*, p. 202.
30. *Ibid.*, p. 207.
31. *Ibid.*, p. 209-210.
32. O. C., t. XIV, *Correspondance familiale*, 1998, p. 146.
33. *Pléiade*, t. I, p. 205.

1. Projet de voyage

Lettre à sa mère, O. C., t. XIV, *Correspondance familiale*, 1998, p. 104-105; lettre à l'abbé Lesueur, *ibid.*, p. 110.

2. « Quinze jours dans le désert »

O. C., t. V, *Voyages en Sicile et aux États-Unis*, vol. 1, 1957, p. 342-387; *Pléiade*, t. I, 1991, p. 360-413.

1. Voir *Pléiade*, t. I, 1991, p. 1360-1361 (notes).
2. André JARDIN, *Alexis de Tocqueville*, Paris, Hachette Littérature, 1984, p. 122-123.

3. Sur les Grands Lacs et aux chutes du Niagara

O. C., t. V, *Voyages en Sicile et aux États-Unis*, vol. 1, 1957, p. 172-176; *Pléiade*, t. I, 1991, p. 160-164.

4. Conversation avec un Canadien

O. C., t. V, *Voyages en Sicile et aux États-Unis*, vol. 1, 1957, p. 172-176; *Pléiade*, t. 1, 1991, p. 48-49 et 164-165.

5. Images d'Amérique

O. C., t. XIV, *Correspondance familiale*, 1998, p. 123-126.

6. Niagara ou le tonnerre des eaux

O. C., t. XIV, *Correspondance familiale*, 1998, p. 126-128.

7. Conversations montréalaises

O. C., t. V, *Voyages en Sicile et aux États-Unis*, vol. 1, 1957, p. 77-78; *Pléiade*, t. I, 1991, p. 51-54.

8. Premières notes sur le Canada

O. C., t. V, *Voyages en Sicile et aux États-Unis*, vol. 1, 1957, p. 210-211; *Pléiade*, t. I, 1991, p. 201-202.

9. Propos d'un négociant anglais de Québec

O. C., t. V, *Voyages en Sicile et aux États-Unis*, vol. 1, 1957, p. 79-80; *Pléiade*, t. I, 1991, p. 54.

10. Observations sur la société du Bas-Canada

O. C., t. V, *Voyages en Sicile et aux États-Unis*, vol. 1, 1957, p. 211-213; *Pléiade*, t. I, 1991, p. 203-205.

11. Conversation avec le député John Neilson

O. C., t. V, *Voyages en Sicile et aux États-Unis*, vol. 1, 1957, p. 80-85 et p. 231-232; *Pléiade*, t. I, 1991, p. 54-60.

1. Le gouvernement britannique s'est assez tôt préoccupé d'éducation dans la province de Québec. En 1787, le gouverneur Lord Dorchester crée un comité d'étude sur la question qui propose, en 1789, d'établir un système d'éducation public primaire, secondaire et même universitaire. La proposition se heurte à l'opposition de l'Église. Mais l'idée suit son chemin. En 1801, la loi créant l'Institution royale pour l'avancement des sciences donne à cet organisme la responsabilité de mettre sur pied des écoles publiques dans chaque paroisse. Cependant, en pratique, peu de telles écoles sont ouvertes dans les paroisses canadiennes-françaises ; le haut clergé craint qu'elles ne servent à protestantiser et angliciser la population. La majorité canadienne-française de la Chambre d'assemblée tente en vain de faire modifier la loi. En 1824, elle fait adopter la Loi des écoles de fabrique, écoles confessionnelles rattachées aux paroisses. En 1829, la Chambre d'assemblée adopte une nouvelle loi par laquelle elle crée aussi des écoles. Ainsi, l'éducation devient, dès le début du XIXe siècle, un sujet de litige dans la colonie et le système scolaire se scinde rapidement en deux systèmes distincts, l'un anglo-protestant, l'autre franco-catholique.

12. Excursions aux environs de Québec

O. C., t. V, *Voyages en Sicile et aux États-Unis*, vol. 1, 1957, p. 213-214 ; *Pléiade*, t. I, 1991, p. 205-209.

13. Remarques générales sur le Bas-Canada

O. C., t. V, *Voyages en Sicile et aux États-Unis*, vol. 1, 1957, p. 217-218 ; *Pléiade*, t. I, 1991, p. 209-211.

1. Voir ces commentaires de Pierson : « *The prison commissioners had come out from Quebec without Mr. Neilson precisely so that they could discuss the future*

of Lower Canada with the Norman peasants, perhaps even suggest to them a racial policy, at least discover whether it was not within the range of possibility to arouse them to a struggle for independance and greatness. Clearly, no other explanation will account for the extraordinary character of the record here presented. In short, for the moment the two investigators had cast discretion to the winds. They were acting the role of instigators of revolution. There is no name for what they were doing [...] a fine fire of patriotism was raging within them », George Wilson PIERSON, *Tocqueville in America*, Abridged by Dudley C. LUNT, Garden City (N.Y.), Doubleday, 1959, p. 227-228.

2. « [...] on conviendra qu'il a su, en si peu de temps, analyser correctement les composantes du problème canadien. Non sans témoigner par son attitude de l'ambiguïté des relations que la France entretient avec le Canada – et qui perdurent aujourd'hui encore. Toutes proportions gardées, c'est déjà "Vive le Québec libre". [...]. Comme si Tocqueville avait pressenti de Gaulle. » (Gilles de ROBIEN, *Alexis de Tocqueville*, Paris, Flammarion, 2000, p. 99.)

14. Premier bilan du voyage au Bas-Canada

O. C., t. XIV, *Correspondance familiale*, 1998, p. 128-130.

15. Le Bas-Canada, une autre Normandie

O. C., t. XIV, *Correspondance familiale*, 1998, p. 132.

16. Religion et politique

O. C., t. V, *Voyages en Sicile et aux États-Unis*, vol. 1, 1957, p. 179; *Pléiade*, t. I, 1991, p. 167-168.

17. Sur les autochtones

Alexis de Tocqueville, *Lettres choisies, Souvenirs, 1814-1859*, Paris, Gallimard, coll. « Quarto », 2003, p. 232-235.; *Pléiade*, t. I, 1991, p. 178.

18. Sur l'identité nationale

O. C., t. V, *Voyages en Sicile et aux États-Unis*, vol. 1, 1957, p. 189-190; *Pléiade*, t. I, 1991, p. 178.

19. Faiblesse de l'effort colonisateur de la France

O. C., t. XIV, *Correspondance familiale*, 1998, p. 145-147.

20. Contrepoint: observations sur La Nouvelle-Orléans et la Louisiane

O. C., t. V, *Voyages en Sicile et aux États-Unis*, vol. 1, 1957, p. 191-193; *Pléiade*, t. I, 1991, p. 180-181.

21. Contrepoint: les Français de la Louisiane (1)

O. C., t. V, *Voyages en Sicile et aux États-Unis*, vol. 1, 1957, p. 134-136; *Pléiade*, t. I, 1991, p. 117-119.

1. Tocqueville décrit aussi les détails de sa visite à la résidence de Mazureau, qui lui a été présenté comme l'« aigle du Barreau de La Nouvelle-Orléans » (voir *Pléiade*, t. I, p. 186-188).

22. Contrepoint: les Français de la Louisiane (2)

O. C., t. V, *Voyages en Sicile et aux États-Unis*, vol. 1, 1957, p. 136-139; *Pléiade*, t. I, 1991, p. 119-123.

23. « Ce qui fait supporter la république aux États-Unis »

O. C., t. V, *Voyages en Sicile et aux États-Unis*, vol. 1, 1957, p. 256-257; *Pléiade*, t. I, 1991, p. 253-254.

1. Voir *Pléiade*, t. I, p. 194-195.
2. Voir *O. C.*, t. I, *De la démocratie en Amérique*, vol. 1, 1961, p. 289 et suiv.

24. L'effort colonisateur de la France

O. C., t. III, *Écrits et discours politiques*, 1962, p. 35-40.

25. Pénétration de la culture américaine au Bas-Canada

O. C., t. I, *De la démocratie en Amérique*, vol. 1, 1961, p. 297-298; *Pléiade*, t. II, 1992, p. 327-328.

26. Rapports différents entre Blancs et autochtones en Amérique du Nord

O. C., t. I, *De la démocratie en Amérique*, vol. 1, 1961, p. 345, n. 17, et p. 348-349, n. 19; *Pléiade*, t. II, 1992, p. 383 et 386-387.

27. Les Amériques de l'avenir: hégémonie anglo-saxonne et présence hispanique

O. C., t. I, *De la démocratie en Amérique*, vol. 1, 1961, p. 425-430; *Pléiade*, t. II, 1992, p. 474-480.

28. La rébellion de 1837 au Bas-Canada

Canadian Historical Review, vol. XIX, n° 4, 1938, p. 394-397 (avec notes explicatives d'Edgar McInnis). Cette lettre de Tocqueville à Henry Reeve ne se trouve pas dans les *Œuvres complètes*.

29. Remarques sur le rapport Durham

O. C., t. III, *Écrits et discours politiques*, 1962, p. 333-334, n. « a ».

30. L'Ancien Régime au Canada

O. C., t. II, vol. 1, *L'Ancien Régime et la Révolution*, 1952, p. 286-287.

Appendice
Gustave de Beaumont et le Bas-Canada

1. André JARDIN, *Alexis de Tocqueville*, Paris, Hachette Littérature, 1984, p. 90.
2. *O. C.*, t. VIII, 3 volumes, Paris, Gallimard, 1967.
3. Gustave de BEAUMONT, *Lettres d'Amérique 1831-1832*, texte établi et annoté par André Jardin et George W. Pierson, Paris, Presses universitaires de France, Publications de la Sorbonne, Série documents - 22, 1973, 221 p.
4. *Ibid.*, p. 99.
5. *Ibid.*, p. 105.
6. « Parmi les gens qui sont établis là, il y a quelques Canadiens qui ont paru charmés de nous voir : "Vous venez de la vieille France", disaient-ils. C'est ainsi qu'ils nomment la France, parce que le Canada était la France nouvelle. » (*Ibid.*, lettre du 2 août 1831 à Ernest de Chabrol, p. 115.)
7. *Ibid.*, lettre du 11 août 1831 à son frère Achille, p. 123.
8. *Ibid.*, p. 125.
9. « Ordinairement les pays fertiles, ceux où la culture des terres est la plus productive, sont peu agréables à voir et, par compensation, les pays très pittoresques sont ordinairement ceux dont on tire le moins de profit réel. Les bords du Saint-Laurent ont le double

avantage d'être d'une fertilité rare et de présenter le plus grand et le magnifique spectacle que l'on puisse imaginer : à droite et gauche on voit des plaines couvertes de moissons, au milieu desquelles le fleuve promène ses vastes eaux et de chaque côté de hautes montagnes, au pied desquelles s'arrête la culture, forment dans le lointain une grande ombre au tableau. » (*Ibid.*, p. 141.)
10. *Ibid.*, p. 139.
11. *Ibid.*, p. 133.
12. « Nous sommes nés là ; on a ses parents, ses amis, son champ, dans un endroit, on ne saurait aller ailleurs. » (*Ibid.*, p. 136.)
13. « Ici le fils tient à la terre que ses pères ont possédée ; rien ne peut le décider à l'aliéner. Tous veulent rester au sein de la famille [...] on considère surtout que la vie consiste dans les relations de famille, dans les souvenirs, dans l'estime de vieux amis. [...] Les Canadiens vivent entre eux comme des frères. » (*Ibid.*, p. 133.)
14. *Ibid.*
15. *Ibid.*, p. 139-142.
16. « Lorsque je vois ces mœurs antiques chez un peuple sorti de France, dit Neilson à Tocqueville et Beaumont, il me semble que *la vieille France*, c'est le Canada, tandis que votre France, c'est *la nouvelle.* » (*Ibid.*, p. 133.)
17. *Ibid.*, p. 140.
18. *Ibid.*, p. 140, 142.
19. « Il n'y a du reste aucune animosité entre les deux religions ; j'ai été élu membre du parlement provincial par des catholiques, bien que je sois protestant », confie Neilson (*Ibid.*, p. 133).
20. *Ibid.*
21. *Ibid.*, p. 136.
22. *Ibid.*, p. 140.
23. *Ibid.*, p. 139.

24. *Ibid.*, p. 136.
25. *Ibid.*, p. 131.
26. « Cette colonie lui est d'une grande utilité politique, notamment à raison des bois de construction qu'elle lui fournit en tout temps pour ses vaisseaux. » (*Ibid.*, p. 141.)
27. *Ibid.*, p. 140.
28. *Ibid.*, p. 133-134.
29. Au sujet du développement de l'instruction publique au Bas-Canada au moment de la visite de Tocqueville et de Beaumont, il faut rappeler l'adoption de lois par la Chambre d'assemblée. En 1824, la Loi des écoles de fabrique permet aux paroisses d'instituer sur leur territoire des écoles publiques ; en 1829, la Loi sur les écoles de syndic (de portée annuelle) permet l'élection par les propriétaires, dans chaque paroisse, de commissaires pouvant établir des écoles financées conjointement par les propriétaires et le gouvernement. Mais ces dispositions législatives sont encore fragiles. Il faudra attendre les premières années du régime de l'Union (1840-1867) pour que se mette en place un système scolaire public stable et durable.
30. Gustave de BEAUMONT, *op. cit.*, p. 140.
31. Voir ces propos du député Neilson rapportés par Beaumont : les membres du clergé catholique « sont du reste entièrement dévoués aux intérêts de la population ; et, comme cette population est composée des vaincus, comme elle a toujours une sorte de lutte à soutenir contre le gouvernement qui lui accorde ou lui refuse ce qu'elle demande, le clergé la soutient de tout son pouvoir contre l'autorité ; ici, les prêtres catholiques sont les libéraux, les démocrates. » (*Ibid.*, p. 133.)
32. *Ibid.*, p. 140.
33. *Ibid.*, p. 137.

1. Propos de John Neilson

Gustave de BEAUMONT, *Lettres d'Amérique 1831-1832*, Paris, Presses universitaires de France, Publications de la Sorbonne, Série documents - 22, 1973, p. 131-135.

2. Observations sur le Bas-Canada

Gustave de BEAUMONT, *Lettres d'Amérique 1831-1832*, Paris, Presses universitaires de France, Publications de la Sorbonne, Série documents - 22, 1973, p. 136-137.

1. Henri-Elzéar Juchereau Duchesnay (1809-1871), seigneur de Beauport, avocat, magistrat, puis sénateur en 1867.

3. La situation du Bas-Canada

Gustave de BEAUMONT, *Lettres d'Amérique 1831-1832*, Paris, Presses universitaires de France, Publications de la Sorbonne, Série documents - 22, 1973, p. 139-142.

1. Jean-Thomas Taschereau (1778-1832), journaliste, avocat, député, puis, à partir de 1827, juge au banc du roi.

Table

Présentation 7
Note sur la présente édition 45

1. Projet de voyage 47
2. « Quinze jours dans le désert » 51
3. Sur les Grands Lacs
et aux chutes du Niagara 129
4. Conversation avec un Canadien 136
5. Images d'Amérique 140
6. Niagara ou le tonnerre des eaux 145
7. Conversations montréalaises 149
8. Premières notes sur le Canada 155
9. Propos d'un négociant anglais de Québec 158
10. Observations sur la société du
Bas-Canada 160
11. Conversation avec le député
John Neilson 166
12. Excursions aux environs de Québec 177
13. Remarques générales sur le Bas-Canada 186
14. Premier bilan du voyage au Bas-Canada 192
15. Le Bas-Canada, une autre Normandie 198
16. Religion et politique 200
17. Sur les autochtones 202
18. Sur l'identité nationale 207
19. Faiblesse de l'effort colonisateur
de la France 209

20. Contrepoint : observations sur
La Nouvelle-Orléans et la Louisiane 213
21. Contrepoint : les Français
de la Louisiane (1) 218
22. Contrepoint : les Français
de la Louisiane (2) 222
23. « Ce qui fait supporter la république
aux États-Unis » 229
24. L'effort colonisateur de la France 232
25. Pénétration de la culture américaine
au Bas-Canada 240
26. Rapports différents entre Blancs
et autochtones en Amérique du Nord 243
27. Les Amériques de l'avenir : hégémonie
anglo-saxonne et présence hispanique 247
28. La rébellion de 1837 au Bas-Canada 257
29. Remarques sur le rapport Durham 262
30. L'Ancien Régime au Canada 266

APPENDICE
Gustave de Beaumont
et le Bas-Canada 273
1. Propos de John Neilson 287
2. Observations sur le Bas-Canada 296
3. La situation du Bas-Canada 299

Repères bibliographiques 307
Notes et sources 311

Cet ouvrage composé en Sabon corps 10
a été achevé d'imprimer
le vingt-huit août deux mille trois
sur les presses de Transcontinental
Division Imprimerie Gagné
à Louiseville
pour le compte des
Éditions Typo.

Imprimé au Québec (Canada)